U0653332

管理心理学

Managerial Psychology

吕柳　编著

南京大学出版社

图书在版编目(CIP)数据

管理心理学 / 吕柳编著. — 南京：南京大学出版
社，2016.12
(商学院文库 / 洪银兴主编)
ISBN 978 - 7 - 305 - 18037 - 8

Ⅰ. ①管… Ⅱ. ①吕… Ⅲ. ①管理心理学 Ⅳ.
①C93 - 05

中国版本图书馆 CIP 数据核字(2016)第 318870 号

出版发行　南京大学出版社
社　　　址　南京市汉口路 22 号　　　　邮　编　210093
出 版 人　金鑫荣
丛 书 名　商学院文库
书　　名　管理心理学
编著者　吕　柳
责任编辑　府剑萍　　　　　　　编辑热线　025 - 83592193
照　　排　南京南琳图文制作有限公司
印　　刷　南京人民印刷厂
开　　本　787×1092　1/16　印张 15.75　字数 390 千
版　　次　2016 年 12 月第 1 版　2016 年 12 月第 1 次印刷
ISBN 978 - 7 - 305 - 18037 - 8
定　　价　37.00 元

网址：http://www.njupco.com
官方微博：http://weibo.com/njupco
官方微信号：njupress
销售咨询热线：(025) 83594756

《商学院文库》编委会

主 任 委 员　　洪银兴　　赵曙明

副主任委员　　刘厚俊　　金鑫荣

委　　　　员　（按姓氏笔画排序）

　　　　　　　刘厚俊　　刘志彪　　刘　洪

　　　　　　　陈传明　　杨雄胜　　张二震

　　　　　　　沈坤荣　　范从来　　金鑫荣

　　　　　　　洪银兴　　赵曙明　　裴　平

吕柳简介

吕柳，管理学博士，南京林业大学经济管理学院教授。主要从事本科、研究生等教学和相关的科研工作。讲授的主要课程有：管理心理学、组织行为学、人力资源管理、消费者行为学等课程。还讲授 MBA 工商管理专业课程：组织行为学和人力资源管理。多年的教学和科研工作中，共指导科学硕士研究生 14 名，专业硕士生 36 名，MBA 硕士 8 名。共发表学术论文 40 余篇，参编出版教材 8 本，参加或主持部级、省级、校级及横向科研课题 30 多项。

内容简介

　　管理心理学是一门由管理学和心理学的发展应运而生的应用学科。它主要研究组织中人的心理与行为活动规律、探索行为激励问题,研究群体心理与行为规律、领导心理和组织心理和行为,为了提高管理技巧和组织效率,达到组织目标的科学。全书内容分为十三章,从基本理论概述到个体心理与管理,激励理论与管理实际如何调动人的积极性、主动性和创造性;群体心理研究,揭示群体心理规律,群体沟通、人际关系、群体决策等问题研究;领导心理研究包括领导理论和应用;组织行为研究,对组织结构、组织的发展和变革等理论和实践的研究。

　　本书的特点是深入浅出、图文并茂,结构清晰。每章配有教学案例或心理测试。有重点提示和复习题目,让学生能抓住重点掌握重要知识内容。

前　言

　　《管理心理学》是我最喜爱讲授的一门课程。不为别的原因，而是在上这门课的时候总感到是一种享受。每每都是盼着走进课堂和学生们交流思想、情感、理想；讨论自我、人生、人格；一起分享快乐、憧憬、成功，也包括烦恼、痛苦和困惑。这门课不仅能打开人的心灵、启迪人生；还能让同学们学会思考、学会理解、学会宽容，对个人和组织都是有益的。

　　多年的教学积累了一定经验，深感总结的必要性。笔者学习并汲取了国内外学者的知识成果，比如国内的大家俞文钊、徐联仓教授，他们可以说是我国管理心理学界的泰斗级的人物。最早用的教材是刘玉玲教授的《新编管理心理学教程》，之后参与了其新版教材的编写。国外的莱维特的开山之作《管理心理学》是必读之一，再就是斯蒂芬·罗宾斯的《组织行为学》是我们引用的经典。现代涌现出许多优秀的《管理心理学》和《组织行为学》教材，而且现代的学者把大量的中国实践融入了学科的内容，丰富和发展本学科的知识体系，使得本学科的研究越来越深入、内容涉及的范围越来越广泛、研究和教学的方法也不断地创新。

　　本书的结构主要包含三个层次，即个体心理与行为管理，群体心理与行为管理，组织心理与行为管理。编排按照"正文"、"重点提示"、"思考与练习"和"案例学习"几个部分。全书共有十三章。其中，第一章、第二章是管理心理学的研究对象与方法和基础理论；第三章至第七章是个体心理和行为研究，主要从普通心理学的角度探讨个体心理和行为规律，及其管理问题；第八章激励理论及其应用，是个体心理的核心部分，激励理论主要研究如何调动人的主观能动性、积极性和创造性，来实现组织目标的理论方法。第九章至第十一章是群体心理和领导心理与行为管理；第十二章和第十三章是组织心理与行为管理部分。每章都配有教学案例和心理测试，内容力求联系实际，深入浅出，通俗易懂，适合管理专业和任何专业的本科教学和专科教学之用。

　　本书的框架由吕柳和团队成员反复充分讨论确定。各章的执笔人如下：第一章、第二章(吕柳、陈乃玲)；第三章、第四章(张贞、许慧)；第五章、第六章(敖青、曾杰杰、张贞)；第七章、第八章、第九章(吕柳、许慧)；第十章、第十一章(吕柳、曾杰杰)；第十二章、第十三章(王彬、吕柳)编写。本书的统稿和最后的修改、定稿及全部的组织工作由吕柳负责。在教材编撰过程中，还有笔者的研究生们如戚亚青、张雪露、卢兵倩、虞丹琪等同学做了大量的辅助工作。书稿的完成，离不开大家的共同努力，在此，对他们表示感谢！也要感谢南京大学出版社府剑萍编辑的大力协助。

　　本书的编写参阅了大量的国内外有关著作和文章，并引用了其中的部分文字数据。

　　当然，由于编者的水平有限，书中会存在一些疏漏和缺陷，有待于今后修订。也恳请各地同仁与读者不吝斧正。

吕柳
2016 年 12 月

目　录

第九章　群体与团队管理

第十章　人际沟通及有效管理

第十一章　领导心理与领导行为有效性理论

第十二章　组织结构与设计

第十三章　组织变革

第一章 管理心理学的研究对象与方法

管理心理学是以心理科学为基础的应用学科，是研究组织管理中人的心理活动规律的一门学科。作为一个在管理的发展实践基础上产生的年轻学科，其主要任务是探索改进管理工作的心理依据，寻求激励人心理和行为的各种途径和方法，以最大限度地调动人的积极性、创造性，提高工作绩效和管理效果。学习研究管理心理学，首先应该了解和把握管理心理学的研究对象、研究内容和研究方法。

第一节 管理心理学的研究对象

一、研究对象

每门学科都有自己特定的研究对象，"对于某一现象的领域所特有的某一种矛盾的研究，就构成某一门科学的对象"。研究对象的确立，反映了本学科独立存在的意义，也是它区别于其他学科的基本标志。

管理心理学是管理学和心理学交叉互融构成的一门科学。它既是管理科学的分支学科，也是心理科学的应用心理学科。它是运用心理学、管理学、社会学、人类学等学科的原理、原则，研究管理活动中人的心理活动和行为规律，从而有效地调动人们的主动性、积极性和创造性，提高组织的工作绩效和劳动效率的科学。它是一门新兴的综合性学科，也是一门应用学科。

管理心理学是随着现代管理科学的发展而独立出来的一门新的学科，它具有两重性：既有与生产力和社会化生产相联系的自然属性的一面，又有与生产关系和社会制度相联系的社会属性的一面。因此，尽管由于受不同社会经济制度的影响，各国在研究的理论、观点、方法上不尽相同，但是，管理心理学的研究对象主要是研究管理活动中人的心理活动和行为规律。具体而言，它是研究处于管理过程中的个体、群体、组织以及领导的心理活动和行为规律。要具体把握管理心理学的研究对象，应明确以下几点：

首先，管理心理学是研究人的心理活动，主要是通过人的行为来研究人的心理活动。从字面上看，人们会以为管理心理学是专门研究人的心理活动的，但是，研究人的心理活动不能脱离人的行为，因为，人的心理现象与物理、化学等现象不同，它不具有形体性，而是人的内部世界的精神生活，他人无法直接进行观察。因此,管理心理学是通过对人的行为的观察和分析去客观地研究人的心理活动。所以,管理心理学既要研究人的心理活动规律,又要研究人的行为规律,它是把两者作为一个整体来研究的,因为心理支配着人们的行为而又通过行为表现出来。而人的行为总是千差万别的,但也是有规律可循的。如行为学家勒温提出人的行为规律的最一般公式:$B = f(P \cdot E)$。其中,B 是人的行为,P 是个体的内在因素,E 是外部环境,f 是函数。这个公式告诉我们,人的行为是个人与环境交互作用的结果。

其次,管理心理学的研究对象是在管理活动中的人的心理活动和行为规律。普通心理学和管理心理学虽然都是研究人的心理活动规律的科学,但普通心理学是研究一切个体的心理活动的一般规律,而管理心理学只研究在特定组织中管理者和被管理者的心理活动和行为规律,它包括管理活动中所涉及的企业管理、行政管理、医院管理、军事管理、学校管理、社会团体管理等。其中,企业管理最初被限定为管理心理学研究的领域,但是,随着学科研究的日益被重视和研究范围的日益扩展,管理活动应用的领域也越来越广泛。

由此可见,管理心理学是以管理活动中人的心理活动和行为规律为研究对象,以探求调动各方面的主动性、积极性和创造性,增强对人的行为的预测、引导和控制的能力,从而更有效地实现组织目标的科学。

二、与相关学科的联系

管理心理学是在管理科学和心理科学基础上应运而生的一门应用学科,它也融合和运用多学科的原理。它与管理学、行为科学、普通心理学、社会心理学、人类学等学科联系极为密切。一方面,管理心理学从这些学科汲取养料,吸收这些学科的研究成果;另一方面,管理心理学也为这些学科提供素材,丰富和充实这些学科。

(一) 管理心理学与管理学

管理学是研究管理过程中一般活动规律的科学。它主要讨论管理中一些共同的、带有规律性的问题,如管理的一般性质、管理的基本原则和方法、管理过程与职能等。管理学涉及哲学、经济学、法学、社会学、数学、心理学、运筹学、决策学、人才学等学科,是上述科学知识在管理过程中的综合运用。在某种意义上说,管理心理学是管理学的一个分支,主要研究管理过程中的心理学问题。

(二) 管理心理学与普通心理学

普通心理学是研究人的心理现象及其一般规律的学科。它主要研究心理过程与个性心理问题。心理过程包括认知过程、情感过程和意向过程;个性心理特征包括能力、气质、性格和心理倾向性等。

管理心理学与普通心理学是特殊与一般的关系。普通心理学是管理心理的基础,管理心理学则是把普通心理学的原理和规律应用到管理过程,具体分析管理活动中人的心理现象和规律。如普通心理学研究抱负、信心、动机、思维、情感、意志等心理现象,管理心理学则研究这些心理现象在管理中的意义,分析它们对于目标行为的制约作用,阐述它们对于调动人的积极性的意义等。

(三) 管理心理学与行为科学

行为科学是研究和探索人们的行为规律的一门科学。它以人为研究对象,以预测和控制人的行为为目的。行为科学诞生于 20 世纪 50 年代初的美国。1949 年,芝加哥大学举行的一次跨学科会议上首先采用"行为科学"名词,1953年由福特基金会正式定名,1956年出版《行为科学月刊》。行为科学是一门综合性学科,涉及心理学、社会学、人类学、生理学、生物学、伦理学等学科。

行为科学在企业组织中的应用称为"组织行为学",它综合运用上述学科知识,研究组织中人的个体行为、群体行为、领导行为、组织行为的规律。可见,它与管理心理学的研究邻域都是一定的组织,研究的内容大同小异。而且,两者所应用的理论和方法及目标也相近似,只是它们的视角不同。一个注重人的内在心理,管理心理学是以普通心理学为基础,来研究组织中人的心理和行为活动规律的科学;另一个注重人的外在行为,组织行为学是以行为学为基础理论来研究组织中人的心理和行为活动规律的科学。两门学科都是从20世纪50年代左右诞生的,并共同发展至今。所以对这两个学科西方学者也有多年的争论,诺贝尔奖金获得者西蒙教授来华讲学时也说过,"在管理心理学与组织行为学之间,可能别人认为不同,我没有看到真正的差别"。应该把这两个学科视为同一学科。

(四)管理心理学与社会心理学

社会心理学和管理心理学一样,是心理学的应用学科。社会心理学是研究在社会生活条件影响下,个体或若干个体心理活动发展和变化的规律的科学。它包括三个层次:一是研究个体在社会情境中的心理现象,如社会知觉、社会动机、社会态度等;二是研究人与人相互作用的机制,如人际沟通、人际影响、人际关系等;三是研究群体心理,如群体内聚力、群体决策等。总之,社会心理学的研究范围涉及一切社会心理现象。而管理心理学的研究范围是在组织中的心理现象。

管理心理学与社会心理学是相互影响、相互渗透的邻近学科。马克思主义认为,人是社会性的动物,人的本质是一切社会关系的总和。管理活动在本质上也是一种社会实践活动,社会心理学的研究成果必然有助于管理心理学的建设。

(五)管理心理学与人类学

人类学是研究人类的体质特征及其变化与发展规律的科学。其研究内容包括人类的进化历程、现代人体质特征与类型在个体间的变异、性别差异和年龄的变化等问题。

人类学不仅研究人类群体的演化过程,也研究不同群体之间的差异。西方人类学特别注重考察人的体质与文化的关联。一般而言,人类学研究可以分为三大类:第一类是主要研究形态、生理、遗传等人类体质的体质人类学;第二类是主要研究民族文物、文化史、民俗、语言等文化的文化人类学;第三类是专门研究史前时代的人类的体质和文化的史前人类学。

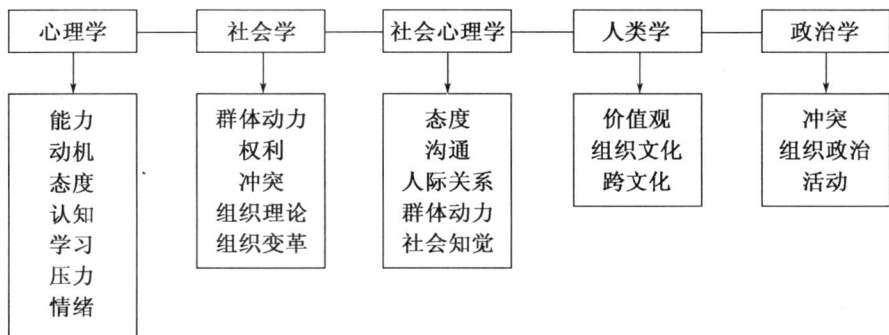

图1-1 管理心理学与其邻近学科的联系

其中,文化人类学与管理心理学的关系最为密切。由于文化传统直接影响着个体的思维方式、行为方式和价值取向,生活在不同文化背景下的个体和群体势必受到该文化的熏染和影响。因此,人类学的知识和原理对管理心理学的研究和应用具有一定的借鉴意义。

此外,管理心理学与政治学、生理心理学、实验心理学、教育心理学等也有一定的联系,在此不一一详述。

第二节 管理心理学的研究内容与意义

管理心理学研究的主要内容是管理中具体的社会、心理现象,以及个体、群体、领导、组织中的具体心理活动和行为的规律性。因此,可以将管理心理学的研究内容划分为个体心理与行为、群体心理与行为、领导心理与行为和组织心理与行为等四个方面。

一、管理心理学的研究内容

管理心理学的研究内容十分广泛,适用于各种组织。从研究的主体来说,可以分成以下四个方面:

(一) 个体心理与行为

任何组织都是由个体组成,任何个体都是有思想、有感情、有追求的活生生的有机体。个体心理从个体差异分析与个体共同的心理特征这两个方面的理论出发,研究个性、认知、态度、需要和动机,及激励理论,对如何激励员工等管理手段进行有效的分析研究。

(二) 群体心理与行为

群体是组织中的基本单元,在现代企业中,管理部门的工作主要是针对群体进行的。群体心理研究是指在正式群体与非正式群体中,从群体规范、群体压力、群体气氛、信息沟通、人际关系、群体内聚力等多个维度的研究,是研究群体成员之间相互作用相互影响形成的心理与行为活动。

(三) 领导心理与行为

领导心理是企业中影响人的积极性的重要因素。领导心理的研究包括两个范畴,一为静态研究,侧重研究领导者的个性特征与领导集体的结构特点;二为动态研究,侧重研究领导方法,探索不同领导行为、领导作风与领导效率的关系,各种领导理论及应用。

(四) 组织心理与行为

现代企业都是以组织形式出现,以组织形式完成生产的全部过程,以组织形式同社会发生关系的。组织心理的研究由三个方面组成:第一,组织结构与组织理论;第二,组织变革的规律、抵制变革的因素与对策;第三,组织发展的特点与干预途径。

管理心理学主要研究与组织行为有关的人的个体特点,如动机、态度、能力等;人的群体特点,如群体的分类、群体动力机制、群体决策和团队管理等;领导行为特点,如领导风格,领导的评估与培训等;组织理论与组织变革,如组织的模型、组织变革与组织开发研究等;工作生活质量研究,着重从改善工作环境、工作丰富化、扩大化方面调动职工的积极性,提高生产率;跨文化管理心理学,比较不同的地区、国家、社会制度、文化背景下管理行为的异同,为国际间的经济交流、合作经营企业提供科学依据。

二、管理心理学的研究意义

学习管理心理学的目的是提高企业或组织的管理水平,提高劳动效率,推进中国管理现代化、加强思想和道德教育,建立和完善中国的管理心理学的学科体系。

(一) 提高管理水平和推进管理现代化

中国的改革开放已经历了 30 多年,管理心理学在我国市场经济的发展中应运而生,随着改革的深入,国际和国内的政治和经济形势都发生了巨大的变化。我国的企业发展面临着国际市场的竞争。在管理方面,一项重要的任务就是适应我国发展的各项战略目标要求。结合我国的实际情况,充分借鉴外国先进的管理理论与经验,完善各种管理体制,进一步提高管理水平。

市场经济的社会,是以人为中心的。无论是社会管理还是组织管理,都要树立以人为中心的观念。研究管理心理学,其重要目的就在于了解人、尊重人、关心人、以人为本,开发利用人力资源。只有在此基础上,才能更好地发挥人的作用。

管理心理学在中国的实践已证明了它对于提高企业现代化管理水平,对于有效地调动人们的生产积极性,对于正确处理组织中的人际关系,对于进一步提高组织的工作效率和劳动生产率等方面,均能提供许多有益的启示,因此,这门学科在中国的理论研究不断拓展,其应用的领域也越来越广泛。

(二) 提高劳动生产率

管理心理学旨在探索人的心理活动和行为产生的原因,激发人的正向的、合理的行为动机。预测行为,推动行为,改造行为,充分调动人的积极性、主动性和创造性,提高工作生活质量,提高劳动生产率,以实现组织目标。

管理心理学从人的自然属性和社会属性的视角,用心理测试、社会学、政治学等方法来研究人在特定组织中的心理活动和行为规律,能够更有效地采用科学的管理方法与技术来提高组织的效率与效益,乃至提高整个社会的生活水平和生活质量。

(三) 加强对员工的思想和道德教育

管理心理学的任务有两个,即提高企业的工作效益、劳动生产率和对劳动者进行心理素质的培养、思想和道德教育。管理现代化的任务不仅仅在于提高劳动生产率,还在于建立企业文化,规范诚信的市场机制,实现人的核心价值观和提升人的精神与道德修养水平。

当今世界,各国都在适应知识经济的发展和走新型工业化道路的要求,致力于建立学习型社会和组织,实施和构建国民教育体系和终身教育体系。在这种大趋势下,企业组织一方面是为社会创造财富的机构,另一方面还是组织成员接受终身教育的场所。尤其是在 21 世纪这个变革的年代里,企业面临着多变的市场环境,同时面对着新一代的员工,在他们的思想、个性、价值观,及对组织和工作的态度都与以往有所不同的情况下,我们的管理必须正视这种变化的必然性和规律性,运用科学有效的方法,促使组织成员的思想道德素质、工作技能、知识水平不断得到提高,人际关系日益和谐,个性品质日臻完善。在组织管理中,有预见性、针对性地培育员工的主人翁精神、责任感和事业心,培育员工的良好品质,因人而异地实施管理,使管理教育走上科学化的道路。

在我国社会主义市场经济体制的实践和发展中,我们要不断研究和完善管理心理学的学科体系,坚持以人为本的理念,掌握管理工作中个体、群体、组织的心理活动规律,从而制定出管理个体、群体、组织的科学管理方针政策和方法,同时极大地促进领导者管理水平和领导艺术的提高,在此基础上提高企业的工作效益和劳动生产率。吸收、运用各相关学科(包括心理学、社会学、社会心理学、人类学、政治学及其他涉及管理的学科)的理论、方法,探讨组织中个体、群体、组织、领导的心理活动和行为规律,说明如何通过调整人际关系、激励动机、提高领导水平和领导艺术、增强组织凝聚力等手段,努力实现个体与组织的价值与目标的统一,实现个体、组织、社会的和谐共赢。因此,管理心理学的研究和学习,无论对个体、组织和社会都有其理论研究价值和实际应用意义。

第三节　管理心理学的研究方法及学科前沿

管理心理学的研究对象是人,人的行为和心理的复杂性,决定了管理心理学研究方法的多样性,如实验法、案例比较法、经验总结法、测验法,等等。问题的性质不同,研究的方法也不一样,选择何种方法,通常取决于研究所提出的任务。

一、管理心理学的研究方法与模型

(一) 研究方法

辩证唯物主义与历史唯物主义是人类哲学思维和科学知识发展的成果,为所有的科学研究提供了正确的世界观和方法论,也是管理心理学研究必须遵循的指导思想。

管理心理学的研究方法应分为两个层次:第一层次是管理心理学研究设计方法,即完成整个管理心理学研究的方法;第二层次是变量数据的获得方法,即涉及管理心理学研究的某个环节的方法。

1. 管理心理学研究设计方法

(1) 现象学研究方法。也称为描述性研究方法,主要是通过观察、案例分析、访谈等方式获得事实材料以证明关于管理心理现象及规律的看法。现象学研究方法的事实证据产生于研究设计之后,首先研究者提出一定的设想,然后根据这个设想进行一定的操作,获得一定的案例或事实,用以证明自己的设想或观点。

(2) 实证研究方法。实证研究方法主要是通过测量、评定、实验等方式获得变量的数据材料以证明有关管理心理现象及规律的看法。实证性研究方法,要求首先有一定的设想,然后根据这个设想进行一定的操作,获得证实这个设想的材料证据。不同于现象学研究方法,实证性研究方法所要获得的不是一般的事实证据,而是获得量化的数据。因此,实证性研究首先考虑的是如何将概念操作化、数量化。

2. 管理心理学具体研究方法

(1) 实验法。实验法是研究者有目的在严格控制的环境中或创造一定条件的环境中,诱发被试产生某种心理现象或行为,以研究人的心理活动规律和行为规律的一种方法。按实验地点的性质可分为实验室实验法和现场实验法。在过去,管理心理学中的一些研究采用实验室实验法,但目前比较多地使用现场实验法。现场实验法主要有如下三个步骤:① 进行实验设计,主要包括明确研究目的和假设,确定研究对象,并将其分为实验组和控制组,拟订实验程序;② 进行实验,主要是观察和收集由自变量引发的心理现象(因变量)等方面的数据;

③ 对从实验组和控制组获得的有关数据进行统计分析,得出结论,并写出实验报告。

（2）经验总结法。经验总结法是研究者根据实际工作者的经验,用管理心理学的理论和知识,进行归纳和总结的一种研究方法。优秀企业家和管理者在实践中积累了丰富的管理经验,他们的管理经验在媒体发表后产生了很大的社会影响,但由于他们可能缺乏管理理论（包括管理心理学的知识）,其经验有一定的局限性,有时缺乏普遍意义和推广价值。这就需要管理心理学家与他们合作,开展咨询活动,从理论上丰富他们的经验,使之科学化,总结后再加以推广。

（3）现场研究法。现场研究是在现有组织的环境范围之内进行的研究,通常与实际工作者一起合作完成。现场研究所用的资料包括观察者记录的组织成员的行为、组织成员填写的问卷、谈话记录或录音、书面文件以及各种有关产量和质量的报表等。

现场研究也包括研究者出于研究目的的挂职行为。研究者以某一层次的真正管理者的身份出现,参与企业的某些实际管理过程,从而在管理一线获得机会超前识别并解决管理过程中的管理心理问题。

（4）案例比较法。案例研究是对一个组织进行详尽分析。案例比较法是将若干案例比较后得出一般性的结论。这种方法在于认识和描述不同组织结构中的基本相同点。对这些相同点的收集和分析可以得出一些能够作为预测未来发展的工具而应用于其他类似的或可比较情景的一般结论。可见,案例比较法有其广泛的实用价值。

（5）测验法。上述四种方法都有可能要结合使用测验法,即采用标准化的心理量表或精密的测量仪器测量被试有关心理品质的一种方法。运用测验法需要用标准化的测验工具,这些用文字或图形等表达内容的测验工具称为"量表"。在管理心理学研究中,许多心理学表量被采用。测验法比较节约时间和经济成本,通常情况下测试结果还可用来探求个体、群体和组织心理之间的关系。从目前国际流行的实证研究方法来看,许多变量需要通过有一定信度和效度的量表加以测量。

（6）发展研究。发展研究又称变化发展分析法,是以时间进程为主线,从管理心理活动或事件的过程研究它们的发展变化、影响时间发展的各种因素及相互关系。主要类型有:纵向研究、横断研究和趋势研究。无论选择何种类型的研究方法,都可以采用观察、实验、调查、访谈、测验等具体方法。

（7）行动研究。行动研究（action research）是 1940 年由著名社会心理学家 Kurt Lewin 提出的,并日益在管理心理学的研究中得到广泛应用的研究类型。行动研究是通过诊断、行动计划、行动实施、评价和新的组织学习或管理措施等五个步骤,对管理情景中的激励、群体、决策、领导、冲突和组织发展过程开展高度参与性的现场研究,从而寻求管理心理规律和有效的管理措施。

（二）研究模型

管理心理学在三个层面研究一定组织中人的心理和行为:① 个体水平,主要研究个性特征、知觉、价值观和态度以及能力对个体行为的影响。② 群体水平,主要研究沟通模式、领导方式、权力和政治、群体间关系和冲突水平如何影响个体和群体行为。③ 组织水平,主要研究正式组织的设计、技术和工作过程、组织文化、工作压力水平等对个体、群体和管理心理的影响。个体、群体和组织心理和行为的结果总是通过特定的外部有效性表现出来,从而显示心理和行为（自变量）与行为有效性（因变量）之间的某种因果关系。自变量有时通过中间或中介变量影响因变量。根据哈克曼对行为有效性的研究,如果以下三个标准得到满足,就可以说个体、群体或组织在有效地从事工作:① 组织的产出(产品或服务)超过那些接受、评价或使用这种产出的个体或群体所需要的最低质量或数量标准。② 从事目前工作的经历有助于提高组织进一步完成新工作的能力。③ 组织中的人在本组织中工作所获得的经验,有利于他们自身的成长和满足程度的提高。

表现上述行为有效性的指标比较常见的有:① 效果(Effectiveness)。② 效率(Efficiency)。③ 缺勤(Absenteeism)。④ 离职(Turnover)。⑤ 工作满意度(Job Satisfaction)。效果和效率是两个不同的概念,前者是指方向、目标正确,做正确的事;后者是指快速地实现目标,正确地做事,少走弯路。管理心理学模型就在于通过定量的数学方法揭示个体、群体或组织心理和行为及其行为有效性之间的相互关系(如相关关系或者因果关系)。

二、管理心理学的学科前沿

21世纪管理心理学的发展前景,可归纳为四个方面:第一,人力资源管理的新方向、新理念,建立学习型组织;第二,管理心理学学科的分化加剧,日益形成以管理心理学为主的学科群;第三,社会变革、知识经济、网络化信息时代的管理心理学面临着许多新课题;第四,管理心理学面临"理论创新,应用开发"的新时代。

目前,我国管理心理学研究的热点问题主要有:领导发展理论、领导力(跨国经营)的培养与开发;社会转型中群体压力与利益冲突的应对;素质模型的开发与应用;EAP在中国企业的发展与运用等。此外"21世纪以人为本的人力资源——建立学习型组织"中对管理心理学中最为前沿的领域——建立学习型组织的理论与方向也将是管理心理学发展的新方向。在"个性差异与知人善任"中着重介绍了"大五人格因素理论"。在"领导与领导集体"中特别介绍了"21世纪企业的重要组织形式——团队"及"现代信息技术对沟通的影响"等。这些热点问题、前沿问题的介绍提供了大量的新资料和新信息,能够直接把读者带入管理心理学学科发展的最前沿。

我国管理心理学的发展面临着前所未有的机遇,国家自然科学基金会已在管理科学内部设立"管理心理"这一专项申请项目。该会发布的21世纪心理学重点学科发展纲要中已将"管理心理学"列入其中。教育部也将《管理心理学与人力资源开发》列为五项心理学重点发展学科之一。在这种时代背景下,管理心理学的研究也将迅速地发展和变化。

重点提示

本章主要概述了管理心理学的研究意义与内容,管理心理学的研究对象与方法。管理心理学是以组织中的人作为特定的研究对象,重点在于对共同经营管理目标的人的系统的研究,以提高效率,在一定的成本控制条件下,最大限度地调动人们的积极性、主动性和创造性。当今的管理心理学都是以人本思想为前提的。它有助于调动人的积极性、改善组织结构和领导绩效,提高工作生活质量,建立健康文明的人际关系,达到提高管理水平和发展生产的目的。本章侧重于掌握管理心理学的研究内容及研究方法。

思考与练习

1. 什么是管理心理学?

2. 管理心理学的研究对象是什么？
3. 研究和学习管理心理学对组织管理有哪些作用？
4. 管理心理学的研究内容是什么？
5. 管理心理学与哪些学科有密切的关联？

案例学习

松下幸之助——用人之道攻心为上

近年来,人性管理一词频见报端,并被广泛用于现代企业管理中。有些西方企业,甚至将企业内部人际关系是否融洽协调,作为衡量管理绩效和水平的一个重要标准。人性管理是企业管理的重要组成部分,是一种相对于理性管理而言的现代企业管理方式。理性管理重视理性因素,忽视人的因素,突出表现在一切行为制度化,以员工技术操作的标准化、科学化和程序化来提高工作效率,是一种建立在"机器人"模式上的技术管理。这样做虽然使企业运行有序,职责分明,但也常常带来一些弊端,使人变得机械化,缺少创造性。当企业家发现,由于过分强调理性管理,导致企业内部僵化、缺乏活力时,便开始从生产关系的角度来考虑管理,开始重视企业中人与人的关系对于企业运转效率的影响和制约作用,这就是所谓的人性管理。人性管理的核心是把人性渗透到管理之中,融情感于理性之中,从以物为中心到以人为中心,从人是物的附属品到人处于支配地位。管理的重点是创造工作场所中人与人之间的和谐关系,形成良好的企业人事关系环境,最大限度地发挥和调动人的内在动力。

人性管理并非今人发明,我国古代早有"用人之道,攻心为上"的说法。历史上人性管理最好的例子当属拿破仑与他下属的关系。拿破仑能叫得出手下任何一名军官的名字。他平时喜欢在军营中走动,遇见某个军官时,他马上就能用这个军官的名字跟他打招呼,历数这名军官参加过的战役或军事调动。他不失时机地询问士兵的家乡、妻子和家庭情况,这使他的下属感到吃惊,想不到他们的最高统帅竟然对他的个人情况了如指掌。可以说,拿破仑把人性管理用到了极致。

被誉为"经营之神"的松下幸之助,同时也是"用人之神"。他白手起家,筑起松下电器王国,首先是用人的成功。松下先生有一句名言:"企业是人造出来的。"从表面上看,松下幸之助在职员面前的确是个很严厉的经营者,这一点在日本没有哪个企业家不知道。但跟随松下幸之助做事的人,都对这位日本现代企业界非凡人物表示非常的敬佩,原因很简单,松下幸之助在严格要求的同时,也对职员显示了对自己工作的热诚。几十年来,他始终跟公司内部上下职员一同为达到更大的目标而努力。松下幸之助从长年的经验积累中得到这样的启示:一个企业领导人,绝对不能让下属觉得你只会开口发号施令,自己不懂而又不参与这项工作。他说:"你一方面要管理得当,不挫伤大家的积极性,同时又要表示出自己对大家的关心,还要在下了一道指示命令之后,自己也投入到职员中去,跟大家共同分担责任,这样才能获得大家的信赖。经营者要取得职员的一致信任,事业才有前途可言。"松下幸之助认为,凭权力地位的威势操使员工,所得到的功效很小,只有用诚意去取得属下的敬意与信任,使职员真诚地跟你合作,企业才能兴旺发达。

企业的主体是人。所有的管理者都希望自己的员工拼命地工作,为企业创造更多的效益。要使员工在工作中付出最大的努力,管理者就必须对员工进行有效的激励,把员工的潜能激发出来。企业家应该学会与别人一道工作,并得到别人的合作。合作不能靠命令来维持,人们在完成合作任务时,如果仅仅是因为害怕,或者是出于经济上的考虑,那么这种合作的很多地方是不会令人满意的。一个意见满天飞的公司迟早会倒闭。

用人必须尊重人。在公司内部管理中,老板最该做的便是统一心志,而尊重员工是最能令人心动的用人之术。一家从事制造业的老板,每天花3个小时的宝贵时间去监视办公室员工的一举一动,他的做法使员工极度紧张,甚至反感,于是纷纷辞职。很多人在企业干了几年都没有与自己的老板谋得一次面,说上半句话,当交上辞职报告时,老板竟漫不经心地批了,这样的老板根本不懂得人性管理。许多人跳槽时是觉得心太凉了,而不是太快活了。我们在要求员工尊重企业时,也不要忘了尊重员工的存在,攻心始终是用人的真谛。

资料来源:邱羚,秦迎林.组织行为学案例集.清华大学出版社,2014.

第二章 管理心理学的基础理论

对管理心理学的研究离不开心理学和管理学的基础理论准备,从心理学视角透视人的心理活动,从管理学的思想考察人们的行为活动,管理心理学运用此原理和规律研究人们行为的规律性。

第一节　心理学概述

对管理心理学的研究和应用,首先要了解和掌握有关人的心理过程、心理特征及其规律性,以此预测人们行为的规律性。因此,心理学是管理心理学的主要理论依据之一,了解心理学的知识对于学习管理心理学,对一切社会实践领域都具有普遍的意义。

一、什么是心理学

心理学是一门研究人的心理现象及其规律的科学。长期以来,心理学一直从属于哲学的范畴。随着近代哲学思想和生理学研究的进步,尤其是19世纪以来,自然科学的迅速发展,特别是生物学的发展,为心理学的研究积累了大量有关人体的知识;医学在神经系统研究方面的巨大成就,为心理学的研究提供了科学依据。这些学科的研究成果促成了关于心理是人脑的机能的理论的产生,为心理学的创立奠定了基础。

人的心理是感觉、知觉、记忆、思维、情绪、意志和气质、性格、能力等心理现象的总称。所谓心理活动是指客观事物以及他们之间的联系在人脑中的反映,是人脑的特有属性。人的心理和动物心理有着本质的区别,人的心理是人类社会实践的产物,具有自觉性和能动性的特点。

人的心理活动过程是心理现象的不同形式对现实的动态反映,可以划分为三个方面,即认识过程、情感过程和意志过程。其中,认识过程是从最简单的、初级的感觉和知觉到复杂的、高阶的记忆和思维的过程;当人在认识客观事物时,表现出如满意、喜欢、厌恶、愤怒等这些主观的心理体验,即属于情感过程;当人对客观事物进行处理和改造而想办法,制订计划,采取措施,克服困难,这种为努力实现某种目标的心理活动过程,称为意志过程。

```
                                      ┌─认识过程─感觉、知觉、记忆、
                                      │          思维、想象等
                          ┌─心理过程──┼─情感过程─人对现实态度体验、情
                          │          │          绪、情感、情操等
                          │          └─意志过程─人在改造现实时不怕
        心   心           │                     困难,去完成任务的
        理   理           │                     心理过程
        学──现──────────┤
             象           │          ┌─个性倾向─需要、动机、兴趣、理
                          └─个性心理──┤          想、信念等
                                      └─个性心理特征─能力、气质、性格
```

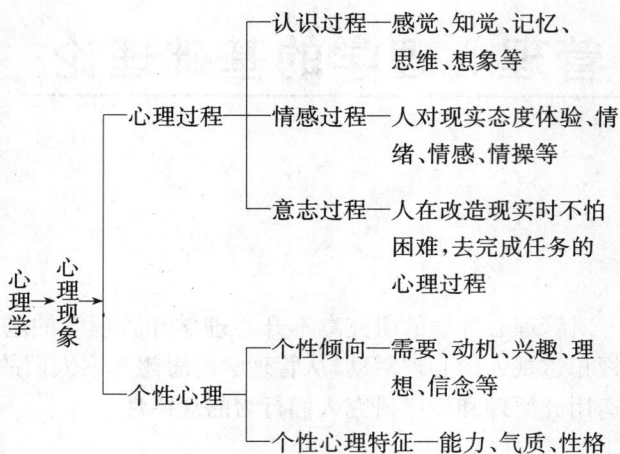

图 2-1 人的心现象归类

20 世纪中期以来,心理学对人的心理现象的研究有了极大的发展。这是由于它的学科特点所决定的。心理学在它自身发展中的一个最突出的特点,就是它最容易与邻近学科建立联系,并向一切与之相联系的学科渗透和结合。因此,它的发展之快,分支之多,服务领域之广,是其他任何一门学科都难以比拟的。

二、心理学的历史根基

"心理学有着漫长的过去,但只有短暂的历史。"最早的实验心理学家之一艾宾浩斯(Hermann Ebbinghous,1908)这样写道。学者们很久以来就在对人类的天性提出重要问题——关于人们如何感知现实、意识的性质——但是他们并不知道回答问题的方法。直到 19世纪末,当研究者们将其他科学——比如生理学和物理学中的实验室技术应用于研究这些来自于哲学的基本问题时,心理学才开始作为一门学科而出现。

现代心理学发展过程中的一个重要人物是威廉·冯特,他于 1879 年在德国莱比锡建立了第一个正式实验心理学实验室。在建立他的心理学实验室的时候,冯特已经完成了一系列的研究并且出版了《生理心理学原理》。

当心理学成为一门独立学科的时候,心理学实验室开始在北美的大学中出现,第一个于1883 年出现在约翰·霍普金斯大学。这些早期实验室往往受到冯特的影响。但是,几乎同时,一位哈佛哲学教授发展出了一套独特的美国观点:威廉·詹姆斯(William James)写了一部两卷本的著作——《心理学原理》,它被许多专家认为是曾经有过的最重要的心理学教科书。

三、当代心理学的学派

心理学家的观点决定了要研究的内容、地点以及应用的方法,一些主导着当代心理学的观点——生物的、心理动力学的、行为主义的、人本的以及认知的——都阐释了影响心理学家们的研究内容和方法的假设,因而形成了当代心理学的各种流派。

（一）精神分析学派

精神分析学派是由奥地利精神病学家弗洛伊德于 19 世纪末在精神疾病的治疗实践中创建的一种独特的心理学理论。该理论体系主要包括潜意识论、泛性论和人格论等。主要观点是：人的心理可分意识和潜意识两部分，潜意识虽不能为本人所意识，但它包括原始的盲目冲动、本能及被压抑的欲望，是人精神生活的重要方面，其一旦发生障碍，就会导致精神疾病的发生。

西格蒙德·弗洛伊德（1856-1939）

弗洛伊德的精神分析学虽遭到不少人的反对，甚至被认为是伪科学，但在全世界有着深远的影响，尤其是在精神治疗，文学艺术、宗教、法律等领域。以后发展起来的新精神分析学派修正了弗洛伊德的理论，反对本能说和泛性论，强调社会文化因素对产生精神疾病和人格发展的影响。

（二）行为主义学派

约翰·布鲁德斯·华生（1878-1957）

行为主义心理学派是由美国心理学家华生于 20 世纪初创立的一个西方心理学的主要流派。行为主义观点试图寻求理解特定的环境刺激如何控制特定类型的行为。首先，行为主义者分析先行的环境条件——那些在行为之前出现、而且为一个机体产生反应或抑制反应提供活动场所的条件。其次，他们把行为反应看作是要理解、预测和控制的行为。最后，他们查看跟随反应出现的可观察到的结果。

巴普洛夫（前苏联）、斯金纳（美）等人的研究，都对这一学派的发展作了重大贡献。行为主义对后来的心理学研究有着重要的影响。它对严格的实验和仔细定义的变量的强调，影响了心理学的大多数领域。

（三）人本主义学派

人本主义心理学是在 20 世纪 50 年代作为与心理动力学和行为主义模型并驾齐驱的一种理论而出现的。在这种观点中，人既不是由心理动力学观点认为的强大本能力量所驱使，也不是由行为主义者提出的由环境因素所操纵。相反，人们是先天良好而且具有选择能力的有能动性的动物。

人本主义心理学家研究行为，并非通过把它简化为一些部分、元素以及实验室试验中的变量的方式。相反，他们在人们的生命历程中寻找行为模式。与行为主义者形成鲜明对照的是，人本主义心理学家关注个体所体验到的主观世界，而不是由观察者和研究者所看到的客观世界。

（四）认知学派

心理学的认知革命是作为对行为主义的局限的另一个挑战而出现的。20 世纪 50 年代期间瑞士学者皮亚杰（Jean Piaget，1896—1980）在欧洲发起和组织了发生认识论国际研究中心后，皮亚杰所创建的心理学思想传入美国，使美国的心理学研究向多样化方向发展。结果是 1967 年奈瑟《认知心理学》一书的出版，宣告了认知心理学正式诞生。而行为主义就此退居次要地位。

认知的观点的中心是人的思维以及所有的认识过程——注意、思考、记忆和理解。从认知的观点看,人们行动是因为他们思考,而人们思考是因为他们是人类——已经被精细地构造好去这样做。

在认知模型中,行为只是部分地像行为主义所认为的那样,由先前的环境事件和过去的行为结果所决定。一些最重要的行为是从全新的思维方式中产生的,而并非是从过去使用过的可预测的方式中产生。想象与过去和现在完全不同的选择和可能性的能力,使人们能够朝着超越当下环境的将来而工作。个体对现实的反应和客观世界是不一致的,但是和在个体思维和想象的内部世界中的主观现实是一致的。认知心理学家把思维同时看作外显行为的原因和结果。

马科斯韦特墨(1880-1943)

(五) 格式塔学派

格式塔学派兴起于 20 世纪初的德国,是在马科斯·韦特墨等三位德国心理学家在研究似动现象的基础上创立的。该学派的主要观点是:人脑的运作原理是整体的,整体并不等于部分的总和,整体乃是先于部分而存在并制约着部分的性质和意义。

格式塔学派作为一个独立的学派,将意识经验看作心理学的一个合法的研究领域,并继续促进人们对意识经验的研究。该学派将直接经验世界看作唯一确实而又可知的世界,将全部心理问题完全简化为数理问题,是其局限性。

第二节 管理学理论的演进

管理心理学是在管理学和心理学发展到一定阶段后形成的一门边缘科学,它的产生固然离不开实际管理工作需要的呼唤和实际管理工作经验的滋养,但它的直接来源,却是管理学、心理技术学、群体动力学、人际交往理论、需要理论等领域的相关研究成果,它们是管理心理学形成的最为必要和基本的理论准备。

一、古典管理理论的兴起

19 世纪末,随着资本主义自由竞争逐步向垄断过渡,科学技术水平及生产社会化程度不断提高,资本主义市场范围和企业规模的扩大,特别是资本主义公司的兴起,使企业管理工作日益复杂,对管理的要求越来越高。资本家单凭个人的经验和能力管理企业、包揽一切的做法,已不能适应生产发展的需要。客观上要求资本所有者与企业经营者实行分离,要求管理职能专业化,建立专门的管理机构,采用科学的管理制度和方法。正是基于这些客观要求,资本主义国家的一些企业管理人员和工程技术人员,开始致力于总结经验,进行各种试验研究,并把当时的科技成果应用于企业管理,科学管理由此应运而生。它主要包括科学管理理论和组织管理理论,又统称为古典管理理论。

在社会生产力高度发展,劳资关系尖锐的前提下的古典管理理论又称为古典科学管理理论,形成于 19 世纪末和 20 世纪初。这一学派的代表人物有美国的泰勒(F. W. Taylor,

1856—1917)、法国的法约尔(Henni Fayol,1841—1925)、德国的韦伯(Max Weben,1864—1920)等人。

(一)科学管理理论

科学管理是美国管理学大师弗雷德里克·泰勒(F. W. Taylor)一生对管理理论和实践作出的重大贡献。泰勒创立了系统化的科学管理理论,开创了西方管理理论研究的先河,使管理在实践中不断地得以锤炼、丰富和发展,并成为一门真正意义上的科学。1911 年,泰勒的《科学管理原理》正式出版,这也标志着企业管理由漫长的"经验管理"阶段迈入了以科学管理理论为依据的"效率管理"阶段。泰勒被誉为"科学管理之父"。

泰勒的科学管理目标有两个,一是克服怠工、效率低下的现象。他认为,必须系统地研究劳动过程,找到控制工人的最有效办法,从而使劳动生产率获得大幅度提高;二是消除劳资对抗,使劳资两利。他认为,要提高劳动生产率,必须得到雇主与工人两方面的合作。雇主关心的是低成本,工人关心的是高工资。通过科学管理,也只有通过科学管理提高了劳动生产率,两者才都可以达到自己的目的。为达到科学管理的目标,泰勒提出了科学管理的四项原则:第一,建立真正科学的劳动过程;第二,科学地挑选和渐进地培养工人;第三,将经过科学挑选和训练的工人与科学的劳动过程相结合;第四,管理者和工人之间亲密地和经久地合作。

泰勒进行了著名的"动作研究"和"时间研究",并在此基础上实行劳动定员和劳动定额制度。通过操作工人的动作研究制定了操作规程,可以对员工进行技术培训,从而使劳动和管理实现标准化、规范化。因为有了劳动定额,对工人实行计件制工资制,多劳多得的物质奖励,和严厉惩罚的奖罚制度,泰勒的科学管理虽然提高了劳动效率,对管理的科学化起到了伟大的贡献。但是也有它的局限性,比如把人视为"经济人",实行以生产任务为中心的强制性管理,被人们称为"胡萝卜加大棒式"的管理方式。

(二)法约尔主义

法国的法约尔(H. Fayol),也对管理心理学的理论准备作出了重要贡献。法约尔的职业是一名工程师,但他却从进入企业开始,就参加了企业的管理集团,并在法国多种机构从事过管理咨询和教学工作,所以他的理论是以大企业的整体为研究对象的,有更广泛的适用范围。法约尔的管理思想集中体现在他 1916 年出版的《工业管理和一般管理》一书中。在这部著作中,他不但对企业的活动、管理的基本要素和管理的一般原则作了详细的阐述,而且对企业中员工的需要、动机、态度,管理者的素质、能力、工作要求,以及员工的激励和管理教育等问题作了深入的分析和探讨。

法约尔将企业的生产和经营活动划分为六大类别,包括技术类、商业类、财务职责、会计职责、安全与保养类工作、管理类工作。法约尔认为,不论企业规模大小,上述六项职责都是客观存在的。除此之外,法约尔还提出管理活动的五大职能及管理的一般原则。管理的一般原则如下:劳动分工、权利与责任、纪律、统一指挥、统一领导、个人利益服从整体利益、人员和报酬、集权、等级制度、秩序、公平、人员的稳定、首创精神、人员的团结。他还提出了管理的五种职能:计划、组织、指挥、协调、控制。他认为管理活动是通过这五种职能来实现的。后来有许多人又在这五种职能的基础上加上了诸如决策职能、人力资源管理职能、领导职能等,但都不如法约尔的五大职能说著名。现代管理把五大职能概括为四大职能:计划、组织、领导和控制。

(三)组织管理理论

古典管理理论的另一位代表人物是"组织理论之父"马克斯·韦伯(M. Weber)。马克斯·韦伯出生在德国,他一生担任过教授、政府顾问、编辑等职,对社会学、经济学和政治学都有较深入的研究。在管理理论方面,他的主要贡献是在其著作《社会组织与经济组织理论》中,提出了理想行政组织体系理论。韦伯认为,任何组织都必须有某种形式的权力作为基础才能实现目标。但在现实的权力形式中,只有理性、合法的权力才宜作为理想组织体系的基础。他强调,在理想的组织体系中,担任管理职务的人员应是按照他完成任务的能力来挑选的,而管理人员的权力和责任是作为正式职责而被合法化了的。韦伯的组织理论的另一个突出特点,是重视人员的考评、教育和规则、纪律对人的约束作用,避免管理中的非理性。

二、霍桑实验和人际关系理论

1927 至 1932 年,以哈佛大学著名心理学家乔治·埃尔顿·梅奥(George Elton Mayo)为首的一批学者,在美国西方电器公司所属的霍桑工厂进行了一系列实验研究,总称为霍桑实验。霍桑实验主要包括如下几个著名实验:

(一)照明实验

霍桑厂是一个制造电话交换机的工厂。先在厂内选择一个绕线圈的班组,把它分为实验组和对照组。实验组不断改善照明条件,而对照组的照明条件不变。实验者原来设想,实验组的产量一定会高于对照组,但结果并非如此。两组的产量都在增加。后来,又进一步把 2 名女工安排在单独的房间里劳动,照明降低到与月亮差不多的程度,但产量仍在提高。分析表明,让工人们在特定条件下进行实验,工人们认为这是管理当局对他们的重视。同时,由于在实验中管理人员与工人之间,以及工人与工人之间有融洽的关系,促使了实验中两组产量都有提高。这表明,人际关系是比照明条件更为重要的因素。

(二)福利实验

梅约选出 6 名女工在单独的房间里从事装配继电器的工作。在实验过程中逐步增加一些福利措施,如缩短工作日、延长休息时间、免费供应茶点等。实验者原来设想,这些福利措施会刺激生产积极性,一旦撤销这些福利措施,生产一定会下降,因此在实验进行了 2 个多月之后取消了各种福利措施。结果仍与实验者的设想相反,产量不仅没有下降,而是继续上升。经过深入的了解发现,这依然是融洽的人际关系在起作用。在调动积极性、提高产量方面,人际关系因素是比福利措施更重要的因素。

(三)访谈实验

实验表明管理方式与职工的士气和生产率有关,那么应该了解员工对现有管理方式有什么意见,为改进管理方式提供依据。于是,梅奥等人开始了访谈计划,在 1928 年 9 月—1930 年 5 月这不到 2 年的时间里,先后对工厂中的 2 万名员工进行了访谈。在访谈中,研究人员通过与员工交谈发现,引起不满的事实和他们所埋怨的事实并不是一回事。工人所表述的不满和隐藏在心里深层的不满情绪不是很一致。根据这些分析,研究人员认识到工人由于关心自己的个人问题而会影响到工作效率。所以,管理人员要了解工人的这些问题,为此,需要对管理者,特别是基层管理人员进行培训,使他们成为能够倾听并理解工人的访谈者,能够重视人的因素,与工人相处时更为热情和关心他们,这样能够促进人际关系的改善和职工士气的提高。

(四)群体实验

实验是选择 14 名男工人在单独的房间里从事绕线、焊接和检验工作,对这个班组实行特殊的个人计件工资制度。实验者原来设想,实行这套奖励办法会使工人更加努力工作,以便得到更多的报酬。但观察的结果发现,产量只保持在中等水平上,每个工人的日产量平均都差不多,而且工人并不如实地报告产量。深入的调查发现,这个班组为了保护他们群体的利益,自发地形成了一些规范。他们约定,谁也不能干得太多,突出自己;谁也不能干得太少,影响全组的产量,并且约法三章,不准向管理当局告密,如有人违反这些规定,轻则挖苦谩骂,重则拳打脚踢。进一步的调查发现,工人们之所以维持中等水平的产量,是担心产量提高,管理当局会改变现行奖励制度,或裁减人员,使部分工人失业,或者会使干得慢的伙伴受到惩罚。这一实验表明,工人为了维护班组内部的团结,可以放弃物质利益的引诱。梅约由此提出"非正式群体"的概念,认为在组织中存在着自发形成的非正式群体,这种群体有自己的特殊规范,对人们的行为起着调节和控制的作用。

基于霍桑实验及由此引发的思考,梅约首次把管理中的人际关系问题摆到了管理工作的首位,提出了"人际关系理论"。梅约由此得出四条结论:① 职工是"社会人",而不是单纯的经济人,企业应注意从社会心理角度调动职工的积极性。② 组织中除了正式群体外存在着"非正式群体",管理者应当给予足够的重视。③ 生产效率主要取决于员工的积极性,而员工积极性的提高又主要取决于员工的态度以及企业内部的人际关系。④ 新型的企业领导应具备两方面的能力,及解决技术、经济问题的能力和处理人际关系的能力。

这四条结论构成了早期行为科学——人际关系学说的基本要点,也是行为科学发展的理论基础。霍桑试验创建了人际关系学,同时也奠定了管理心理学的发展产生的基础。使西方的管理从"以物质技术为中心"转移到"以人为中心"的轨道上来。

三、现代管理理论

管理学产生以来一直面临各种质疑和批判,每次对质疑和批判的回应所催生的管理思潮成为了管理学发展的巨大动力。1980 年,哈罗德·孔茨将当时的管理理论概括为管理过程学派、人际关系学派、群体行为学派、经验学派、社会协作系统学派、社会技术系统学派、系统学派、决策理论学派、管理科学学派、权变理论学派及经理角色学派等十多个学派,形成了新"管理理论丛林"的观点。随着信息革命和知识经济的到来,文化管理、流程再造、学习型组织等新兴管理思潮不断涌现,使管理理论的丛林更加丰富。

(一)系统管理理论

系统管理理论运用一般系统论和控制论的理论和方法,全面分析和研究企业和其他组织的管理活动和管理过程,并建立起系统模型对组织结构和模式进行分析。系统管理理论向社会提出了整体优化、合理组合、规划库存等管理新概念和新方法,因而,系统管理理论被认为是20 世纪最伟大的成就之一,是人类认识史上的一次飞跃。

美国管理学家巴纳德首先用系统的观点来研究组织管理的问题,建立了社会系统理论。这一理论被美国的卡斯特(F. E. Kast)、罗森茨威克(J. E. Rosenzweig)和约翰逊(R. A. Johnson)为代表的系统管理理论学派进一步完善和深化,并建立起系统的模型对企业进行系统管理的理论。

系统管理理论认为,企业是人们创造出来的一个由相互联系、共同作用的各个要素(子系统)组成的开放系统。它同外部环境(客户、竞争者、供货者等)之间存在着动态的相互作用关系,并具有内部和外部的信息反馈网络,能够不断地自行调节,以适应环境和企业本身的需要,

从而达到实现个人和组织目标、求得不断发展的目的。这种关系可以用图2-2来描述:

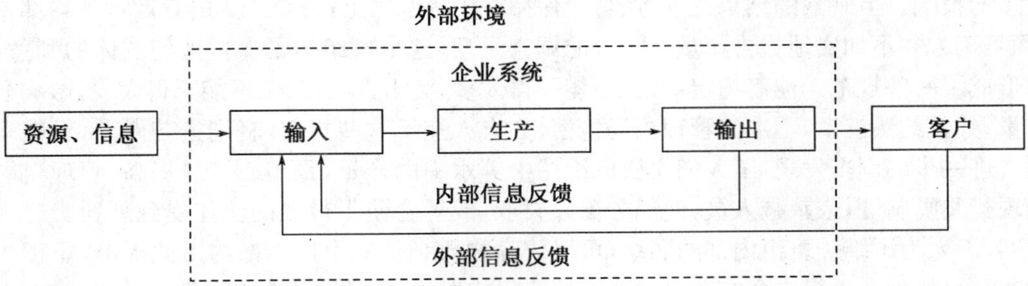

外部环境

图2-2　企业系统

　　从系统观点来考察企业管理的计划、组织、控制、信息联系四个职能,有利于提高企业管理的整体效率。从计划职能来看,三级管理部门存在着明确的职责分工,组织工作的内容有所不同,但他们各自的工作又结合为一个整体。从控制职能来看,控制是以企业总目标为依据,对生产系统的作业及其产品是否符合标准进行监督,并在不符合标准时发出更正指令。从信息联系的职能来看,它把系统网络连接成为一个整体,使各个工程项目之间和每一个工程项目内部之间相互联系,整个企业系统各级之间相互联系,整个企业同外部环境之间相互联系、相互协调。因此,计划、组织、控制等基本管理职能都要通过信息联系才能实现。

(二) 权变管理理论

　　从人类的管理实践史来看,在管理中采取权变原则和权变方法具有悠久的历史,但采用科学的方法对这一原则和方法进行研究,进而将其整合成一定的管理思想的体系,形成管理的权变学说则是西方20世纪60年代才开始的。以美国管理学家弗雷德·卢桑斯和英国女管理学家琼·伍德沃德为代表的一批管理学者在综合前人研究的基础上,形成了一定的理论框架,从而标志着权变管理理论的最终形成。

　　卢桑斯对权变理论的重要贡献就在于他提出了一个三部分权变概念框架——环境变量、管理变量和二者之间的权变关系,从而为形成完整的权变管理理论奠定了基础。卢桑斯的权变概念框架如2-3矩阵图。

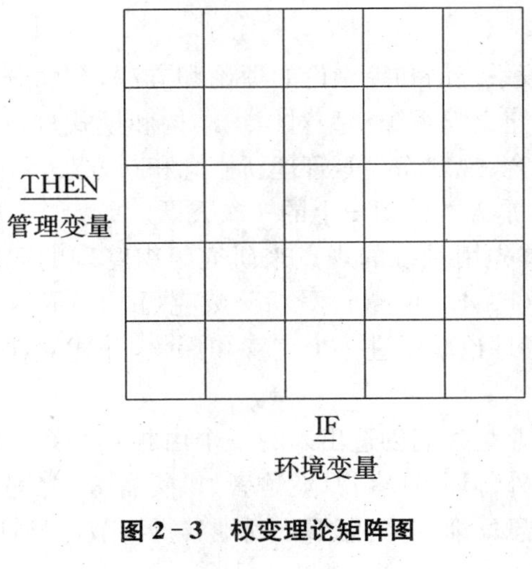

图2-3　权变理论矩阵图

该图的横轴代表环境变量(IF),纵轴代表管理变量(THEN),每个小方格代表着一个具体、确定的"IF-THEN"权变关系。卢桑斯认为,环境变量与管理变量之间存在着"如果——那么(IF-THEN)"的权变关系,其实质是以环境为自变量、管理为因变量的函数关系。也就是说,在权变管理理论的视域中,组织外的环境因素是决定组织管理活动的根本因素,为有效实现组织目标而采用的管理观念和方法,必须随着组织内外环境的变化而变化。

英国女管理学家伍德沃德在组织技术和组织结构方面阐述了权变的思想。主要观点包括:(1)企业内外部环境差异,可以充分解释企业在组织结构和组织行为方面的差异。(2)不存在某种最佳的管理方法,反对把管理中的原则当作普遍适用的原则看待。

(三)"学习型组织"理论

学习型组织是由美国学者彼得·圣吉在《第五项修炼》一书中提出此管理观念,其含义是当组织面临剧烈变迁的外在环境时,应力求精简、扁平化、弹性效应、终生学习、不断自我组织再造,以维持可持续的竞争力。其基本结构如图2-4所示。

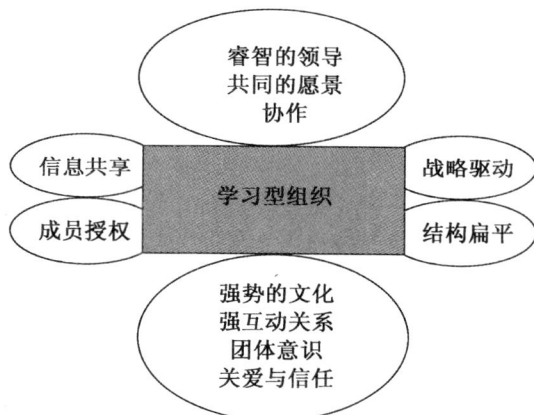

图2-4 学习型组织结构图

作为一种有机的、高度柔性的、扁平的、符合人性的、能持续发展的组织,学习型组织具有持续学习的能力,具有高于个人绩效总和的综合绩效。而学习型组织理论是一种科学的管理理论,它由"自我超越""改善心智模式""共同愿景""团队学习"和"系统思考"五部分组成。其中,改善心智模式和团队学习是基础,自我超越和建立共同愿景是向上张力,系统思考是核心。

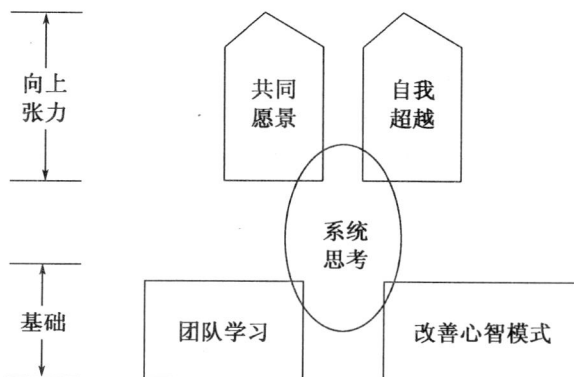

图2-5 五项修炼的地位、作用与相互关系示意图

国内学者以华东师范大学俞文钊为代表,承担的国家自然科学基金项目为"现代企业建立学习型组织的理论与方法研究",在创建学习型组织的理论和方法上有了进一步深入,并具体从组织的价值观、员工的忠诚和归属感、完善心智模式、团队学习以及系统思考这五个方面,研究学习型组织在我国的发展前景。知识经济的浪潮已席卷全球,企业之间的竞争越来越表现为员工之间的竞争。以企业为个体打造学习型组织,鼓励员工不断学习,更新知识结构,丰富知识体系,最高限度地发挥员工的智力和能力,是企业参与知识经济时代竞争的必然选择,也是企业在激烈的市场竞争中站稳脚跟并不断取得成功的重要保证。

第三节 西方的人性假设

一、人性假设的含义

美国管理心理学家麦克雷戈在《企业中的人性方面》一书中提到,在每一个管理决策或每一项管理措施的背后,都必有某些关于人性本质及人性行为的假定。管理科学学者根据自己对人性问题的探索研究及对管理活动中的人的本质特征所作的理论假定,即为人性假设。

现代管理理论以人性假设为前提,不同的管理观念和管理行为背后都隐含着不同的人性假设。在资本主义初期管理者奉行"工具人"假设,科学管理兴起后出现了四种经典的人性假设:"经济人"假设、"社会人"假设、"自我实现人"假设和"复杂人"假设。

二、四种人性假设及管理理论

在西方管理心理学研究中,一种较有影响的人性假设理论是雪恩(H. Schein)提出的四种与管理有关的人性假设,即"经济人""社会人""自我实现人"和"复杂人"的假设。雪恩是当代著名管理心理学家,曾在哈佛大学获心理学博士,现任麻省理工学院斯隆管理学院的组织研究学会主席,管理与组织心理学教授。他在《组织心理学》一书中详细阐述的四种人性假设,展现了西方管理界对人性看法的发展历程。

(一)"经济人"假设与 X 理论

"经济人"假设又称"实利人"假设,这种假设起源于享乐主义哲学和亚当·斯密(Adam Smith)关于劳动交换的经济学理论,是早期管理思想的体现。这一假设认为,人的行为动机源于经济诱因,在于追求自身利益最大化。在企业中,人的行为的主要目的是追求自身的利益,工作的动机是为了获得经济报酬。资本家是为了获取最大的利润才开设工厂,而工人则为了获得经济报酬才来工作,只要劳资双方共同努力,大家都可得到好处。

1957 年,美国心理学家道格拉斯·麦格雷戈提出 X 理论,他认为每一位管理人员对职工的管理都基于一种对人性的认识,而 X 理论正是归纳"经济人"假设的一种认识和管理方法。其要点是:

(1)一般人的天性都是好逸恶劳的,只要可能,就会设法逃避工作。

(2)人几乎没有什么进取心,不愿承担责任,而宁愿被别人领导。

(3)人天生就反对变革,把安全看得高于一切。

(4)要使人们真正想干活,那就必须采用严格的控制、威胁和经常不断地施加压力。

麦格雷戈认为,在人们的生活还不丰裕的情况下,胡萝卜加大棒的管理方法是有效的。但是,在人们的生活较为丰裕后这种管理方法就无效了,因为那时人们的行为动机主要是追求更高级的需要,而不是"胡萝卜"(生理的需要、安全的需要)了。因而,用指挥和控制来进行管理,无论是强硬的还是松弛的,都不足以激励人们的行动。

基于"经济人"的假设,必然会采取相应的管理措施。这些措施可归纳为以下三点:

(1)管理工作的重点是在提高生产率、完成生产任务方面,而对于人的感情和道义上应负的责任,则是无关紧要的。简单地说,就是重视完成任务,而不考虑人的感情。从这种观点来看,管理就是进行计划、组织、指导、监督。这种管理方式叫作任务管理。

(2)管理工作只是少数人的事,与广大工人群众无关。工人的主要任务是听从管理者的指挥。

(3)在奖励制度方面,主要用金钱来刺激工人生产的积极性,同时对消极怠工者采用严厉的惩罚措施。通俗地说,就是采取"胡萝卜加大棒"的政策。

(二)"社会人"假设与人际关系理论

"社会人"假设又称"社交人"假设。"社会人"假设,在霍桑试验中已得到验证,梅奥认为人是复杂的社会关系的成员,工人并非单纯追求金钱收入,要调动工人的生产积极性,还必须从社会、心理方面去努力。基于"社会人"假设创立了人际关系理论,表明了人们的行为不仅仅受工资的刺激,还有社会心理方面的需求,如追求人与人之间的友情、安全感、归属感和受人尊重等,影响生产效率的最重要因素是工作中的人际关系。

这种假设的基本观点为:

(1)人的最大需要是社会性需要,人在组织中的社交动机,如想被自己的同事接受和喜爱等,远比对经济性刺激物的需要的动机更加强烈。

(2)只有满足人的社会性需要,才能有最大的激励作用。

从"社会人"的假设出发,要采取不同于"经济人"假设的管理措施。主要有如下几点:

(1)管理人员不应只注意完成生产任务,而应把注意的重点放在关心人、满足人的需要上。

(2)管理人员不能只注意指挥、监督、计划、控制和组织等,而且更应重视职工之间的关系,培养和形成职工的归属感和整体感。

(3)在实行奖励时,提倡集体的奖励制度,而不主张个人奖励制度。

(4)管理人员的职能也应有所改变,他们不应只限于制定计划、组织工序、检验产品,而应在职工与上级之间起联络人的作用。一方面要倾听职工的意见和了解职工的思想感情,另一方面,要向上级呼吁、反映。

(三)"自我实现人"假设与 Y 理论

"自我实现人"的概念是由美国心理学家马斯洛提出的。雪恩在总结了马斯洛、阿吉里斯、麦克雷戈等人的理论后,提出了以下自我实现人假设,并认为这种假设与麦克雷戈的"Y"理论假设是一致的。

麦格雷戈认为,人除了有社会需求外,还有一种想充分发挥自身潜力,表现自我能力的欲望,称之为 Y 理论,其要点是:

(1)人并不是天生就厌恶工作,工作对人们来讲,正如娱乐和休息一样自然。

(2)控制和威胁并不是促使人们为实现组织目标而努力的唯一办法。人对自己所参与的目标能实现自我指挥和自我控制。

（3）对目标作出贡献是同获得成就的报酬直接相关的。这些报酬中最重要的是自尊和自我实现需要的满足，它们能促使人们为实现组织目标而努力。

（4）在适当条件下，人们不但能接受而且会主动承担责任。

（5）不是少数人，而是多数人在解决组织的问题上，都具有想象力和创造力。但在现代工业社会的条件下，一般人的潜能只是部分地得到了发挥。

（6）人们并非天生就对组织的要求采取消极的或抵制的态度，他们之所以如此，是由于他们在组织内的遭遇所造成的。

（7）管理的基本任务是安排好组织工作方面的条件和作业的方法，使人们的潜能充分发挥出来，更好地为实现组织的目标和自己个人的具体目标而努力。

基于"自我实现的人"的假设，Y 理论所提出的管理措施与以上理论有所不同，主要有下述几个方面：

（1）管理重点的改变。"自我实现的人"的假设又把注意的重点从人的身上转移到工作环境上，但它重视环境因素与"经济人"假设的重视工作任务不同，重点不是放在计划、组织、指导、监督、控制上，而是要创造一种适宜的工作环境、工作条件，使人们能够在这种条件下充分挖掘自己的潜力，充分发挥自己的才能，也就是说，能够充分地自我实现。

（2）管理人员职能的改变。从"自我实现的人"的假设出发，管理者的主要职能既不是生产的指导者，也不是人际关系的调节者，而只是一个采访者。他们的主要任务在于如何为发挥人的才智创造适宜的条件，减少和消除职工自我实现过程中所遇到的障碍。

（3）奖励方式的改变。对人的奖励可以分为两大类，一类是外在奖励，如工资、提升、良好的人际关系，另一类是内在的奖励。内在奖励是指人们在工作中能获得知识，增长才干，充分发挥自己的潜力等。只有内在奖励才能满足人的自尊和自我实现的需要，从而极大地调动起职工的积极性。

（4）管理制度的改变。从"自我实现的人"的假设来看，管理制度也要做相应的改变。总的来说，管理制度应保证职工能充分地展露自己的才能，提倡参与管理，达到自己所希望的成就而产生满意感。

（四）"复杂人"假设与权变管理理论

雪恩在 20 世纪 60 年代末至 70 年代的调查研究中发现，人不只是单纯的"经济人"，也不是完全的"社会人"，更不可能是纯粹的"自我实现人"，而应该是因时、因地、因各种情况而具有不同需要和采取不同反应方式的"复杂人"。

复杂人假设的基本内容是：

（1）人的需要是多种多样的，而且这些需要随着人的发展和生活条件的变化而发生改变，每个人的需要都各不相同。

（2）需要的层次也因人而异。人在同一时间内有各种需要和动机，它们会发生相互作用并结合为统一的整体，形成错综复杂的动机模式。例如，两个人都想得到高额奖金，但他们的动机可能很不相同。一个可能是要改善家庭的生活条件，另一个可能把高额奖金看成是达到技术熟练的标志。

（3）人在组织中的工作和生活条件是不断变化的，因此会不断产生新的需要和动机。这就是说，在人生活的某一特定时期，动机模式的形成是内部需要和外界环境相互作用的结果。

（4）一个人在不同单位或同一单位的不同部门工作,会产生不同的需要。

"复杂人"假设的人性观,是权变理论基础,其管理措施符合权变理论的观点:并不是要求管理人员采取完全不同于上述三种假设的新措施,而是要求根据具体的人的不同情况,灵活地采取不同的管理措施,这就是说要因人而异、因事而异,不能千篇一律。

权变理论现已贯穿到西方管理实践的领域之中,并从这一理论观点出发进行了大量具体的研究工作。例如,企业组织的性质不同,职工工作的固定性也会不同,因此,有的企业需要采取较固定的组织形式,有的企业就需要有较灵活的组织结构。企业领导人的工作作风也需随企业的情况而有所不同。在企业任务不明确、工作混乱的情况下,需要采用较严格的管理措施,才能使生产秩序走上正轨。反之,如果企业的任务清楚、分工明确,则可以更多地采取授权形式,使下级可以充分发挥自己的能动性。此外,根据应变理论,要求管理人员要善于观察职工之间的个别差异,根据具体情况采取灵活多变的管理方法,等等。

随着社会的发展,人们周围的客观世界不断发生着的新变化影响着人的思想和行为,也促使着人们对自身认识的深化。上述几种人性假设观点是在不同时期人们对于人性的认识,以权变的观点来看,它们之间不是取代的关系,而是对人性观的丰富。

我们在学习西方的管理思想和理论时,也要用辩证的思想和方法看待中国的问题,不能生搬硬套西方的理论,而要根据中国的历史和现状,科学合理地分析和理解中国的人性观。采取适宜的管理措施,进行有效的管理。

重点提示

本章主要阐述了心理学的内涵和学派,管理学的理论演进过程和西方人性假设。管理心理学是一门交叉应用型学科,以心理学为依托,以管理学理论的科学性为基准,将人的行为的规律性进行归纳,旨在充分调动人的主观能动性,无论在生产工作领域还是生活领域,提高人的行动效率,建立和谐的人际关系。本章重点把握从泰勒科学管理到以人际关系理论为基础的以人为中心的管理,再到现代管理理论的西方管理理论演进过程,理解西方人性假设的内涵与管理理论的紧密联系。

思考与练习

1. 什么是心理活动和心理过程?
2. 简述霍桑实验的主要内容及意义。
3. 叙述人际关系理论。
4. 解释权变理论。
5. 简述四种人性假设的基本观点及管理措施。

案例学习

王安电脑公司

美籍华裔科学家、企业家王安在美国波士顿创办了一家驰名世界的"王安电脑公司",他从600美元投资开始,经过40多年的艰苦奋斗,已发展到拥有3万多名员工,30多亿美元资产,在大约60多个国家和地区设有250个分公司的世界性大企业。成功给他带来荣誉和地位,还给他带来了16亿美元的巨额资产。当我们顺着王安的足迹,浏览他的人生历程,寻找他的成功秘诀之时，不难发现，王安公司成功的决定因素就在于重视和拥有人才。王安目光远大，办事果断，懂得人才开发的重要，充分重视人的作用，以最大努力调动公司里每一个人的积极性。

该公司人才济济，有善于经营的副经理拉克斯，有实业家、电子学专家朱传渠，有主管亚太地区销售工作的销售部经理庄家骏，等等。正因为如此，仅1952—1983年每年的营业额以40%～50%的速度增长，到了1982年经营额高达10亿美元之多。

对于人的使用，自始至终充满尊重、理解和信赖。王安认为，公司是人组成的，能不能把每个员工的积极性调动起来，将关系到公司的成败。具体工作中，他根据员工的不同类型、特点、技术专长和生活需要，实行不同的管理方式。他把设计和研制产品的工程师和科学家看成公司的灵魂，给他们特殊的礼遇以示尊重，甚至在用词上都特别讲究，从不用"雇佣"之类的词，只用"聘用"，以完全平等的态度对待他们、尊重他们。而对一个有创造性的技术人才，即使他有令人难以容忍的错误和缺点，或是骄横自负，或是两个工程师相互对立，王安都能和他们搞好关系，从而使他们明白公司最高领导人最了解和懂得他们的贡献。公司经常会出现这种情况：某个工程师正在做公司下达的一项设计或研制任务，而且做得很好，公司却因为某种原因突然决定停止这个项目的设计和研制。为了不使这个工程师感到失望，避免挫伤他的积极性，王安总是亲自和这个工程师谈心，给予鼓励和安慰，同时，还千方百计安排他去完成另一件特别重要的项目，从而维护了这个工程师的自尊。

理解是一种欲望，是人天生具有的一种欲望，人一旦得到了理解，会感到莫大的欣慰，更会随之不惜付出各种代价。有一次，一个研究对数计算器的工程师告诉王安，公司的工作计划同他在几个月前达成的夏季度假租房协议发生冲突。王安听后当即表示，如果因为对数计算器问题打乱了他的个人计划，他可以用王安自己的别墅去度假。这件事使这个工程师备受感动，为了研究课题项目，他不仅没有去别墅，反倒把自己整个的假期都搭上了。

信赖是王安对部下的信条，是王安公司得以生存的基础。随着公司的不断扩大发展，王安作为公司的总经理，对于人的使用，自始至终充满尊重、理解和信赖。平日里，王安从不插手一个具体项目的日常管理工作，只是在他认为非要他管不可的时候，他才露面，就是公司开会，他也很少主持。会上，除非某个重要的事情或方面仍没有被引起重视时，他才站起来说几句，一般都是听而不言。王安虽不轻易发表自己的意见，但公司内部每一个员工的意见他都爱听。王安公司有一条热线电话，不管是谁，凡是自认为有好主意的人，都可以通过热线和王安直接交谈。这就使每一个好的建议不会因为上司让它躺在文件筐里面而被埋没。王安公司在发展过程中，有一套越级联系制度，使员工们能与他们相隔一级以上的其他负责人保持联系。

此外，王安公司很少解雇员工，只有在公司处于最严重的困境时，才会解雇少量的人员，而一旦形势好转，王安总是尽可能地把这些解雇人员再招回来。王安公司就是这样在发展着，并以此丰富自己的成功经验。

资料来源：中央广播电视大学网站

http://web2.openedu.com.cn/mod/resource/view.php?id=14190&inpopup=true

思考题

(1) 根据西方人性假设理论，王安的人性观属于哪一种？

(2) 这种人性观在管理方式上是，怎样体现的？

第三章　知觉与印象管理

在组织管理过程中，管理的对象是人，管理是一个与人交往、对人产生认识，并与人发生相互作用的过程。管理双方在有限的时间内利用可用信息，对个体的需要、动机以及个性特征等做出迅速有效的判断，进而采取适当对应措施的过程就是组织知觉加工过程。因此，要提高管理的有效性、塑造好组织和个体的良好形象，就要研究、掌握知觉的规律和印象管理的方法技巧。

第一节　知觉与社会知觉

一、知觉的内涵

关于知觉（perception），不同学者用不同表达方式提出了各自的定义。杨锡山（1986）认为："当客观事物作用于人的感觉器官，人脑中就产生了反应。这种反应如果只属于事物的个别属性，就称为感觉。如果是对事物各种属性的各个部分及其相互关系的综合反应则称为知觉。知觉类似思维过程，是接受信息和评价信息的过程。人们将零星的、无序的信息（如语言、符号、形象等刺激）加以筛选、组织、归类，找出它们之间的关系，再赋予一定的意义，指导人的行为。"Schermerhorn 等人（2004）认为，知觉是指"人们对从周围获取的信息的选择、组织、理解、反思和反应的过程。感知是形成对自我、他人和日常生活体验的印象的一种方式。它在信息对人的行为起作用之前有一种浏览和过滤作用"。罗宾斯（2005）认为，知觉是指"个体为了对自己所在的环境赋予意义而组织和解释他们感觉印象的过程"。

综上所述，简单地说，知觉就是人对某个对象（如人、事物和环境等）的信息进行分析从而对其形成某种认识和判断的心理过程。

感知过程归纳起来有几个主要因素：观察、选择、组织、解释和反应。知觉的过程如图 3-1：

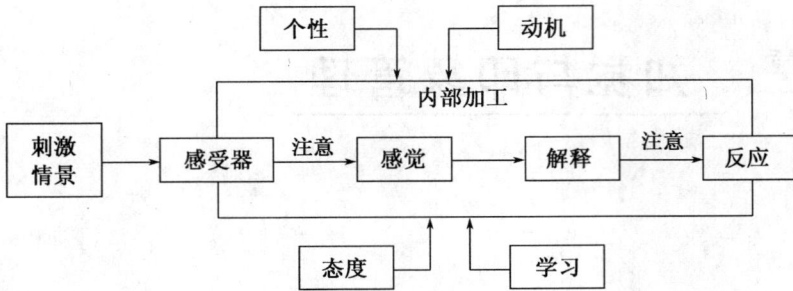

图 3-1　知觉过程模式

二、影响知觉的因素

知觉对客观事物的反映不是消极被动的,而是一种积极的、能动的认识过程。人的知觉能动性主要表现在它的选择性。在同一时刻内,有许多客观事物同时作用于人的感官,人不能同时反映这些事物,只是对其中的某些事物有清晰的知觉,这就是知觉的选择性。知觉的选择性决定于一系列的因素,这些因素可以归纳为知觉对象因素、知觉者因素和情境因素三个方面。

(一) 知觉对象因素

知觉是客观事物的反映,因此,知觉的选择性首先决定于知觉对象的特点。心理学实验和日常生活经验表明,知觉对象的下述特点对于知觉的选择性有重要影响。

1. 知觉对象本身特征

一般来说,响亮的声音、鲜艳的色彩、突出的标记等都会引起人们的注意,使人们清晰地感知到这些事物。所以许多组织会非常注重建筑物的外观形状与色彩、内部的装饰和标记,以便给到访的客户留下深刻印象。著名的缪勒—莱伊尔错觉就是由形状引起的知觉差异。如图 3-2 所示,a 和 b 两线段等长,但由于两端加入方向不同的箭头,看上去似乎线段 a 比线段 b 短。

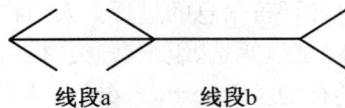

线段a　　　　线段b

图 3-2　缪勒—莱伊尔错觉

2. 对象和背景的差别

在同一时刻内,被人们清晰感知到的东西就是知觉的对象,而仅仅被模糊感知到的东西就成为背景。对象与背景之间的差别越大,人们就越容易从背景中把对象区分出来;反之,对象与背景的差别越小,区分也就困难。例如,在车床上加工零件,零件是知觉的对象,而整个车床就是背景。因此,为了提高零件加工的质量,应该考虑扩大零件与车床的颜色差别。

3. 对象的组合

知觉是对事物整体的反映,但整体不一定只是一个对象。有时,人们会把若干事物作为一个整体来反映。这种组合符合封闭原则、连续原则、接近原则、相似原则(图 3-3)。例如,根据接近原则(图①),对象在空间上接近,容易被感知为一个整体;根据相似原则(图②),对象在形状和性质上相似,容易被感知为一个整体;根据连续原则(图③),在空间、时间上有连续性的对象,容易被感知为一个整体;根据封闭原则(图④),人们能够将分散而有一定联系的知觉对象的反映综合起来,形成一个整体。

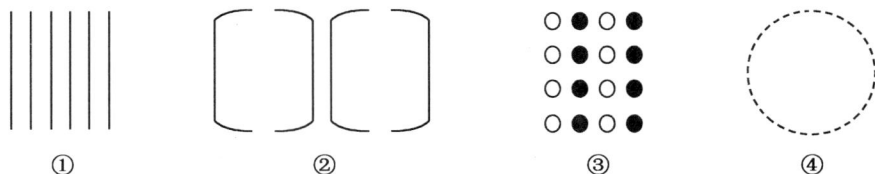

图 3-3　知觉对象的组合

(二) 知觉者因素

知觉的选择性不仅受客观因素影响,也受人本身主观因素的影响。不同的人对于同一事物往往产生不同的知觉。例如,一位公司领导在全体员工大会上讲话,尽管每一个听众听到的是同样的声音、同样的语调,看到的是同样的表情、同样的姿势和动作,但每一个人的知觉内容并不完全一样。这种知觉的个别差异更多地决定于人们各自主观状态的不同。影响人的知觉的主观因素主要有以下几个方面:

1. 兴趣

人们的兴趣差异往往决定知觉的选择性。人们会把注意力集中于感兴趣的事情,而把不感兴趣的事物放到知觉的背景中去。例如,在听公司领导发言的时候,人们会更加注意和自己部门和个人利益相关的言论。

2. 需要和动机

凡是能够满足人的需要、符合人的动机的事物,往往会成为知觉的对象、注意的中心。一个急于想升职的员工会更加关注与职业发展相关的信息,比如培训、职业轮换、职业资格考试等;而一个关心现金收入的员工可能更加关注奖励信息。一项对饥饿的研究很好地说明了这一点。研究中的被试没有吃东西的时间长短不同,一些被试一个小时前吃了东西,另一些被试16 个小时没有吃任何东西。给被试呈现一组主题模糊的图片,结果相比吃完东西没多久的被试来说,16 个小时没有吃东西的被试把图片内容知觉为食物的频率高出许多。

3. 过去的经验

人们过去经验的不同也对知觉的选择性有很大影响。例如,一个外行人和一个机械工程师看同一部机床,但两人看到的内容可能很不相同。外行人只看到机床的表面和主要部件,但机械工程师的观察要细致很多,这是由于机械工程师有更丰富的机械知识和经验。

4. 个性特征

人们的个性特征也会影响知觉的选择性。例如,不同神经类型的人知觉的广度和深度有个别差异。多血质的人知觉速度快、范围广,但观察不细致;黏液质的人知觉速度慢、范围较窄,但比较深入细致。

(三) 情境因素

知觉进行的情境影响也很大,它包括时间、工作环境和社会环境。一个人在年轻、没有工作经验的时候学习管理课程,与年龄较大、做了多年管理者之后来学习同样的课程,对教师授课的知觉肯定不同。一名员工在正式的、严肃的工作场合随便说笑,与在非正式的、轻松的娱乐气氛中随便说笑给管理者的知觉印象肯定不同。在高学历人才密集的大城市,一个刚毕业的研究生可能不会引起人们太多的注意,但如果他到了边远地区,很快就会引起人们和媒体的关注。

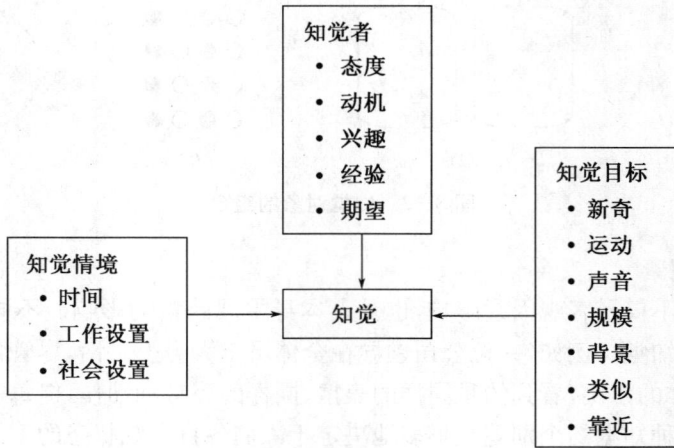

图 3-4 影响知觉的因素

三、社会知觉的内涵

研究知觉的一般规律是普通心理学的课题。从知觉的对象来看,可以把知觉划分为对物的知觉和对人的知觉。一般来说,对人的知觉也可以称为社会知觉。社会知觉是社会心理学研究的对象,也与管理心理学有密切关系。"社会知觉"的概念,最初是由美国心理学家布鲁纳(J. S. Bruner)在 1947 年提出的,用以表示他对知觉的一种新观念,其主要含义是指知觉过程受社会因素制约。但之后,这个概念在社会心理学中有了新的含义,认为社会知觉是对社会对象的知觉,社会对象应包括个人、社会群体和大型的社会组织。从这个意义上来说,社会知觉包括广泛的内容,它不仅包括一个人对另一个人的知觉,而且包括个人对群体的知觉、群体对个人的知觉、群体对群体的知觉以及对个人间和群体间关系的知觉。本章重点讨论个人对个人的知觉。

四、社会知觉的分类

如果我们把社会知觉主要理解为人对人的知觉,那么,社会知觉基本上有以下几种类型:

(一) 他人知觉(person perception)

对他人的知觉,主要是指通过对别人外部特征的知觉,进而取得对他们的动机、情感、意图等的认识。俗话说:"听其言、观其行而知其人。"这就是说,我们认识一个人要根据他的言论和行动。这里所说的行动,从心理学上来看,不仅是行为举止,也包括人的面部表情、身体的姿势以及眼神等。

对他人的知觉依赖于许多因素,概括地说,包括两个方面:第一是知觉对象的外部特征,包括一个人的仪表、风度、言谈和举止等。一个面貌端正、举止文明的人在初次见面时总会给人留下良好的印象;反之,一个其貌不扬、举止失当的人,初看起来,也总会给人留下不良的印象。第二是知觉的组织结构。所谓知觉的组织结构是指一个人在知觉别人时并不像镜子一样地反映,知觉者总是具有一定观点、态度的人,因此,他的态度必然会影响他对别人的知觉。例如,有的人在看待别人时首先注意智力特征,按照聪敏还是不聪敏对人进行归类。总之,对别人的知觉既受知觉对象的外部特征的影响,也受知觉者本人的知觉组织结构的影响。

(二) 人际知觉(interpersonal perception)

人际知觉是对人与人之间关系的知觉。人际知觉的主要特点在于有明显的情感因素参与知觉过程。人们不仅相互感知,而且会彼此形成一定的态度。在这种态度的基础上会产生各种各样的情感。例如,对某些人反感,对另一些人同情,对第三种人喜爱,等等。

在人际知觉过程中产生的情感决定于多种因素。例如,人们彼此之间接近的程度、交往的多少、彼此相似的程度等都对人际知觉过程中的情感发生很大的影响。一般来说,人们越是彼此接近、交往频繁、有较多的相似之处,彼此就越是会产生友谊、同情和好感。

(三) 自我知觉(self-perception)

自我知觉是指一个人通过对自己行为的观察而对自己心理状态的认识。人不仅在知觉别人时要通过其外部特征来认识其内部的心理状态,同样也要这样来认识自己的行为动机、意图等。人的一切活动都是通过社会交往而实现的。人们在相互的交往接触中,不仅在不断地认识、评价他人,也在接受他人对自己的评价,并把他人的期望和评价作为一个客观标准而内化到自己的心理结构中,在此基础上,形成或深化对自己的判断和评价。从而形成自我概念和自我意识。自我意识在人的心理上表现出自信、自尊,或自卑、自贱。

对自我的认知途径主要有:一是以他人的认知态度为依据来认知自我;二是通过分析活动的结果;三是通过自我观察来认知自我。通过他人的评价来认知自己,又称"以人为镜"。我们时常会根据他人的看法来修正自己。个体的活动是他内心世界的外化,活动的结果是他本质力量的对象化。因此,通过分析自己活动的结果,可以达到认识自己的目的。个体可以在安静的、沉稳的心态下,通过自我观察、自我分析来认识和评价自己。一个人的自我认识与评价既依据于他人的认识与评价以及客观的活动成绩,又取决于自己的心理结构、自我期望和自我要求等因素。例如,有的人本来成绩平平,却自我欣赏,自高自大;有的人成绩突出,他人评价很高,却自感不如他人,缺乏自信。这些都表明了,自我认知与评价既是客观的又是主观的过程。

(四) 角色知觉(role perception)

角色知觉是指对人们所表现的社会角色行为的知觉。角色是在涉及他人的社会活动中社会对某一特定对象所期望的一种行为模式,反映了一个人在社会系统中的地位以及相应的权利、义务和职责。

一个完整的角色知觉过程包括:角色认知(个体对自身应在社会和组织中所处地位及应承担责任的认识)、角色行为(社会或组织所赋予角色的某种社会行为模式)、角色期望(组织或他人对个体承担某角色所应有的行为寄予的希望与期待,又称角色期待)、角色评价(他人对个体的角色扮演状况的评价与估价)。美国著名心理学家罗森塔尔和雅各布森提出了"皮革马利翁效应"。远古时代,塞浦路斯王子皮革马利翁喜爱雕塑。一天,他成功地塑造了一个美女的雕像,爱不释手,每天以深情的眼光观赏不止,把自己对她的期许不断地向她倾诉,看着看着,美女竟然活了。这虽然是个神话传说,但它体现了角色期望的效果,说明了人是可以被别人的期望所塑造的。

罗森塔尔和雅各布森研究了教师对学生期待的效果。他们从一至六年级中各选3个班,在学生中进行了一次煞有介事的"发展测验"。然后,他们以赞美的口吻将有优异发展可能的学生名单通知有关老师。8个月后,他们又来到这所学校进行复试,结果名单上的学生成绩有了显著进步,而且情感、性格更为开朗,求知欲望强,敢于发表意见,与教师关系也特别融洽。实际上,他们提供的名单纯粹是随机抽取的。他们通过"权威性的谎言"暗示教师,坚定教师对名单上学生的信心。虽然教师始终把名单藏在内心深处,但掩饰不住的热情仍然通过眼神、笑容、音调滋润着学生的心田,他们实际上扮演了皮革马利翁的角色。学生潜移默化地受到影响,变得更加自信,奋发向上,于是他们在行动上不知不觉地更加努力学习,结果就有了飞速的进步。

第二节　社会知觉的偏差

社会知觉偏差(social cognitive bias)是指人们在认识他人、形成有关他人的印象的过程中,由于知觉主体、知觉客体及环境的作用,社会知觉往往会发生这样或那样的偏差。从社会心理学的角度看,这些偏差无非是在某些特殊的心理规律的作用下产生的,是对人这种社会刺激物的特殊反映。

一、第一印象与首因效应

所谓第一印象(the first impression)是指两个不认识的人第一次见面所形成的个人印象,这种印象一旦形成,会长期左右人们对该个体的判断。比如,第一次交往发现某个人在某个特定的情境中比较虚伪和圆滑,也许这只是某个人偶然的表现,不是这个人一贯的表现,但是对这个人所形成的虚伪和圆滑的印象会在人们的心目中持续很长的时间,除非有非常强有力的事实否认这个印象。

由于人的认知偏差的客观存在,为了形成良好的第一印象,人们需要认真对待自己给人的初次印象。比如刚到一个单位,需要注意自己的仪表、语言表达、礼仪等,如果不注意这些方面,可能会给人一个负面的印象,影响今后的工作和职业生涯发展。面试时就更应该注意第一印象了,许多没有受过严格训练的招聘人员常常将前5分钟内形成的印象当成判断形成的依据,即使受过严格的训练,第一印象的作用也是客观存在的,只是人们会适当校正而已。

影响第一印象形成的因素有很多,其中很关键的一个因素是相貌,人们很容易"以貌取人"。心理学家曾经做过相关的研究,将同样一名小学五年级学生的资料卡复制成许多张,但每张卡片上贴上美感度不同的照片,让五年级老师评价这些带照片的资料卡中学生能力的高低,结果发现,教师们认为相貌较好的学生智力较高。

与第一印象相似的表述是首因效应(primacy effect)。首因效应是指人们比较重视最先得到的信息,据此对他人做出判断。第一印象与首因效应的区别是信息获得的直接性和时间性。通常第一印象是指面对面获得的信息,而首因效应还包括见面前的、间接的介绍,除了对人以外,首因效应还包括对一个场景或事物的印象。

二、近因效应

近因效应(recency effect)是指在总体印象形成过程中,新近获得的信息,比原来获得的信息影响更大的现象。在印象形成过程中,当不断有足够引人注意的新信息出现,或者原来的印象已经淡忘时,新近获得的信息的作用就会较大;当人们在回忆旧信息发生困难的时候,对别人的判断就要依赖于目前的情境,就会发生近因效应。个性特点也影响近因效应的发生,一般心理上比较开放、灵活的人,比较容易受到近因效应的影响。研究表明,近因效应一般不如首因效应明显,也不如首因效应普遍。

三、晕轮效应

晕轮效应(halo effect)也称为光环效应,是指对个人某一个方面属性的印象好坏会影响其他个人属性和特征优劣的判断,也就是以点概面效应。比如一个人长得很漂亮,就形成了一个光环,将心灵美、善良、聪慧等属性也赋予这个人;相反,如果对某个人形成了负面的消极印象,也会自然地将一些不好的属性强加给这个人,比如阴险、丑恶、好逸恶劳等。这些判断有时是合乎事实的,但大多数缺乏科学依据,与事实不符。

美国心理学家凯利在1950年做过一个印象形成实验。他利用心理学教学课堂,把55名学生分为两组,分别向学生介绍一位新聘任的教师。两组学生得到的介绍资料仅仅一词之差:甲组同学被告知,这位教师是"聪明、能干、果断、现实、谨慎、热情的";乙组同学被告知,这位教师是"聪明、能干、果断、现实、谨慎、冷淡的"。学生们看完这份资料之后,实验者让每个学生填写一份问卷,说明自己对新教师的印象。结果发现,两组学生对这位教师的印象有着显著不同。甲组同学的评价为:聪明、幽默、得人心、富有想象力。而乙组同学的评价为:自私、猜疑、好讽刺挖苦人、难于相处。这就表明,两组学生对该新教师的印象都有自己的推断成分夹在其中,关键特征"热情"和"冷淡"都产生了晕轮效应。

晕轮效应会在招聘和面试过程中出现,面试官可能由于欣赏面试者的某一个方面的品质特征而对其他方面的特征都给予较高评价。晕轮效应也可能会在绩效评价过程中产生,上级对下级进行绩效评价时,可能由于下属某一个方面表现出众而在其他方面都给予了较高的评价。

晕轮效应的产生往往是由于在掌握有关知觉对象信息很少的情况下做出的总体判断结果,这也是在日常生活和工作中常见的社会心理现象。了解和研究晕轮效应,有助于克服自己看待别人时的偏见,也有助于了解其他人产生这种偏见的根源。

四、刻板效应

刻板效应(stereotype effect)是指对某个群体产生一种固定的看法和评价,并对属于该群体的个人也给予这一看法和评价。这些群体特性可以包括性别、年龄、民族、国籍、职业、所属组织等。台湾学者以台湾大学生为对象调查其对外国人的印象,结果发现他们对不同国家的人存在不同的刻板印象。例如,台湾大学生认为美国人民主、天真、乐观,英国人保守、狡猾、善于外交,德国人有科学精神、进取、爱国,法国人爱好艺术、浪漫、热情,日本人善于模仿、爱国、尚武,等等。

尽管刻板印象对具体个人的社会属性知觉和描述不一定正确,然而,人们喜欢走捷径以降低脑力支出或认知负荷,因此,这些印象很容易被添加到所遇到的具体对象上,成为人们判断这类人性格的重要依据。在跨国组织中,当组织内部存在较强的符合刻板效应的一些典型特征时,如不同的民族、不同的宗教信仰、不同的风俗习惯等,那么组织成员就应该改变他们原有的看法,建立公平的看法和评价。组织需要对员工进行培训,提供组织成员之间更多的沟通和交流。

五、投射效应

投射效应(projection effect)是指人们将自己对待某种事物的态度和观点投射到他人身上的倾向。由于人们很难真正知道交往对象的内心活动,然而人们又特别希望能够了解他人的心理活动规律,以便能够预测他人的行为,因此,推己及人、换位思考成为一个重要的渠道,即将自己当成一个参照点推测别人的行为。然而,真正地换位是十分困难的事情,因此,大多数人认识和理解他人都是通过投射来进行的。比如,如果你希望自己的工作富有挑战性并能够自己负责,就可能会假定别人也同样希望如此。或者,如果一个人是个诚实可信的人,可能会想当然以为别人也同样诚实可信。

六、对比效应

对比效应(contract effect)是通过将多个认知对象与参照点进行比较,产生认知和评价的偏差。对比效应经常发生在面试过程中,特别是当面试者很多的时候,面试官无法记住每个面试者的相关信息,他就会将前后的面试者进行比较。例如第一个人表现非常好,而第二个人表现一般,那么面试官很可能会觉得第二个人的表现很差;如果第一个人表现非常糟糕,第二个人表现一般,那么面试官更可能认为第二个人表现不错。此时对比效应就产生了。

七、自我中心效应

对自己在某种事物中的作用,人们常常有自我夸大的倾向,这种现象被称为自我中心效应(egocentric effect)。美国心理学家汤普森和凯利的研究发现,夫妻双方中的每一方总认为自己在家务活动中承担的责任大于一半,这些活动包括当两人单独时谁会主动与对方聊天以消除寂寞,解决冲突及对对方需要的敏感性等。在组织活动中,某项工作取得成绩,参加工作的人总是会夸大自己的功劳,正是这种自我中心效应偏差,导致人们对本来公平的分配也感到不公平,认为没有"按劳取酬"。

第三节 归因理论与归因偏差

一、归因及归因理论

归因(attribute)就是指"原因归属",是指将行为或事件的结果归属于某种原因。例如,企业发现自己产品的市场份额开始减少、核心员工开始流失等现象,管理者只是及时、准确地了解情况还不够,还必须能正确地归因,弄清楚产生这些情况的原因,这样才能找到有效的解决方法。

归因理论是专门研究人们如何理解特定事件的原因、评估事件的责任以及如何对事件中的当事人做出评价的理论。这里主要介绍海德的二元归因论、凯利的三维归因理论以及韦纳的四因素归因理论。

(一) 海德的二元归因论

海德(Heider F.,1958)最早提出了归因理论,成为归因理论的创始人。他指出,人的外在行为表现背后的原因分为内因和外因两种。内因是指内在原因,即个人所拥有的、直接导致其外在行为表现的品质或特征,包括个人的个性、情绪、动机、需要、能力、努力程度等。外因是指外在原因,外因属于环境,包括外界条件、情境特征和其他人的影响等。这些特点不属于个人,不是个人可以控制的因素。内因和外因对人的行为表现所起的作用不同,但两者之间又相互作用。一般而言,内因是行为表现的根本原因,外因是行为表现的条件,外因要通过内因起作用,内因则受到外因的影响和制约,两者共同决定人的行为。

这一理论后来被发展成"控制点"假设。控制点是指人们在个性上有一种比较稳定的归因倾向,或是倾向于归因于外部,或是倾向于归因于内部。倾向于外部归因的人属于"外控型",倾向于内部归因的人属于"内控型"。

(二)凯利的三维归因理论

在海德的归因理论基础上,凯利(H. Kelly)提出了三维归因理论。凯利将归因现象区分为两类:一类是能够在多次观察同类行为或事件的情况下的归因,称为多线索归因;另一类则是依据一次观察就做出归因的情况,称为单线索归因。凯利认为,人们对行为的归因总是涉及三个方面的因素:客观刺激物、行动者和所处关系或情境。其中,行动者的因素是属于内部归因,客观刺激物和所处的关系或情境属于外部归因。凯利根据海德的协变原则提出了归因所依据的三个原则。三维归因的理论模型见图3-5。

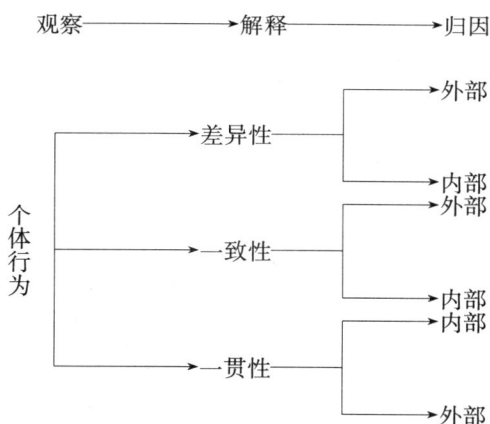

图3-5　三维归因理论模型

1. 一致性原则

将行为主体的行为和他人在相同情境下产生的行为相比较,看他的行为是否与众不同。例如,所有走相同路线上班的员工都迟到了,则迟到行为的一致性就高。就归因的观点来看,如果一致性高,我们对迟到的员工做出外部归因。如果走相同路线的其他员工都没有迟到,则该员工迟到行为的一致性低,可以认为该员工迟到的原因来自内部。

2. 一贯性原则

将行为主体的行为与其在不同时间、空间下的反应来进行比较,看行为的发生在时间和空间上是否具有稳定性。例如,如果一个员工并不总是迟到,那么一次迟到可以看作一次特例,行为的一贯性低,可以做外部归因。如果这名员工每周都迟到两三次,则说明行为的一致性高,就应该做内部归因。

3. 差异性原则

比较行为主体的行为表现是否因行为对象的不同而不同。例如,一名员工今天迟到了,我们就要看他是否在其他事情上也表现出自由散漫。如果行为的差异性大,则迟到的原因很可能来自外部;如果行为的差异性小,则迟到的原因很可能来自内部。

(三) 韦纳的四因素归因理论

韦纳(B. Weiner)认为,人们对自己的成功和失败主要归因于四个方面的因素:努力、能力、任务难度和机遇。这四个因素可以按内外因、稳定性和可控制性三个维度来划分(表3-1)。从内外原因维度来看,努力和能力属于内部原因,任务难度和机遇属于外部原因。从稳定性维度来看,能力和任务难度属于稳定因素,努力和机遇属于不稳定因素。因为一个人的能力和面临的任务难度是很难改变的,而一个人的努力程度和是否遇到适当的时机是不断变化的。从可控制性来看,努力是可以控制的因素,而任务难度和机遇都是不以人的意志为转移的不可控制因素。

表 3-1　韦纳三维度模式

三维度	内部的		外部的	
	稳定的	不稳定的	稳定的	不稳定的
	不可控的	可控的	不可控的	可控的
四因素	能力高低	努力程度	任务难易	运气好坏

人们把成功和失败归因于何种因素,对于以后的工作积极性有很大影响。韦纳的研究指出,把成功归结于内部原因(努力、能力),会使人感到满意和自豪;把成功归结于外部原因(任务容易或机遇),会使人感到惊奇和感激。把失败归于内因,会使人产生内疚和无助感;归于外因,会产生气愤和敌意。把成功归因于稳定因素(任务容易或能力强),会提高以后的工作积极性;把成功归因于不稳定因素(碰巧和努力),以后工作积极性可能提高也可能降低。把失败归因于稳定因素(任务难和能力弱),会降低以后的工作积极性;而归因于不稳定因素(运气不好或努力不够),则可能提高以后的工作积极性。

二、归因偏差

从上述归因理论可以发现,人们的归因行为并不总是理性的,也不一定符合逻辑,这就使人们对行为的归因出现偏差。有三种归因倾向会扭曲人们对观察到的行为的解释,它们是基本归因偏差、自利性偏差和活动者—观察者效应。

(一) 基本归因偏差(fundamental attribution bias)

研究者发现,人们在归因时存在一种普遍的倾向,即当解释他人的行为时,往往会低估环境的影响,而高估个人特质和态度的影响。由于这一偏差非常普遍,所以社会心理学家称之为基本归因偏差。例如,当发现一名职员迟到时,人们更多地将其归因于他的懒散,而不是交通堵塞;当下属业绩不理想时,上级通常把业绩不良归因于下属自身能力不足或不努力,而较少从外部因素,如缺乏支持、部门工作气氛低下等方面寻求原因。在组织中,基本归因偏差常常让人们过早推定别人的责任,而不考虑外部原因的影响,从而造成对他人行为的误判。

之所以会出现基本归因错误,原因之一是用特质来解释一个人的行动很容易,而识别影响其行为的复杂情境因素则比较困难。当观察他人行为时,人们倾向于注意他的行为本身,而忽略行为发生的情境。因此,与情境原因相比,内部原因更容易受到注意、更加突出。

(二) 自利性偏差 (self-serving bias)

自利性偏差又称为自我服务偏差,是指个体倾向于把自己的成功归因于内部因素,如个人能力或努力,而把失败归因于外部因素,如运气或机遇。例如在组织中,当部门业绩理想的时候,经理们会倾向于将成功归因于自己的能力超强或勤奋努力;而当部门业绩下滑的时候,又会倾向于将失败归因于下属或市场等外部因素。

(三) 活动者—观察者效应 (actor-observer effect)

活动者—观察者效应是指当观察者解释活动者行为时,会强调行为者自身的特质因素,而活动者在解释自己行为时会强调情境因素。活动者—观察者效应与基本归因偏差密切相关。也就是说,基本归因偏差仅在个体作为观察者解释他人时发生,而在个体作为活动者解释自己的行为时则出现了相反的偏差。例如,解释他人绩效差是因为他们能力不足或不够勤奋;而自己绩效差是因为任务太难、机遇不佳。

这种情况并不一定是活动者和观察者之间的私人恩怨造成的,可能是由于观察者缺乏活动者所拥有的信息,因此只能根据行为者的反应和自己的相似经历来猜测行为者的目的;也可能是由于双方认知过程不同,对于观察者来说,环境是稳定的,而活动者更加注意环境刺激的影响。这种偏差常常会导致人际矛盾和冲突,带来个人恩怨,因此需要在工作中加以注意并力求避免。例如在绩效考核过程中,很多组织都采用了360度考核方法,即对员工的业绩评价来自上级、下属、同事、自己和客户多个主体的加权平均,这样可以有效地避免归因系统偏差。

根据很多实证研究,上述三种归因偏差具有一定的文化差异。在西欧、美国和加拿大等强调个人自由和成功的国家,基本归因偏差更加明显。而在印度、日本、中国和韩国等强调团队合作和集体主义的国家,基本归因偏差就不那么明显。自利性偏差也有类似的情况,在东方文化中表现要比在西方文化中弱一些。此外,即使在亚洲国家之间也存在差异。例如,印度流行宿命论观念,在这种文化背景下人们相信是命运决定了一切,因此更强调行为的外部原因。而在中国,长期以来有"人定胜天"的思想,因此当人们面临成功或失败时,首先考虑的是他们是否足够努力或态度是否端正,强调努力工作是通往成功的必经之路。

第四节　印象管理策略

当你第一天上班的时候,你会特别在意与同事和上级打招呼的用词和语气吗?如果你要参加一次重要的面试,你会修饰你的简历吗?在回答面试官的问题时,你会有意表达可能符合面试官期望的观点吗?这些行为都属于印象管理的范畴。

所谓印象就是留在人们记忆中的认知客体的形象。无论个人愿意与否,每个人都会留给别人一个印象,这个印象在工作中影响个人的升迁,在商业中影响个人的交易,在生活中影响个人的人际关系,它无时无刻不在影响着个人的自尊和自信,最终影响着人的幸福感。美国著名形象设计师莫利先生曾经对美国财富排名榜前300位中的100位执行总裁进行调查,97%的人认为懂得并能够展示外表魅力的人在公司中有更多的升迁机会。

一、印象管理的内涵

印象管理（Impression Management，IM），也叫自我呈现（Self Presentation），是指人们试图管理和控制他人对自己所形成的印象的过程。

美国著名的社会心理学家欧文·戈夫曼（Erving Goffman）通过系统的观察和分析，于1959年提出"自我呈现"理论。该理论认为社会如同一个大舞台，每个社会成员都在扮演自己的社会角色。当个人在别人面前出现时他总是企图控制别人对自己形成的印象，从而获得别人的好评。人们在交往中，对自己出现的不妥言行表现内疚和矫正，对别人表示谅解或不在意，这种相互理解与自我修正是印象管理的表现。戈夫曼认为，太少的印象管理、太少的自尊和思考，会给人留下不可信任的印象；太多的印象管理、太多的考虑又会使人过分世故，给别人留下不知如何相处的印象。

一个人的个性发展越成熟，他整饰印象的能力就越强。美国社会心理学家库利认为，在人际交往互动中，由于人的抽象认知能力的发展，人们渐渐能够想象到自己的外观以及别人的评价。这样，人们就能够自觉地调节自己的言行，以期给别人一个良好的印象。与库利相似，心理学家米德认为，一个人学会扮演别人的角色，从而也会站在别人的角度看自己。这使得他不仅能预知别人对自己的感觉和反应，而且还能据此来调整自己的言论和行为，使之产生希望得到的结果。

二、印象管理的过程

印象管理的过程通常包括两个阶段，一是形成印象管理的动机，二是进行印象建构。

（一）形成印象管理的动机阶段

印象管理的动机是指人们想操纵和控制自己在他人心目中的印象的意愿程度。个体印象管理的动机水平将取决于以下三方面的因素：

（1）印象与个人目标的相关性。越是与个人目标相关密切的印象，个体进行印象管理的动机就越强烈。

（2）个人目标的价值。越是有价值的目标，个体进行印象管理的动机就越强烈。例如，提升对个体来说，是非常有价值的目标，而上级和同事对自己工作能力与工作方式的印象，则直接影响个体的提升，因此，个体会非常在意使上级和同事形成有关自己工作能力与工作方式的好印象。

（3）一个人期望留给他人的印象与他认为自己已经留给他人的印象之间的差异。这种差异越大，个体的印象管理的动机就越强。例如，某人希望上级赏识自己的能力，下级认可自己的工作方式，当认为上级过去已形成有关自己能力的不良印象，或者下级已形成有关自己工作方式的不良印象时，个体改变这种印象，对自我印象进行管理的愿望就会更强烈。

（二）印象建构阶段

印象建构是指个体有意识地选择要传达的印象类型并决定如何去做的过程。印象建构又包含两个过程。

（1）选择要传达的印象类型。人们选择要传达的印象类型不仅受自我概念、期望或不期望的同一性形象影响，也受角色限制、目标价值和现有社会形象等因素影响。

（2）决定如何去传达这一印象。当人们选择了要传达的印象类型后，接下来要做的就是：

决定如何去传达这一印象。例如,是以直接的方式来表达自己有能力,还是通过间接的方式来传达自己有能力,哪种方式更好? 不同的人进行印象建构的能力是不一样的,有些人可能比别人更善于建构自我形象。例如,研究发现:高度自我监控的管理者对协调其自我表现或印象更加敏感,反应更强。而这些高度自我监控的人也被认为更有可能获得提升,也更有可能流动。

三、印象管理的策略

在组织中,印象管理是非常普遍的,人们都会使用一些印象管理策略来管理他人对自己的印象。人们最常使用的印象管理策略包括:获得性印象管理策略、促进提升管理策略和降级防御管理策略。

（一）获得性印象管理策略

试图使别人积极看待自己的努力被称为获得性印象管理。获得性印象管理的主要表现是讨好技术。所谓讨好是一个人有意投其所好来增加他人的喜欢,从而获得良好的印象。这些策略包括:

（1）意见遵从。意见遵从是个体在思想和行为上表示与他人相同。一般人都喜欢价值观、信念和自己一致的人。因此,在大多数情况下,意见遵从可以增加他人对自己的好感。在组织情境中,两个人之间的权力距离差距越大,处在较低职位的个体就越有可能模仿高位者的意见和行为。组织中资源的可获得性也会影响人们运用意见遵从技术的频率。资源越有限,意见遵从就越可能被采用。但是意见遵从必须恰到好处:要在他人关注的事件上表示相同,在无关紧要的事件上可以表示不一致,避免给人留下见风使舵的印象;如果他人与第三者有分歧,此时附和会产生明显的效果。

（2）施惠。施惠是个体给他人以物质上的好处。施惠如果恰当,同样会获得受惠者的好感。但是施惠者一定避免对方产生心理性的抗拒。有效的方法是让受惠者感到无求于他。另外,还必须注意方式,考虑到对方的人格特点。施惠一般不宜在大庭广众,最好在两个人之间进行。

（3）称赞。当对方需要时,真诚地给予称赞是非常有效的。一般而言,个体都有自尊倾向,喜欢以肯定的态度对待自己。因此真诚的称赞会产生特殊的心理效应。有两种方法可以提高称赞的有效性:一种是利用第三方,通过第三方来传递称赞信息会使人觉得更加可信;另一种是避免在他人认为你"有求于人"的时候去称赞他。

（4）自我抬高。通过自我抬高方式可以把最佳特征在目标观众面前展示。这种讨好行为的方法是找出目标对象对哪些特征感兴趣,然后声称自己具备这些特征。

（二）促进提升管理策略

当个体试图使自己对某一积极结果的责任最大化,或者想让自己看起来比实际更出色时,会使用这类策略。常常使用的这类策略有:

（1）争取名分。当人们认为自己应该为所做出的积极成果得到应有的认可时,通常会采用这种策略。如通过正式的渠道让人了解自己的贡献,或者通过非正式的渠道告诉关键人物自己所取得的成果。

（2）宣扬。当个体已受到赞扬,但还想让别人了解自己比原先所认为的做得更多、影响更大时,常常会采用这种策略。例如,自己在小组工作上的改革,不仅使小组现在的业绩提高了,而且还将使小组的竞争力增强。

(3) 揭示困难。让人们了解自己尽管存在个人或组织方面的困难与障碍,但还是取得了积极的成果,这样就会使人对自己有更好的评价。例如,告诉别人,今年的成绩是在克服非典干扰的情况下取得,别人会更加高估今年所取得的成绩。

(4) 联合。确保在适当的时间被看见与适当的人在一起,以让人们了解自己与成功项目的密切关系。例如,当上级来视察时,组长总是与组员在一起讨论问题,这常常会使上级觉得,小组所取得的成绩与组长关系密切。

(三) 降级防御管理策略

当个体试图使自己为某消极事件承担最小责任或想摆脱麻烦时,就可以使用这种策略。这类策略包括:

(1) 解释。试图做出解释或为自己的行为辩护。例如,自己身体不适,或感觉不好,或者有其他更重要的事情要做,因而影响了这件任务的完成等。

(2) 道歉。当找不到合理的解释时,就为这一消极事件向老板道歉。这样的道歉不仅可以让人感到他的确有悔恨之意,而且,也会让人觉得这样的事情以后不会再发生了。例如,确实是上班迟到了,或者的确没有按时完成任务,这时如果先解释原因,往往会引起对方的反感,而如果能先表示歉意,再做出适当的解释,就更容易让人接受,而不至于影响自我的形象

(3) 置身事外。当个体与进展不顺利的某事不直接相关时,他们可以私下告知上司自己与某事无直接关系。使用这种方法,常常能使自己少受不好的事情的牵连。例如,当小组工作进展不顺利时,如果自己与这件事关系不大,就可以私下告诉老板,自己曾经反对这一计划,但被否决了。

重点提示

1. 知觉就是人对某个对象的信息进行分析从而对其形成某种认识和判断的心理过程。影响知觉的因素很复杂,它们可能引起知觉的偏差和歪曲,常见的有第一印象和首因效应、刻板效应、晕轮效应、投射效应、对比效应、自我中心效应等。

2. 归因理论是专门研究人们如何理解特定事件的原因、评估事件的责任以及如何对事件中的当事人做出评价的理论。主要的归因理论包括海德的二元归因理论、凯利的三维归因理论和韦纳的四因素归因理论。人们的归因行为并不总是理性的,这就使人们对行为的归因出现偏差。有三种归因倾向会扭曲人们对观察到的行为的解释,它们是基本归因偏差、自利性偏差和活动者—观察者效应。

3. 印象管理是指人们试图管理和控制他人对自己所形成的印象的过程。印象管理的过程通常包括两个阶段,一是形成印象管理的动机,二是进行印象建构。在组织中,人们都会使用一些印象管理策略来管理他人对自己的印象。人们最常使用的印象管理的策略主要包括:获得性印象管理策略、促进提升策略和降级防御策略。

思考与练习

1. 解释知觉、社会知觉、归因、自我知觉、人际知觉、角色知觉。

2. 试述知觉过程和影响知觉的三大因素。

3. 社会知觉偏差及其在组织管理中的表现及管理技巧。

4. 理解归因理论,试述归因偏差以及在组织管理中的表现。

5. 试述印象管理的概念、过程以及一般方法。

心理测试

第一印象测验(女性)

请根据你的实际情况从下面各题所给备选答案中选出最符合你的一项。

1. 你的分发类型?

A. 中间分开。

B. 向左或向右分开。

C. 没有分开。

2. 你的"声音"最接近于下列哪一种?

A. 高亢而尖锐的声音。

B. 嗓门大而响亮的声音。

C. 温和而低沉的声音。

D. 普通。

3. 看到照片上自己的模样时,心里有何感想?

A. 这张照片照得不错,很高明。

B. 完全不像自己。

C. 一般,可以凑合。

D. 总是令人感到讨厌。

4. 与人说话时,你眼睛盯住对方何处?

A. 嘴巴。

B. 眼睛。

C. 脸部。

D. 经常看其他地方。

5. 坐椅子时,你采用哪种姿势?请你在附近的椅子上坐下,实际确认一下。

A. 两腿叉开地坐着。

B. 二郎腿。

C. 脚跟拢齐地坐着。

6. 笑的时候,鼻子和嘴唇之间显露出横向皱纹吗?

A. 出现一根很长的皱纹。

B. 出现短皱纹。

C. 没有产生皱纹。

7. 你左手指甲现在怎样?

A. 指甲长而且很脏。

B. 修剪得短而整齐。

C. 指甲修长而美丽。

8. 在一直很拥挤的电车和公共汽车内,被人攥住手或者碰到过讨厌的事情吗?

A. 经常碰到。

B. 1~2 次。

C. 没有。

9. 有过被老师和长辈认为心眼坏而生气的事情吗?

A. 没有。

B. 仅1～2次。

C. 常有。

10. 有过被初次相会的小伙子约定幽会和打招呼的事情?

A. 有过,2～3次。

B. 一次左右。

C. 根本没有过。

11. 请用镜子照一下你的牙齿,你的牙齿怎么样?

A. 蛀牙或牙齿脏而发黄。

B. 雪白而美丽。

C. 牙齿排列不太整齐。

12. 与人说话时,你手的动作如何?

A. 几乎不用手势。

B. 喜欢打手势。

C. 常用手捂住嘴巴。

评分与解释

题 目	A	B	C
1	1	3	5
2	1	5	1
3	5	1	3
4	1	5	3
5	5	3	1
6	5	3	1
7	1	3	5
8	5	3	1
9	5	3	1
10	5	3	1
11	1	3	5
12	3	5	1

计算你的得分:

12～25分:难以接近的封闭型形象。也许是你总觉得给人以亲近的印象过多不好的缘故造成的。不知你是否有过无意之间一时兴起、面带怒容之时,或被他人误认为你冷若冰霜、令人惧怕。

26～39分:第一印象淡薄的一般形象。你不会给人留下坏印象,但你能够给人造成强烈印象的特征也不多。由于只留下不显眼的一般的女性形象冲淡了对你的第一印象,所以你必须抓住一点特征,充分显露你的风采神态。

40～53分:惹人喜爱,平易近人的形象。你平易近人,给人以强烈的第一印象。和你见过面的人,都感到你很受欢迎,无论是谁,心理上都想和你接近。你的第一印象中带有许多人都喜欢的因素。

54～60分:个性强、令人难以忘却的形象。你给人留下的第一印象非常强烈,有时令人难以忘怀。你具有一种魅力,使初次见面的人也会感到像是故友重逢的亲切感。但是,有时往往让人误解,经常有不是你喜爱的人向你求婚。

第一印象测验(男性)

请根据你的实际情况从下面各题所给备选答案中选出最符合你的一项。

1. 你和对方第一次会面时的表情是:

A. 自然大方,热情诚恳。

B. 大大咧咧,漫不经心。

C. 心情紧张,羞怯拘泥。

2. 在见面的最初几分钟里,你能很快发现你和对方的共同点或感兴趣的话题吗?

A. 既快又准。

B. 一直未发现。

C. 很久才发现。

3. 你和对方谈话时坐的姿势是:

A. 双膝并拢。

B. 两腿叉开。

C. 二郎腿。

4. 你与对方谈话时,两眼总是盯在哪里?

A. 对方的眼睛。

B. 另外的人或物。

C. 低着头摸自己的纽扣。

5. 你和对方谈话的话题是:

A. 双方都感兴趣的。

B. 对方感兴趣的。

C. 自己感兴趣的。

6. 你和对方谈话时间的分配是:

A. 对等。

B. 对方多于自己。

C. 自己多于对方。

7. 你谈话的声音:

A. 很低,对方难以听清。

B. 温和而低沉。

C. 大嗓门、高亢热情。

8. 你与对方谈话时的手势动作:

A. 偶尔用。

B. 不用。

C. 不时地用。

9. 你与对方谈话的发音速度是:

A. 连珠炮。

B. 慢慢腾腾,上句不接下句。

C. 节奏适度,吐字清楚。

10. 当对方谈及你不感兴趣的话题时,你:

A. 打断对方的谈话。

B. 表现沉默或不耐烦。

C. 认真听下去,从中发现兴趣。

11. 经过初次见面交谈,你能从对方的言行、知识、能力等方面做出积极的、赞扬性的评价吗?

A. 不能。

B. 不确定。

C. 能。

12. 你和对方握手分别时,下次见面的时间、地点是由谁提出?

A. 对方提出。

B. 双方谁也没提出。

C. 自己提出。

评分与解释

题 目	A	B	C
1	5	1	3
2	5	1	3
3	5	1	3
4	5	1	3
5	3	5	1
6	3	5	1
7	3	5	1
8	3	5	1
9	3	1	5
10	1	3	5
11	1	3	5
12	1	3	5

计算你的得分:

47~60分:第一印象好。你温文尔雅,举止有度,给人留下了很好的第一印象。和你接触过的人都感到你和蔼可亲,即使那些异国他乡的人对你也有一见如故的喜悦。你要注意的是防止你不爱的女子对你一见钟情。

23~46分:第一印象一般。你的第一印象有浓有淡,你有令人喜悦的因素,所以你不会给对方留下不好的印象。但是,你对人的吸引力也不强。在情场上,初次见面你就被对方爱上的情形不多,你要努力显露自己的形象,使第一印象得到改善。

2~22分:第一印象不佳。也许,你没有故意给对方留下不佳形象,但你的行动举止却容易使人产生误解。这是因为你不懂得与人交往也是一种艺术。改进的办法是和对方交换一下位置,"己所不欲,勿施于人"。

案例学习

如何在面试中恰当表现自己(来源:陈国权,2006)

面试是个交互过程。同所有知觉过程一样,面试官决策的结果并不取决于应试者所拥有的能力,而是取决于面试官所感知到的应试者的能力。大部分时候,这个感知过程还受到外界因素的影响,充满了各种知觉偏差问题。

例子1:小丁正在接受面试。面试时间规定为30分钟,还有5分钟面试就要结束了。在面试官王总的眼里,眼前这位小伙子感觉上普普通通,结果似乎已经确定了。面试时间还没有到,出于礼貌,王总还是让面试继续进行下去。该问的都问过了,随便问点什么吧。

王总:"你有什么爱好?"

小李:"我的爱好是旅游,有的旅游经历会让我终身难忘。"

王总:"是吗,那你说说你都有哪些特别的旅游经历?"

小李:"我在大三的时候,从成都骑自行车一路到拉萨。"

王总听到这个回答,竟然马上来了精神:"什么?你从成都到拉萨,骑自行车?走的哪条线?用了多长时间?"原来,王总自己也酷爱旅游,还是个酷爱徒步和自行车旅游的背包族。年轻的时候走过大江南北,却唯一没有去过西藏,这一直是他的遗憾。眼前这位年轻人的形象马上发生了变化,越看越亲切,觉得他谈起历险经历的兴奋劲头,酷似年轻时的自己。面试时间到了,秘书进来提醒王总。王总说:"嗯,我知道了。你安排一下,把后面的面试顺延10分钟。小李,你接着说。"

例子2:吴经理今天的心情非常糟糕,因为上午竟然被下属当着其他员工的面顶撞,让他很难堪。看着眼前放着的两份简历,吴经理心想心情不好归不好,可别耽误了正经事。于是,吴经理努力让自己的心情平静,准备认真审阅两份简历。这是一个重要岗位的招聘,通过前几轮的面试,已经圈定了两个候选人,昨天的面试两个人表现都不错,还真让吴经理难以取舍。既然临场表现都不错,只好参照两个人的简历做选择了。"咦,应试者甲来自A大学。那不就是上午顶撞我的那个女孩子毕业的学校吗!他们学校的学生不听话,不好管啊!"

例子3:张总正坐在电脑前犹豫不决:小陈和小丁两个应试者表现都不错,实在难以取舍。他试图努力回忆昨天面试两个人的表现,做出最后的决定。这时电脑提示有新邮件,打开一看,是一封来自小陈的感谢信。在信里,小陈再一次表达了对公司浓厚的兴趣,对面试过程中没有回答清楚的问题作了解释,最后还重温了一遍面试过程中一个有趣的场面。王总看后不禁一笑:"嗯,就是他了。"

案例思考题

1. 上面 3 个案例分别反映出人在知觉过程的哪些特点或者偏差?

2. 站在应聘者的角度,为了成功获得工作机会,应该如何掌握和运用知觉和印象管理的规律,从而获得更好的行为表现?

3. 站在面试官的角度,为了选择到自己真正需要的人,应该如何避免知觉偏差?

第四章

个性差异与知人善任

个性是一个社会范畴,很多学科研究各种个性心理特征以及其与管理之间的联系。例如,普通心理学研究人的心理活动中个体心理特征的实质及其形成的规律;而管理心理学研究个性,则是把心理学中关于个性的理论应用于企业管理之中。在工作中,运用被管理者的气质、性格和能力的差异,充分调动其积极性,最大限度地发挥他们的潜能。

第一节　个性概述

一、个性的内涵

个性,又称人格(personality),源自拉丁文,意思是指演出时所戴的面具,也就是说代表各种人的身份和特征。在我们日常生活中,个性也是一个常用词。人们常常用一种突出的心理特征来表示一个人的个性,例如善良、温和、勇敢,等等。心理学中,关于个性的定义比较多,有人在 20 世纪 30 年代查阅文献,发现学者们所下的定义超过 50 种。目前广泛应用的定义是:个性是一个人在先天生理素质基础上,在一定的社会实践活动中经常表现出来的、比较稳定的、区别于他人的个体心理倾向和个体心理特征的总和。

个性心理由以下两个方面组成:

一是个性心理倾向性,是指个人对社会环境的态度、行为的积极性特征,主要表现在心理活动对客观事物的选择性、对事物的不同态度以及行为方式上。个性心理倾向性是人进行活动的基本动力,是个性结构中最活跃的因素,主要包括需要、动机、兴趣、理想、信念和世界观。其中,需要是个性心理倾向性的源泉;动机、兴趣和信念等都是需要的表现形式;世界观居于最高层次,它制约着一个人的思想倾向和整体心理面貌。

二是个性心理特征,是指一个人身上经常地、稳定地表现出来的心理特点,表明一个人的典型心理活动和行为。个性心理特征是个性结构中比较稳定的部分,主要包括气质、性格和能力。在个体心理发展过程中,这些心理特征较早形成,并且不同程度上受到生理因素的影响。气质是人典型的、稳定的心理特点,是人天生的、表现在心理活动动力方面的个性心理特征。性格是指人对现实的稳定态度和习惯化的行为方式。当某些特征稳定地而不是偶然地表现在某人身上时,就可以说这个人具有这种性格特征。气质和性格所反映的是人的本质属性的不同侧面:气质更多反映个性的自然属性;而性格反映了人的社会属性。前者的形成多与遗传因素有关;后者则更多地受到社会环境的影响,可塑性比前者大。能力是成功地完成某种活动的个性心理特征。一个人要能够顺利、成功地完成某种活动,主要的心理前提是要具备某些能力,能力是人完成任何活动不可缺少的一种心理品质。

二、个性的基本特点

一般认为,个性具有整体性、独特性和一般性、稳定性和可变性等特征。

(一)整体性

个性不是一个孤立的心理特征,而是一组心理特征的有机组合。在心理学史上,有些心理学家如沃伦和弗林斯等人在个性定义中罗列了许多特征,把个性看作个人许多特征的简单总和。德国心理学家斯腾强调研究整体的人。他认为,人身体上集中了各种心理机能,心理学研究的对象应该是整体的人。因此,要准确描述某个人的个性,就必须说出一组心理特征才行,仅有某个特征是不够的。例如你看见某人进行了一次充满激情的演讲,就断定此人是外向型,这是不够的,还必须观察他是否好动、乐于交往,热情开朗,等等。

(二)独特性和一般性

俗话说:"人上一百,五颜六色。"人与人之间没有完全相同的心理面貌,即使是同卵双生子,他们的个性也不会完全相同。许多心理学家都强调了个性的独特性或差异性。因为个性是在遗传、环境、成熟和学习许多因素影响下发展起来的。这些因素以及它们之间的相互关系都不可能完全相同。

个性的独特性并不是说人与人之间在个性上毫无共同之处。每个人都包含了人类共同的心理特点,都带有本民族思想感情、文化传统、生活习惯等因素的影响,这些因素必然在个性心理特征方面形成共同的典型特征。

(三)稳定性和可变性

所谓"江山易改,本性难移",形象地说明了个性的稳定性。每一个具体人的个性都不是一朝一夕形成的,而是在先天生理素质基础上,受家庭、社会潜移默化的影响和学校教育的熏陶,以及实践活动的锤炼塑造形成。因此,个性具有稳定性,即个性一旦形成,就比较稳定少变,总是以重复性、持续性、必然性的面貌出现。比如一个处事稳重的人,对己、对人、对事都会表现出深思熟虑的特点。

然而,个性的稳定性只是相对的,并不是一成不变的。随着社会实践条件、人的知识水平、家庭和个人生理、心理因素的变化,个性也必然发生变化。例如一个人在生活实践中连续遭遇了重大的失败,便会给人的个性打上深深烙印,开朗活泼的人可能从此沉默畏缩。而一个人突然被提拔到拥有实权的岗位,也可能变得飞扬跋扈。

三、个性形成的影响因素

一个人的个性的形成和发展的影响因素,不同的学者有着各种不同的看法。有人认为,个性是由先天遗传因素决定的;也有人认为,个性是由后天环境因素决定的。美国著名心理学家华森(J. B. Watson)曾经说过:一个人生下来以后,我想培养他是什么样他就是什么样子,我培养他成法官,他就会是法官;我叫他成小偷,那他就是小偷。这两种观点虽然有其理由,但是都具有一定的片面性。我们说,先天的遗传素质是个性形成和发展的物质基础;后天社会环境是个性形成与发展的必要途径,教育起到个性发展的导向作用,同时个人还要不脱离社会实践才能培养和完善个性。

（一）天生的遗传素质

所谓遗传素质是指上一代基因中的染色体包含遗传性状传递给下一代的现象。民间有俗语"龙生龙,凤生凤,老鼠的儿子会打洞"正说明了遗传在个性形成中的重要性。一些对儿童进行的研究极大地支持了遗传观点。研究表明,人的一些特质如智力、知觉、语言、数学、音乐等都与遗传有密切的关系。这说明,基因不仅能影响人的身高和头发颜色,也能决定人的个性特征。但是这并不意味着个性特征完全由遗传素质来决定,个性特征还受其他很多因素影响。如果过分强调先天遗传素质的话,就会陷入"遗传决定论"的泥潭。因此可以说,遗传素质是个性形成和发展的物质前提,一个完整个性的形成与发展还有赖于其他重要的因素。

（二）社会环境的因素

如果说先天的遗传素质是个性形成的物质基础,而社会环境因素则是个性形成与发展的必要途径。社会环境包括人们所处国家或地区的政治、经济和法制环境,以及所出生的地理环境、家庭环境和文化氛围等繁复的组成成分,它是人们个性成长过程中的必要条件。这种长期的、持久的、潜移默化的影响因素,对一个人个性的影响是决定性的,也是不可逆转的。没有后天到社会环境的培养,即使有好的遗传素质也不一定能形成正常的个性。比如科学家发现和证明了的"狼孩事件"就是有力的证据。同时,我们也不能走向"社会决定论"的极端。

（三）教育导向的因素

教育体系是一个国家或地区有目标的、系统地设立的为社会培养人才的重要途径,接受学校教育对形成符合一定的社会价值观的个性具有导向作用。因为学校的文化知识、思想品质和行为规范教育对良好个性的形成的导向作用是直接的,也是潜移默化的,在人的个性的形成过程中,因材制宜的教育资源以正确的价值取向逐渐地影响着一个人的个性心理特征。尤其对于青少年来说,优秀的教师;良好的集体氛围,对他们的个性培养起到正向作用。如果摆脱学校的正规教育,也可能会有突出的学识或才能的表现,但是,光有超常的学识,若没有健全的人格,最终这些才能未必能融入社会,为社会所接纳。国内有过多起通过封闭式的学习比同龄人提前考入名牌大学的"天才少年",由于个性的缺陷,或生活不能自理,或行为怪异,最后退学的事例。

（四）社会实践的因素

社会生活和社会实践对一个人的个性培养和发展完善的作用是不容忽视的,而且可以说是最终决定一个人的个性发展。当一个人从学校走上社会后,为了适应日益扩大的生活领域和人际交往,在反复学习中担任各种新角色,会逐步形成和改变某些个性特征。不断的社会生活和社会实践活动使个性逐渐成熟,并不断地修正和完善个性。例如人际关系的协调、领导的信任、事业的得心应手,都会使个人增加自我效能感,个性会随着自尊心和自信心不断提高,显示出积极、主动、负责的个性特征。反之,封闭自我、脱离正常的社会生活会使个性产生不良变化,比如会导致不合群、狭隘、多疑、精神忧郁、自闭等心理问题。

总之,个性的形成和发展是一个伴随我们一生的过程,它是受多方面的因素综合作用的结果。研究个性的目的,在于培养人的良好品质,矫正不良的个性品质,充分开发人力资源。

第二节　个性的分类与测量

一、个性的类型理论

个性的分类理论主要可以分为两类:一类是个性的类型理论,包括四种气质类型理论、MBTI分类理论、A型与B型分类理论、霍兰德职业个性理论,等等;另一类是个性的特征理论,包括卡特尔的人格特质理论、大五人格模型,等等。

(一) 四种气质类型理论

系统的气质学说最早是由古希腊著名的医生希波克拉底提出的。希波克拉底认为体液即人体体质的物质基础,人体中有四种性质不同的液体,它们来自于不同的器官。其中,黏液生于脑,是水根,有冷的性质;黄胆汁生于肝,是气根,有热的性质;黑胆汁生于胃,是土根,有渐温的性质;血液出于心脏,是火根,有干燥的性质。人的体质不同,是由于四种体液的不同比例所致。盖伦(Galen,130—200)是罗马帝国时期著名的生物学家和心理学家。他从希波克拉底的体液说出发,创立了气质学说,他认为气质是物质(或汁液)的不同性质的组合。后来,苏联生物病理学家巴普洛夫的高级神经活动学说为这种分类提供了科学的依据。在此基础上,气质说继续发展,根据大脑神经中枢的平衡与稳定性,形成经典的四种气质类型理论。

表 4－1　气质类型及其表现和高级神经活动类型及其特征表

神经系统的特性及类型				气质	
强度	平衡性	灵活性	特性组合的类型	气质类型	主要心理特征
强	不平衡		兴奋型	胆汁质	精力充沛、情绪发生快而强、言语动作急速而难以自制、内心外露、率直、热情、易怒、急躁、果敢
	平衡	灵活	活泼型	多血质	活泼爱动、富于生气、情绪发生快而多变、表情丰富、思维言语动作敏捷、乐观、亲切、浮躁、轻率
		不灵活	安静型	黏液质	沉着冷静、情绪发生慢而弱、但心理活动强。思维言语动作迟缓,内心少外露、坚毅
弱	不平衡		抑制型	抑郁质	柔弱易倦、情绪发生慢而强、言语动作细小无力、胆小、孤僻、多疑

资料来源:http://zygs985.blog.163.com/blog/static/106442726201102011423804/

胆汁质:情绪兴奋性高,反应迅速,心境变化剧烈,抑制能力较差;易于冲动,热情直率,不够灵活;精力旺盛,动作迅猛,性情暴躁,脾气倔强,容易粗心大意;感受性较低而耐受性较高,外倾性明显。例如《水浒传》中的李逵就是胆汁质的代表。

多血质:外向,活泼好动,善于交际;思维敏捷;容易接受新鲜事物;情绪情感容易产生也容易变化和消失,容易外露;体验不深刻等。例如《红楼梦》中的王熙凤就是多血质类型。

黏液质:情绪兴奋性和灵活性反应都较低,沉着冷静,情绪稳定,深思远虑,思维、言语、动作迟缓;交际适度,内心很少外露,坚毅执拗,淡漠,自制力强;感受性较低而耐受性较高;内倾性明显。例如《红楼梦》中的薛宝钗就是黏液质类型。

抑郁质:感受性很强,善于观察细节,见微知著,敏感多疑。内心体验深刻但外部表现不强烈,行动迟缓,不活泼。易于疲劳,疲劳后也易于恢复;办事不果断和缺乏信心;内倾性明显。例如《红楼梦》中的林黛玉就是抑郁质的典型。

(二)MBTI分类理论

美国著名心理学家荣格在1913年国际精神分析会议上提出个性的两种态度类型:内倾型和外倾型。1921年他在《心理类型学》一书中又作了详细的阐述,并提出了四种功能类型,即相互对立的理性功能——思维功能与情感功能,以及相互对立的非理性功能——感觉功能和直觉功能。由此,荣格将两种态度类型和四种功能类型组合起来,形成了八种个性类型。

美国心理学家布里格斯和迈尔斯母女在荣格的两种态度类型和四种功能类型的基础上,又增加了判断和知觉两种类型,由此组成了个性的四维八极特征,用字母代表如下:

(1)内倾(I)—外倾(E)维度:外倾型态度表现为主体的注意力和精力指向于客体,即在外部世界中获得支持并依赖于外在环境中发生的信息,这是一种从主体到客体的兴趣向外的转移。外倾型个体需要通过经历来了解世界,所以他们更喜欢大量的活动,并偏好于通过谈话的方式来思考,在语言的交流中对信息予以加工。而内倾型态度表现为主体的注意力和精力指向于内部的精神世界,其心理能量通过内部的思想、情绪等而获得。内倾型个体在内部世界中获得支持并看重发生的事件的概念、意义等,因此他们的许多活动是精神性的,他们

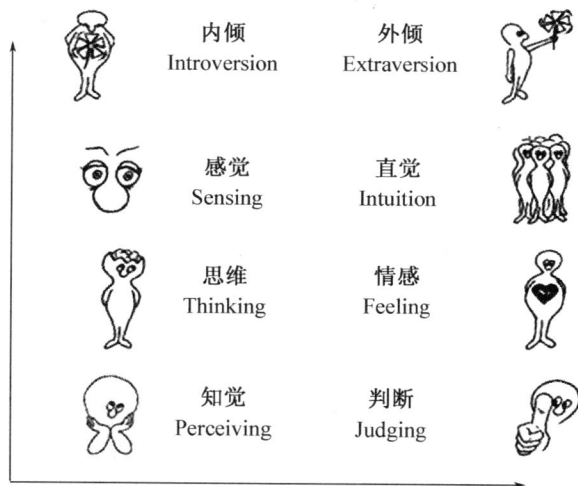

内倾 Introversion	外倾 Extraversion
感觉 Sensing	直觉 Intuition
思维 Thinking	情感 Feeling
知觉 Perceiving	判断 Judging

图4-1 MBTI四维八极图

倾向于在头脑内安静地思考以加工信息。外倾型个体经常先行动后思考,而内倾型个体经常耽于思考而缺乏行动。

(2)感觉(S)—直觉(N)维度:感觉型的个体倾向于接受能够衡量或有证据的任何事物,关注真实而有形的事件。他们相信感官能告诉他们关于外界的准确信息,也相信自己的经验。他们关心某一刻发生的所有的事情。而直觉型的个体自然地去辨认和寻找一切事物的含义,他们重视想象力,更注重将来,努力改变事物而不是维持它们的现状。直觉型的个体看到一个环境就想知道它的含义和结果可能如何。感觉型的个体被视为较具有实际意识,而直觉型个体被视为较有改革意识。感觉—直觉维度在问题解决过程中有重要作用。

(3)思维(T)—情感(F)维度:情感型的个体期望自己的情感与他人保持一致,他们做决定的基石是何者对他们自己和他人是重要的;其理性判断的依据是个人的价值观。而思维型的个体通过对情境作的客观的、非个人的逻辑分析来做决定,他们注重因果关系并寻求事实的客观尺度,因此较少受个人感情的影响。

（4）知觉（P）—判断（J）维度：判断型个体倾向于以一种有序的、有计划的方式对其生活加以控制，他们期望看到问题被解决，习惯于并喜欢做决定。而知觉型个体偏好于知觉经验，他们不断地收集信息以使其生活保持弹性和自然。他们努力使事件保持开放性，让其自然地变化，以便出现更好的事件。

以上维度彼此结合就构成了十六种个性类型。布里格斯和迈尔斯母女经过 20 多年的研究后，编制成了《迈尔斯—布里格斯类型指标》，从而把荣格的类型理论付诸实践。MBTI 主要用于了解受测者的处事风格、特点、职业适应性、潜质等，从而提供合理的工作及人际决策建议，目前已成为世界上应用最广泛的识别人与人差异的测评工具之一。在美国每年约有 300 万人以上参加 MBTI 的测评和培训，在世界 500 强企业，如迪斯尼、百事可乐、西南航空公司等，约有 80％以上的高层管理者使用过这个工具。

（三）A 型和 B 型分类理论

A 型性格或称 A 型行为模式的提出是心理学对于身心疾病研究的一大贡献。长期以来医学界认为诱发心脏病的原因是高血压、血清胆固醇、吸烟等，但这些因素解释或预测不到心脏病的半数。后来心理学提出易患心脏病的人有一种共同的行为模式，称为 A 型行为模式，A 型以外的行为模式称为 B 型行为模式。

A 型人格者属于较具进取心、侵略性、自信心、成就感，并且容易紧张。A 型人格者总愿意从事高强度的竞争活动，不断驱动自己要在最短的时间里干最多的事，并对阻碍自己努力的其他人或其他事进行攻击。B 型人格者则属较松散、与世无争，对任何事皆处之泰然。A 型人由于一系列的紧张积累，极易导致心血管病，甚至可随时发生心肌梗塞而猝死。有统计表明，85％的心血管疾病与 A 型行为有关。同样，有关研究也表明，A 型性格与冠心病的发生密切相关，在心脏病患者中，A 型性格达 98％。

A 型性格常处于中度的焦虑状态中。他们不断给自己施加时间压力，总为自己制定最后期限。这些特点导致了一些具体的行为结果。如果 A 型性格是工作很快的人，那他们对数量的要求高与对质量的要求低。从管理的角度看，A 型人表现为愿意长时间工作，但他们的决策欠佳也绝非偶然，因为他们做得太快了。A 型人很少有创新性。因为他关注的是数量和速度，常常依赖过去的经验解决自己当前面对的问题。对一项新工作，无疑需要专门时间来开发解决它的具体办法，但 A 型人却很少分配出这种时间。他们很少根据环境的各种挑战改变自己的反应方式，因而他们的行为比 B 型人更易于预测。

在组织中 A 型人和 B 型人谁更容易成功？尽管 A 型人的工作十分勤奋，但 B 型人常常占据组织中的高层位置。最优秀的推销员经常是 A 型人，但高层经理管理人员往往是 B 型人。为什么？答案在于 A 型人倾向于放弃对质量的追求而仅仅追求数量，然而在组织中晋升常常授予那些睿智而并非匆忙、机敏而并非敌意、有创造性而并非仅有好胜心的人。

（四）霍兰德职业个性理论

约翰·霍兰德（John Holland）是美国约翰·霍普金斯大学心理学教授，美国著名的职业指导专家。他于 1959 年提出了具有广泛社会影响的职业兴趣理论，认为人的人格类型、兴趣与职业密切相关。兴趣是人们活动的巨大动力，凡是具有职业兴趣的职业，都可以提高人们的积极性，促使人们积极地、愉快地从事该职业，且职业兴趣与人格之间存在很高的相关性。Holland 认为人格可分为社会型、企业型、传统型、实际型、研究型和艺术型等六种类型。

1. 社会型

共同特征:喜欢与人交往、不断结交新的朋友、善言谈、愿意教导别人;关心社会问题、渴望发挥自己的社会作用;寻求广泛的人际关系,比较看重社会义务和社会道德。

典型职业:喜欢要求与人打交道的工作,能够不断结交新的朋友,从事提供信息、启迪、帮助、培训、开发或治疗等事务,并具备相应能力。如:教育工作者(教师、教育行政人员),社会工作者(咨询人员、公关人员)。

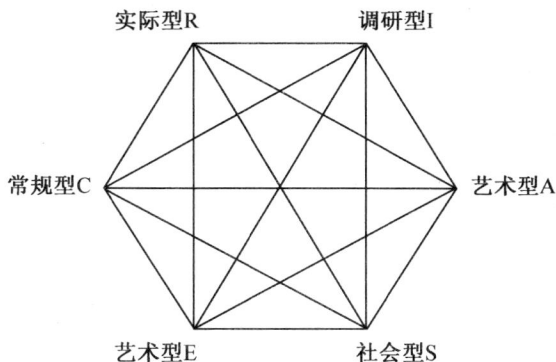

图 4-2　Holland 职业兴趣理论模型

2. 企业型

共同特征:追求权力、权威和物质财富,具有领导才能。喜欢竞争,敢冒风险,有野心、抱负;为人务实,习惯以利益得失、权利、地位、金钱等来衡量做事的价值,做事有较强的目的性。

典型职业:喜欢要求具备经营、管理、劝服、监督和领导才能,以实现机构、政治、社会及经济目标的工作,并具备相应的能力。如项目经理、销售人员、营销管理人员、政府官员、企业领导、法官、律师。

3. 传统型

共同特征:尊重权威和规章制度,喜欢按计划办事,细心、有条理,习惯接受他人的指挥和领导,自己不谋求领导职务;喜欢关注实际和细节情况,通常较为谨慎和保守,缺乏创造性,不喜欢冒险和竞争,富有自我牺牲精神。

典型职业:喜欢要求注意细节、精确度、有系统有条理,具有记录、归档、据特定要求或程序组织数据和文字信息的职业,并具备相应能力。如:秘书、办公室人员、记事员、会计、行政助理、图书馆管理员、出纳员、打字员、投资分析员。

4. 实际型

共同特征:愿意使用工具从事操作性工作,动手能力强,做事手脚灵活,动作协调;偏好于具体任务,不善言辞,做事保守,较为谦虚;缺乏社交能力,通常喜欢独立做事。

典型职业:喜欢使用工具、机器,需要基本操作技能的工作。对要求具备机械方面才能、体力或从事与物件、机器、工具、运动器材、植物、动物相关的职业有兴趣,并具备相应能力。如:技术性职业(计算机硬件人员、摄影师、制图员、机械装配工),技能性职业(木匠、厨师、技工、修理工、农民、一般劳动)。

5. 研究型

共同特征:思想家而非实干家,抽象思维能力强,求知欲强,肯动脑,善思考,不愿动手。喜欢独立的和富有创造性的工作;知识渊博,有学识才能,不善于领导他人;考虑问题理性,做事喜欢精确,喜欢逻辑分析和推理,不断探讨未知的领域。

典型职业:喜欢智力的、抽象的、分析的、独立的定向任务,要求具备智力或分析才能,并将其用于观察、估测、衡量,形成理论、最终解决问题的工作,并具备相应的能力。如科学研究人员、教师、工程师、电脑编程人员、医生、系统分析员。

6. 艺术型

共同特征:有创造力,乐于创造新颖、与众不同的成果,渴望表现自己的个性,实现自身的价值;做事理想化,追求完美,不重实际;具有一定的艺术才能和个性;善于表达、怀旧、心态较为复杂。

典型职业:喜欢的工作要求具备艺术修养、创造力、表达能力和直觉,并将其用于语言、行为、声音、颜色和形式的审美、思索和感受,具备相应的能力。不善于事务性工作。如艺术方面(演员、导演、艺术设计师、雕刻家、建筑师、摄影家、广告制作人),音乐方面(歌唱家、作曲家、乐队指挥),文学方面(小说家、诗人、剧作家)。

大多数人都并非只有一种性向(比如,一个人的性向中很可能是同时包含着社会性向、实际性向和研究性向三种)。霍兰德认为,这些性向越相似,相容性越强,则一个人在选择职业时所面临的内在冲突和犹豫就会越少。

(五) 卡特尔的人格特质理论

雷蒙德·卡特尔是美国伊利诺大学心理学教授,用因素分析法研究人格特质的著名代表。他认为人格中有共同特质和个别特质,于是把1万多个形容人格特质的词归类为171个,然后用统计方法归并为35个特质群,卡特尔称之表面特质。表面特质是可直接观察的个体行为的外在表现,不是人格的本质。为探究人格的基本特质,卡特尔运用因素分析法对35个表面特质进一步加以分析,获得16个根源特质。表面特质和根源特质是有层次的,前者是表面的,可直接观察的,后者是内蕴的、本质的、隐藏在表面特质后面和人格结构的内层,只能通过表面特质去推知和发现,为此卡特尔设计了一种16项人格因素问卷(16PF),用以测量16个根源特质。

这16种人格特质是:乐群性、聪慧性、情绪稳定性、恃强性、兴奋性、有恒性、敢为性、敏感性、怀疑性、幻想性、世故性、忧虑性、激进性、独立性、自律性、紧张性。卡特尔认为在每个人身上都具备这16种特质,只是在不同人身上的表现有程度上的差异。

(六) 大五人格模型

20世纪80年代以来,人格研究者们在人格描述模式上达成了比较一致的共识,提出了人格五因素模式,被称为"大五人格"。这五个维度因素是外倾性、宜人性、责任感、情绪的稳定性和经验的开放性。

(1) 外倾性:这一维度描述的是个体对关系的舒适感程度。外倾者倾向于喜欢群居、善于社交和自我决断。内倾者倾向于封闭内向、胆小害羞和安静少语。

(2) 宜人性:这一维度描述的是个体服从别人的倾向性,反映了个体在合作与社会和谐性方面的差异。高随和性的人是合作的、热情的和信赖他人的;低随和性的人是冷淡的、敌对的和不受欢迎的。

(3) 责任感:这一维度是对信誉的测量。高责任心的人是负责任的、值得信赖的、持之以恒的。低责任心的人很容易精力分散,缺乏规划性,且不可信赖。

(4) 情绪的稳定性:指个体承受压力的能力。积极的情绪稳定者倾向于平和的、自信的和安全的;消极的情绪稳定者倾向于是紧张的、焦虑的、失望的和缺乏安全感的。

(5) 经验的开放性:描述一个人的认知风格,个体在新奇方面的兴趣和热衷程度。高开放性的人富有想象力和创造力、好奇、具有艺术敏感性、兴趣广泛。封闭性的人讲求实际,偏爱常规,对熟悉的事物感到舒适和满足,比较传统和保守。

表 4-2 大五人格因素及其相关特征表

高分者特征	特质量表	低分者特征
好社交、活跃、健谈、乐群、乐观、好玩乐、重感情	外倾性（Extraversion） 评鉴人际间互动的数量和强度、活动水平、刺激需求程度和快乐的容量	谨慎、冷静、无精打采、冷淡、厌于做事、退让、话少
心肠软、脾气好、信任人、助人、宽宏大量、易轻信、直率	宜人性（Agreeableness） 评鉴某人思想、感情和行为方面在同情至敌对这一连续体上的人际取向的性质	愤世嫉俗、粗鲁、多疑、不合作、报复心重、残忍、易怒、好操纵别人
有条理、可靠、勤奋、自律、准时、细心、整洁、有抱负、有毅力	责任性（Conscientiousness） 评鉴个体在目标取向行为上的组织性、持久性和动力性的程度，把可靠的、严谨的人与那些懒散的、邋遢的人作对照	无目标、不可靠、懒惰、粗心、松懈、不检点、意志弱、享乐
烦恼、紧张、情绪化、不安全、不准确、忧郁	情绪的稳定性（Neuroticism） 评鉴顺应与情绪不稳定，识别那些容易有心理烦恼、不现实的想法、过分的奢望式要求以及不良反应的个体	平静、放松、不情绪化、果敢、安全、自我陶醉
好奇、兴趣广泛、有创造力、有创新性、富于想象、非传统的	经验的开放性（Openness） 评鉴对经验本身的积极寻求和欣赏；喜欢接受并探索不熟悉的经验	习俗化、讲实际、兴趣少、无艺术性、非分析性

二、个性的测量

由于个性内容的复杂性，对于个性的测量与评价就成了一个较复杂的问题。在心理测量中，对个性的测量主要使用问卷法和投射法。

（一）问卷法

问卷法又称自评量表法，是通过由一系列问题构成的调查表收集资料以测量人的行为和态度的心理学基本研究方法之一。在个性测量中，一般的做法把拟测量的某种个性特征用多个问题的形式写在卷面上，每一道问题下，有供被试者做选择回答的两个或多个以上的答案。问卷法的主要缺点是，被调查者由于各种原因（如自我防卫、理解和记忆错误等）可能对问题作出虚假或错误的回答。

常用的个性问卷量表有两种，一种是用来测量个性的单一维度，另一种用来测量个性的多种维度。测量单一维度的量表有适应量表（衡量人对环境的适应性）、气质量表（分析人的气质类型）、职业兴趣量表、价值量表、内外向量表以及焦虑量表等。测量个性多维度的量表，目前在国际上比较通用的有 MMPI 量表和 CPI 量表。

明尼苏达多项人格测验（简称 MMPI）是由明尼苏达大学教授哈瑟韦（S. R. Hathaway）和麦金力（J. C. Mckinley）于 20 世纪 40 年代制定的，迄今应用极广、颇富权威的一种纸—笔式人格测验。该问卷的制定方法是分别对正常人和精神病人进行预测，以确定在哪些条目上不同人有显著不同的反应模式，因此该测验最常用于鉴别精神疾病。CPI 量表（加利福尼亚多项人格记录表)用于测量正常人的主动性、社交能力、自我概念、责任心、社会性等个性特点。

(二) 投射法

投射法也称投射测试,在心理学上的解释,是指个人把自己的思想、态度、愿望、情绪或特征等,不自觉地反应于外界的事物或他人的一种心理作用。此种内心深层的反应,实为人类行为的基本动力,而这种基本动力的探测,有赖于投射技术的应用。

具体说来,就是让被试者通过一定的媒介,建立起自己的想象世界,在无拘束的情景中,显露出其个性特征的一种个性测试方法。测试中的媒介,可以是一些没有规则的线条;也可以是一些有意义的图片;也可以是一些只有头没有尾的句子;也可以是一个故事的开头,让被试来编故事的结尾。因为这一画面是模糊的,所以一个人的说明只能是来自于他的想象。通过不同的回答和反应,可以了解不同人的个性。投射法的缺点是分析比较困难,需要有经过专门培训的主试。因此,在员工招聘中运用投射测验一般比较少,只有在招聘高层次的管理人员中才考虑运用,不可能大规模运用。目前比较常用的投射法测验有罗夏克墨迹测验和主题统觉测验。

罗夏克墨迹测验,简称 RIT,是瑞士精神病学家罗夏克于 1921 年创立的。墨迹测验是这样进行的:罗夏克把墨水洒在白纸上,然后对折起来,使纸上的图沿一条对折线形成对称的墨迹图。这些图是无意义和无法解释的。他把这些图形呈现给被测评者,让他们根据图形自由想象,然后口头报告。测验共有十张墨迹图,五张黑色,图案浓淡不一;两张红黑两色构成;其余三张是多色混合构成。

图 4-3　罗夏克墨迹测验图

图 4-4　主题统觉测验图举例

主题统觉测验(Thematic Apperception Test)是 H. A. 默里于 1935 年为性格研究而编制的一种测量工具,简称 TAT。全套测验共有 30 张比较模糊的人物图片,其中有些是分别用于男人、女人、男孩和女孩的,有些是共用的。测验时让被测者根据图片内容按一定要求讲一个故事。被试在讲故事时会将自己的思想感情投射到图画中的主人公身上。

第三节　气质和性格

普通心理学认为个性心理由个性心理倾向性和个性心理特征两个方面组成,其中,个性心理特征是个性结构中比较稳定的部分,主要包括气质、性格和能力。以下就讨论这三方面的心理规律与管理。

一、气质的概念

人们常说的气质是人的个性心理特征之一,也是表露出来的,最易被感知到的人的个性因素。气质是指个人典型的表现与心理过程的强度、速度、稳定性及心理活动的指向性等动力方面的特点的总和。例如,在现实生活中,有的人活泼外向,有的人安静内敛;有的人做事尤为急躁,有的人处理事情则慢条斯理。这些人与人的心理特征方面的差异,其实就是气质不同所致的。气质的概念主要从三个方面来理解。

(一)气质是表现在心理过程的强度、速度、指向性方面的动力特征

心理过程的强度指情绪的强弱、意志努力的程度等;心理过程的速度指一个人的感知速度、注意力集中时间的长短、思维的灵活程度等;心理过程的指向性指有的人倾向于从外部世界获得新的印象,有的人倾向于从内心世界体验自己的情绪,分析自己的思想和印象。

(二)气质具有天赋性

研究表明,气质与遗传因素有密切关系,气质上的差异在新生儿期即有表现。例如,有些婴儿好动,喜吵闹,并不害怕陌生人;有的婴儿安静,惧怕陌生人。这些气质的原始特征是与生俱来的,并在随后的儿童游戏、作业和交往活动中保持着,并延续到以后多年的发展阶段。

(三)气质具有稳定性

气质相对于能力、性格来说,更具有稳定性,不容易改变。一般来说,气质先在家庭和学校的教育过程中、后在人的职业生涯与社会活动中不断得到发展与改造。气质随着所处环境的变化而成熟,一个人天生的气质特点会越来越凸显,不易被扭转。

二、气质类型及其表现

气质类型以神经系统的基本特征为基础,研究表明,可根据个体的心理动力指标判断其气质类型。这些指标包括八方面的基本心理特征。

(1)感受性,指人对外界影响的最小强度产生心理反应的能力。

(2)兴奋性,指整个心理反应的产生必需的最小刺激强度及反应速度的快慢。

(3)反应性,指对统一强度内外刺激作出非随意反应的程度。

(4)反映速度,指行为反应和心理过程进行的速度,如动作速度、言语速度、记忆速度、思维的敏捷性,注意力转移的灵活性。

(5)灵活性,指对外界信号的改造是否敏捷,能否迅速以迂回方式达到目的。

(6)可塑性,指人在外界情况发生变化时改变自己的行为,以适应环境变化的快慢、变通或保守。

(7)外倾性和内倾性,相对的概念,指人的心理活动、言语与动作反应表现于外还是表现于内。

(8)可交际性,指与人交往的难易程度。

根据以上八项心理动力指标,气质的类型主要被分为四种:胆汁质、多血质、黏液质和抑郁质(如前节所述)。

三、性格概述

（一）性格的定义

管理心理学中所说的性格是指个人对现实的稳定的态度和习惯化了的行为方式,是表现在态度和行为方面的较稳定的心理特征。性格是个性的核心成分。是在一个人的生理素质基础上,在社会实践中逐渐形成、发展和变化的。首先,性格表现在人对现实的态度和其行为方式中;其次,性格是独特的个性特征;再次,性格是稳定的个性特征;最后,性格是后天获得的,具有鲜明的社会制约性,反映人的社会品质方面特征。

（二）性格的结构

性格是一个十分复杂的心里现象,是一个多维结构,其主要成分为以下四个方面。

（1）性格的理性特征。指人们在感知、记忆想象和思维的认知过程中表现出来的个别差异。

（2）性格的情绪特征。指人们在情绪的强度、稳定性、持续性及稳定心境等方面所表现出来的个别差异。

（3）性格的意志特征。指人为了达到既定目标,自觉地调节自己的行为,千方百计地克服困难时,所表现出来的个别差异。

（4）对现实态度的性格特征。这是人们在处理各种社会关系方面所表现出来的个别差异。如对社会、集体、他人、学习、工作、劳动的态度。

（三）性格的类型

对性格的划分可以从四个方面进行。

（1）根据知、情、意在性格中的表现程度,可将性格划分为理智型、情绪型和意志型。这是日常生活中极典型的性格类型,然而,实际生活中大多数人的性格属于混合型。

（2）根据心理活动的倾向性,可将性格划分为内倾型和外倾型。

（3）根据个人独立性程度,可将性格划分为独立型、顺从型和反抗型。独立型和顺从型较好理解,反抗型是喜欢把自己的意志、愿望强加于人,容易以自我为中心,相信依靠自己的力量可以改变他人的性格特征。

（4）根据文化、社会学等观点,可将性格划分为理论型、经济型、审美型、政治型、社会型和宗教型。

四、性格、气质与管理

（一）良好的性格有益于工作与生活

性格与管理的关系密切相关,它不仅是管理者选人用人的参考标准之一,而且涉及如何针对不同性格类型的人施行不同的管理方法。首先,管理者必须采取合理的方法对员工的性格类型进行鉴定。但是,因为环境因素和人的行为表现十分复杂,对一个人性格的鉴定就必须做系统的观察研究,并善于从极其多样的行为方式中选择典型的行为方式。

其次,性格的可塑性在很大程度上是通过环境中各种因素的作用体现出来的。因此,管理者在鉴定出员工的性格类型之后,应尽量创造出一种可以促使其成长与成熟的环境,让员工在潜移默化中逐渐塑造良好的性格。例如,管理者创造竞争的工作氛围,让员工勤奋工作,克服惰性,使他们在竞争中积极主动地发挥才能。除此之外,管理者依据人的性格特征,科学地安排工作,使工作与人的性格相适应,遵循性格顺应原则、性格互补原则。这些都是性格在管理中的运用。

（二）各种气质均能适应正常的生活和工作

气质在管理中要注意以下几个方面：一是气质是主要由先天遗传决定的，没有好坏之分。因为我们无法选择自己的气质类型。但是各种气质类型都能适应一般的工作和生活，也不影响我们成功或成才。历史上很多成功的名人，他们的气质类型各异就是证明。二是，特殊的工作需要特殊的气质类型，比如乒乓球和羽毛球运动员需要有非常敏捷的反应和协调的身体素质，而统计和会计人员要对数字敏感和细心、耐心。因此我们可以根据不同的气质类型选择更适合的工作，用人所长。

（三）性格对气质有互补作用

比如一个活泼型气质的人，做事灵活而快，但往往会粗心、不拘小节、缺乏耐心和坚持精神，如果他有认真好学的进取心，就能弥补粗心、坐不住的缺点，反而要比安静型气质的人做事更有效率。

第四节 能力分类与测量

能力是个性的重要组成部分之一，由于其在管理上具有特殊的重要意义，在此我们专门探讨。

一、能力的内涵

能力（ability）是指一个人顺利完成某项活动所需要的并直接影响活动效率的个体心理特征。一个人的能力高低会影响他所掌握的各种活动的成绩和活动效果。这里主要强调影响活动效率的直接性，因为导致活动效率变化的因素有很多，例如心理状态、动机水平、工作条件，等等，但是这些间接因素不能叫能力。

能力是个性心理特征的综合表现。任何一种单一的能力都难以成功地完成某项活动，因为任何一项活动都往往是多种能力结合的结果。例如，进行知识的学习，要求具有良好的观察力、记忆力、理解力和抽象概括能力；飞行活动要求飞行员具有良好的知觉辨别能力、注意力分配能力和动作反应灵活协调能力。

二、能力的分类

能力客观地说是人们在解决问题过程中培养和积淀起来的。能力通常可以分为如下几类：一般能力、特殊能力、创造力。一般能力又可以分为智力和情绪智力。

（一）智力

智力（Intelligence）是指人认识、理解客观事物并运用知识、经验等解决问题的能力，包括记忆、观察、想象、思考、判断等。

（二）情绪智力

情绪智力又称情商（EQ），是近年来心理学家们提出的与智力和智商相对应的概念。它主要是指人在情绪、情感、意志、耐受挫折等方面的品质。总的来讲，人与人之间的情商并无明显的先天差别，更多与后天的培养息息相关。

情绪智力一词是由两位美国心理学家约翰·梅耶和彼得·萨洛维于1990年首先提出,但并没有引起全球范围内的关注,直至1995年,由时任《纽约时报》的科学记者丹尼尔·戈尔曼出版了《情商:为什么情商比智商更重要》一书,才引起全球性的EQ研究与讨论。因此,丹尼尔·戈尔曼被誉为"情商之父"。

丹尼尔·戈尔曼接受了萨洛维的观点,认为情感智商包含五个主要方面:第一,了解自我,监视情绪时时刻刻的变化,能够察觉某种情绪的出现,观察和审视自己的内心体验,它是情感智商的核心;第二,自我管理,调控自己的情绪,使之适时适度地表现出来;第三,自我激励,能够依据活动的某种目标,调动、指挥情绪的能力;第四,识别他人的情绪,能够通过细微的社会信号,敏感地感受到他人的需求与欲望;第五,处理人际关系,调控自己与他人的情绪反应的技巧。

以往认为,一个人能否在一生中取得成就,智力水平是第一重要的,即智商越高,取得成就的可能性就越大。但现在心理学家们普遍认为,情商水平的高低对一个人能否取得成功也有着重大的影响作用,有时其作用甚至要超过智力水平。

(三) 特殊能力

心理学认为,特殊能力是指在完成某种专业活动所必须具备的能力,如数学计算、音乐绘画、形象思维、空间想象等能力。特殊能力是在特殊活动领域中表现出来的能力。

一般能力与特殊能力相互联系,形成辩证统一的有机整体。一方面,个体从事某种职业或专业活动时,一般能力在特殊方面的独特发展,就成为特殊能力的组成部分。例如,记忆力属于一般能力范畴,但话务员在业务工作中刻苦训练,能记住上百个号码,这种能力就变成了专业技术方面的特殊能力了。另一方面,在特殊能力得到发展的时候,一般能力也不断提高。例如,具备特殊能力的数学家、音乐家,他们的一般能力会较快地发展,而高于平常人的水平。

(四) 创造力

创造力是指个体产生新思想,发现和创造新事物的能力。例如,创造新概念、新理论,更新技术,发明新设备、新方法,创作新作品,都是创造力的表现。创造力是成功地完成某种创造性活动所必需的心理品质,它与一般能力的区别在于它的新颖性和独创性。创造力的主要成分是发散思维,即无定向、无约束地由已知探索未知的思维方式。按照美国心理学家吉尔福德的看法,当发散思维表现为外部行为时,就代表了个人的创造能力。创造力是人类特有的一种综合性本领。一个人是否具有创造力,是一流人才和三流人才的分水岭。

在以上四种能力类型中,智力是基础性的,对情绪智力、特殊能力和创造力的发挥都有较强的制约作用,但是智力只是这些能力发挥作用的必要条件,而不是充分条件。

三、能力差异

能力的差异性表现在三个方面,即能力结构类型的差异性、能力水平高低的差异性以及能力表现早晚的差异性。

(一) 能力类型的差异

能力类型差异有多种情况:第一,智力和情绪智力发展配合的不平衡性;第二,智力与特殊能力发展配合的不平衡性;第三,智力与创造力发展配合的不平衡性;第四,智力本身内部要素发展的不平衡性。

从能力的组合情况看,通常一个人可能有一到两个高点;也有许多人没有特别突出的地方,各项能力都不是很突出,但比较均衡;还有的人在自己身上有相对高点,但这个高点的相对水平和他人相比也比较低。如果一个人能力各个方面都比较突出,那就属于市场价值很高的一族,因为出现这一族人的概率是比较低的。

(二)能力水平高低差异

能力水平高低差异是与类型差异紧密联系的。其实,能力的结构组合特征就是各种能力强弱搭配的结果。所谓能力强,就是说一个人在某一个领域或方面比一般人水平高;所谓能力弱,就是个人在某一个或几个方面都比一般人差。

(三)能力表现早晚差异

各种不同能力在发展速度上是不同的,某些能力发展得较早,有的却很晚。因此各种能力不仅在质或量的方面表现出明显的差异,而且能力表现的早晚也存在着明显的差异。对于那些到达高峰值较早的能力,需要进行早期开发,否则就可能被耽误。

据研究表明,能力早期表现在音乐与绘画领域中最为常见。儿童在三岁左右开始显露音乐能力的情况最多。一般说来,科学家作出最大贡献的最佳年龄是中年。专家们认为,中年人年富力强,精力充沛,既有丰富的知识经验,又有较强的抽象思维能力和记忆能力,思维敏捷,较少保守,易于革新,勇于创造,是成才的好时机。有人对 301 位诺贝尔奖获得者做了统计,结果表明,30～45 岁是人的智力最佳年龄区,301 位诺贝尔奖获得者中有 75% 的人获诺贝尔奖时年龄处于这个最佳年龄区,当代世界上杰出的科学家取得成就的年龄的峰值在 36 岁。

到了老年,各种能力衰退速度也是不一样的。有研究表明,知觉能力发展较早,也首先开始下降,其次是记忆力,然后是思维能力。比较、判断能力 80 岁开始急速下降,动作反应速度在 18～29 岁发展到最高峰,在以后年龄阶段中仍保持较高的水平。18～49 岁这个年龄阶段,四种能力的发展水平几乎都处于最高水平,尤其是比较判断能力的发展水平,是最高的。

四、能力的测量

人的各种能力总是通过各种心理特征表现出来的,因此,如果能够对人的有关心理特征进行测定,就能测量出一个人在某个方面可能存在的能力。能力测验,按测验方式可以分为个人测验和群体测验;按测验内容可以分为文字测验和非文字测验;按能力的性质可以分为一般智力测验、特殊能力测验、创造力测验等。

(一)智力测验

目前国际上常用的个人智力测验,是通过一套比较系统的测验题目,用数值表示智力发展水平。

$$智商(IQ)=智力年龄/实际年龄×100\%$$

国际通行的测验主要有两种:斯坦福—比奈智力量表和韦克斯勒智力量表。这两种测验在中国都有修订本。斯坦福—比奈智力量表是美国斯坦福大学教授推孟于 1916 年对"比奈—西孟智力量表"修订而成的,其后又进行了三次修订。其测验以个别方式进行,通常幼儿不超过 40 分钟,成人被试不多于 90 分钟。测验程序是以稍低于被试的实际年龄组开始,如果在这组内有任何一项目未通过则降到低一级的年龄组继续进行,直至某组全部项目都通过,这一年龄组就作为该被试智龄分数的"基础年龄";然后再依次实施较大的各年龄组,直至某组的项目全部失败为止,此年龄组作为该被试的"上限年龄"。

韦氏智力测验(Wechsler Adult Intelligence Scale)是美国的 D. Wechsler 于 1955 年主持编制的系列智力测验量表,是目前世界上应用最广泛的智力测验量表。不少研究结果均支持韦氏全面智商之概念,量表的个别分部测验亦可测试某些独特能力。表 4-3 为韦式智力分布表。

表 4-3 韦式智力分布表

IQ	类别	比例(%)
130 以上	超常	2.2
120～129	优秀	6.7
110～119	中上(聪明)	16.1
90～109	中等	50.0
80～89	中下(迟钝)	16.1
70～79	低能边缘	6.2
69 以下	智力缺陷	2.2

(二)特殊能力测验

特殊能力测验主要针对特定职位而设立的测试,又称技能测试。比如,对秘书进行文书能力测验;对机械工进行机械能力测验;对会计进行珠算、记账、核算等能力测试。测定方法通常是采用一整套仪器及纸笔测验。

美国劳工部门组织专家学者开发了著名的职业能力倾向成套测验,简称 GATB,该测验后来被翻译成多种文字在不同的国家和地区使用。这套测验主要是实现对许多职业领域中工作所必需的几种能力倾向的测定。它由 15 种测验项目构成,其中 11 种是纸笔测验,其余 4 种是操作测验,两种测验可以测定 9 种能力倾向。这种能力倾向测验,可以说是从个人在完成各种职业所必要的能力中,提炼出各种职业对个人所要求的最有特征的 2～3 种。记分采用标准分数,各能力因素的原始分数转换为标准分数后便可绘制个人能力倾向剖析图,并与职业能力倾向类型相对照,被试者就可以从测验结果中知道能够充分发挥个人能力特性的职业活动领域。

(三)创造力测验

创造力测验主要测量各种创新思维能力。20 世纪 50 年代,吉尔福等心理学家发现,智力测验不能测量人的创造力。目前所编制的创造力测验的题目多属开放型,导致在评分和确定效度和信度方面的困难,但创造力测验在一定程度上还是能够预测一个人的创造成就的大小的。创造力测验的典型方法有南加利福尼亚大学测验、托兰斯创造性思维测验、芝加哥大学创造力测验等。

美国南加利福尼亚大学的吉尔福特和他的同事编制了一套发散性思维测验。测验的项目有:语词流畅性、观念流畅性、联想流畅性、表达流畅性、非常用途、解释比喻、用途测验、故事命题、事件后果的估计、职业象征、组成对象、绘画、火柴问题、装饰。前 10 项要求言语反应,后 4 项则用图形内容反应。例如,"组成对象"是要求被试用一些简单的图形(如圆形、长方形、三角形、梯形)画出指定的事物。在画物体时,可以重复使用任何一个图形,也可以改变其大小,但不能添加其他图形或线条。又如"火柴问题"是要求被试移动指定数目的火柴,形成特定数目的正方形或三角形。

美国芝加哥大学的心理学家盖泽尔斯和杰克逊等人根据吉尔福特的思想对青少年的创造力进行了深入的研究,在 20 世纪 60 年代编制了芝加哥大学创造力测验。这套测验包括下列 5 个项目:语词联想测验、用途测验、隐蔽图形测验、完成寓言测验、组成问题测验。

五、能力与管理

人的能力从种类到水平是千差万别的,管理者要了解员工的能力差异,做到"人尽其才,才尽其用"。首先,要根据能力倾向与工作岗位进行人职匹配。即根据员工的能力特征,用人之长,避人之短,创设良好的工作氛围,最大限度地挖掘和发挥人的潜能。其次,要了解不同的岗位对人的能力要求不一样。比如有人认为,现代管理岗位所需人才应具备业务能力、人际关系能力和管理能力这三类能力,但不同层次的管理者在这三种基本能力的组合上有所不同,如图 4-5 所示。

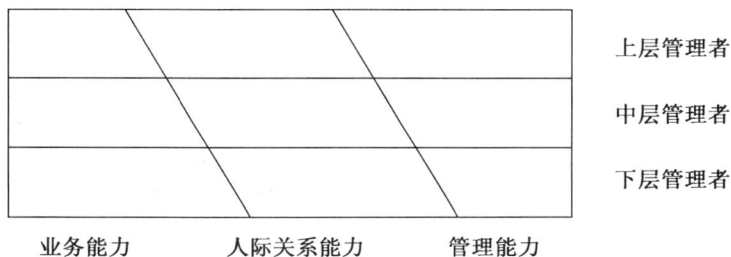

图 4-5 各层次管理者基本能力分布图

资料来源:http://image2. sina. com. cn//edu//l//2003-08-27//3_42-4-53-582_2003082715151. gif

再者,在考评机制上运用合理的管理方法,激发员工的积极性。还有,组织要提供职位上升通道,不断开发员工的创造力,为企业构建人才输送梯队;运用个性心理特征理论与管理学理论,最大化开发人力资源的潜能,发挥人力资本的价值。

小测试

你是 A 型个性吗?

在下面各种特质中,你认为哪个数字最符合你的行为特点?

1. 不在意约会时间	1 2 3 4 5 6 7	从不迟到
2. 无争强好胜心	1 2 3 4 5 6 7	争强好胜
3. 从不感觉仓促	1 2 3 4 5 6 7	总是匆匆忙忙
4. 一时只做一事	1 2 3 4 5 6 7	同时要做好多事
5. 做事节奏平缓	1 2 3 4 5 6 7	节奏极快(吃饭、走路等)
6. 表达情感	1 2 3 4 5 6 7	压抑情感
7. 有许多爱好	1 2 3 4 5 6 7	除工作之外没有其他爱好

累加 7 个问题的总分,然后乘以 3,分数高于 120 分,表明你是典型的 A 型个性;分数低于 90 分,表明你是典型的 B 型个性;位于 90 分与 120 分之间,说明你的个性是处于 A 型与 B 型

之间。

分数	个性类型
120 分以上	A+
106～119 分	A
100～105 分	A—
90～99 分	B
90 以下	B+

重点提示

1. 个性是指具有一定倾向性的各种心理品质的总和,它包括个性倾向性和个性心理特征。个性的形成既受遗传因素的影响,也受外部环境因素的制约。社会生活和实践活动是个性发展完善的必要途径。

2. 个性的分类理论主要有两类:一类是个性的类型理论,一类是个性的特质理论。个性的测量分为问卷法和投射法。

3. 普通心理学认为个性心理由个性心理倾向性和个性心理特征两个方面组成,其中,个性心理特征是个性结构中比较稳定的部分,主要包括气质、性格和能力。气质是指个人典型的表现与心理过程的强度、速度、稳定性及心理活动的指向性等动力方面的特点的总和。气质主要是由遗传素质决定的。性格是指个人对现实的稳定的态度和习惯化了的行为方式,是表现在态度和行为方面的较稳定的心理特征。性格是个性的核心成分,是一个人在社会实践中逐渐形成、发展和变化的。

4. 能力是指一个人顺利完成某项活动所必需的并直接影响活动效率的个性心理特征。能力可以分为一般能力、特殊能力和创造力。能力的差异有结构差异、水平差异和表现早晚差异。能力在管理上有重要意义,值得研究。

思考与练习

1. 名词解释:个性、性格、气质、能力、情商、大五人格模型
2. 试述个性的形成与发展的影响因素。
3. 试分析自己的气质与性格特点,是否需要改进? 如何改进?
4. 举例说明能力在管理实践中应用时应该注意的问题。

案例学习

16PF 和兴趣测验

下面是一个 16PF 和职业兴趣测验的测验结果报告样例,请仔细阅读。

16PF 人格测验结果

姓名:王丽　　　　性别:女　　　　年龄:30 岁

性格开朗活泼,待人热情友善,属于外向型;为人处世直爽、自然,不会刻意揣摩和计算利

弊得失;对于自己无把握的事显得优柔寡断,容易随群附众,缺乏主见,但在自己熟悉的领域则十分自信、坚持己见。决策不果断、缺乏闯劲,对目标的专注程度和责任心有待提高。

心理健康状况良好,对竞争和压力有一定的心理适应性,能保持平和稳定的心态;在新的环境中成长能力较低,在新环境中需要注意保持坚强应变的灵活性、注意观察和分析在新旧角色之间的差别,应根据环境变化和角色要求的不同及时调整自己的情绪状况和立场观点,尽快进入新角色。

有一定创造力,可以从事需要发挥个人自主性的工作,比如研究工作、设计策划工作;事务管理能力一般,不善于处理琐碎繁杂的事务和关系,难以做到有条不紊、细致的安排;不苛求于作出卓越的成就,对职业的专注程度不够,容易满足,应培养进取、负责精神,不断提高对自我的要求。

职业兴趣测验结果

姓名:张明　　　　性别:男　　　　年龄:33 岁

各类职业兴趣强度排序:

企业型 69;研究型 68;社会型 65;实际型 61;艺术型 46;传统型 30。

各类兴趣强度测验为百分制,平均分为 50 分,70 分以上为很高,30 分以下为很低。

主要职业兴趣类型的解释:"兴趣分散"。测验结果表明,您对很多方面都有几乎相同程度的兴趣水平,呈现天花板似的结果,也就是说,您的兴趣分布比较广泛,同时对许多方面都很投入,这样就可能会分散您的心理资源,如果调解不当,有可能会妨碍您在这些方面的潜在成就。

造成这样的结果,可能的确是出于心理能量丰富、资源充沛、精力旺盛;或者也可能出于资质聪颖,对许多不同方面的学习、机能、活动都能驾轻就熟而并不感到任何困难;或者也可能是出于热情,缺乏理性的思考和抉择。一般来说,最理想的还是将不同方面的兴趣区分出不同水平的层次,形成有主有次、有轻有重的格局,这样能更好地、更经济而科学地分配有限的心理资源,从而确保在工作、生活最重要方面的心理投入。

资料来源:http://www.apesk.com/16pf/

案例问题:

1. 根据上述两种测验结果,你认为他们两个人适合什么样的职业和岗位?

2. 如果需要从事管理岗位,你认为对他们两个人组织应该给予哪些培训?

第五章 态度改变与宣传教育

第一节 态度的概述

一、态度的内涵

(一) 态度的定义

态度是个体对外界事物的一种较为持久评价和内在心理、行为倾向。人们在认识客观事物或工作交往中,总是对人或事产生不同的反应,做出各种各样的评价,如赞成或反对、亲近或疏远、喜欢或厌恶等。这种对客观对象所表现出来的积极、肯定或消极、否定的内在心理,它一旦变得比较持久和稳定,就成为一种态度。态度的对象是多方面的,有人、物、事件、团体、制度、观念等,如对领导的态度、对同事的态度、对工作的态度。态度又可以看成是一种心理上的准备状态,这种准备状态支配着人们对观察、记忆、思维的选择,也决定着人们听到什么、看到什么、想些什么和做些什么。

(二) 态度的结构

态度的心理结构由三种成分构成:认知成分、情感成分和意向成分。

(1) 认知成分。是指对评价对象持有的观点,如对评价对象的认识、理解与评论,赞同或反对。

(2) 情感成分。是指对评价对象的情感体验,如尊敬或轻蔑,喜欢或讨厌等。

(3) 意向成分。是指个人对评价对象的行为反应倾向,是行为的准备状态。以员工对好的领导者的态度为例,其态度的认知成分即员工对领导人的思想、作风、能力、品德、个性的认知与评价是肯定的;其情感成分是员工对该领导者的感情融洽、尊敬、热爱;其意向成分是指员工在行动上愿意接近该领导。

二、态度的特点

态度是我们无法看见的人的内在心理活动,它具有以下特点:

（一）态度的社会性

任何态度都不是生来就有的,而是在社会生活、社会活动中,通过社会环境持续不断的影响而逐渐形成的。态度一旦形成,对人的个体和社会心理和行为有较大的影响。

（二）态度的对象性

态度是有对象的,它总是针对某种事物的。当对象是人时,态度就具有双向性的特点。例如,"敬人者人恒敬之,爱人者人恒爱之","你对他人的态度,就是他人对你的态度"。

（三）态度的内隐性

态度虽然包含行为反应倾向,但不是行为本身。因此态度具有内隐性,不易被人直接观察到。但是,某个人的态度可以从对其言论、表情及行为的观察和分析加以推测得到。例如,从某员工一贯兢兢业业、踏实工作的行为中推测他对工作是热爱、积极、认真负责的态度。

（四）态度的持续性、稳定性和可变性

态度是一种对事物比较持久的而不是偶然的倾向,一经形成就将持续一段时间,不易改变。正是这种稳定性,对员工进行教育,最好是在他们态度尚未稳定、尚未形成的时候,一旦态度形成,再进行教育,改变态度就会比较困难。

三、态度的核心

态度的核心是价值观。也就是说,价值观决定人的态度。一个人对各类事物和人所产生的许多的态度形成了他的态度体系。价值观代表着一个人对周围事物的看法和行为倾向,是一个人对周围客观事物的意义、重要性的评价和看法。而价值观也有价值观体系。对一个人来说,他认为最有价值的东西,就是他最珍视、态度行为最积极的东西。价值观及其价值观体系是决定人的态度与行为的心理基础。人的价值观不同,那么对待事物的态度就迥然不同。有的人追求真理,不惜赴汤蹈火;有的人看重金钱,不惜违背道德;有的人追求权力,不惜放弃感情。人的价值观是由其人生观和世界观所决定的。

四、态度的作用

（一）态度决定着对外界事物的判断与选择

态度本身就是个体对外界事物的一种较为持久的评价,赞成,反对,喜欢,厌恶等。一旦形成,就决定了其对外界事物的判断会影响其选择。如某个体赞成学习和工作需要认真、踏实,这样的态度决定了其对有关学习和工作的判断,即认真、踏实就是好的,投机取巧就是不好的。同时,他自己本身也会选择认真踏实的学习和工作方式。

（二）态度预定着个人对事物的反应模式

态度作为一种行为倾向,会预定人们的反应状况,会潜在地决定人按什么方式对特定事物采取行为。如某同学认为某门课程无聊,那么这样的态度预定了他的行为取向,他会不认真上课或者想方设法逃课。

（三）态度影响学习效果、工作效率

对学习采取认真、积极的态度,能更好地记忆和理解学习材料。当然,学习态度端正,也不一定就能取得良好的学习成绩,因为学习过程中,还存在着其他影响学习效果的因素,如智力、学习方法等。

一般说,人对自己所从事的工作喜爱并有良好的态度,就会努力去工作,产生高效率。哈佛大学的一项研究表明：成功、成就、升迁等 85％的原因是因为态度，如积极、主动、努力、果断、毅力、奉献、乐观、信心、雄心、恒心、决心、爱心、责任心这类因素。而仅有 15％是由于专门技术。管理者的责任之一就是要不断了解员工工作的态度，采取措施，强化人们积极的态度，改变人们消极的态度。

第二节　态度的形成与改变

一、影响人们态度形成的因素

态度不是生来就有的，是人们在社会生活环境中逐渐形成的。人出生以后，在家庭、社会环境和教育的影响下，逐渐形成了对事物的认知与观念，从而表现出对人、对事物的喜爱或厌恶、赞成或反对的倾向，以及对事物的不同评价。在这个过程中，影响态度形成的因素主要有：

（一）需要和愿望的满足

态度的形成往往与个人的需要和愿望的满足有着密切的关系。实验证明，凡是能够满足个人需要，或能帮助个人达到目标的对象，都能使人产生满意的态度。相反，对于那些阻碍目标，或使愿望受到挫折的对象，都会使人产生厌恶的态度。这种过程实际上是一种交替学习的过程，它说明愿望的满足总是与良好的态度相联系。

（二）知识和信息

认知因素是态度形成的一个重要成分，个体掌握的知识范围和深度，获得信息的广度和准确性，都会影响个体态度的形成。如一个人阅读过某种科技著作，了解到原子武器爆破力的杀伤性，就会产生对原子武器的否定态度，这就是说态度的形成是受知识影响的。

（三）个体所属团队

同一团体由于团体意识、团体行为规范控制，使团体成员可能具有类似的态度与行为。团体的价值观内化为每个成员自我价值体系的中心成分。因此，团体风气、意识、规范等对团体成员的态度形成有重要影响。成员与团体的关系越密切，就越容易与团体保持一致的态度，反之则持相反的态度。

（四）个体特点

个体特点的不同，兴趣、爱好、理想、信念、气质、性格等方面的差异，也是造成态度差异的原因之一。一般来说，个性是外向、开朗、热情、乐观的人容易产生积极的、正向的态度；而个性是内向、保守、自私、悲观的人容易产生消极的态度。

（五）社会文化及其他因素的影响

人的态度形成是社会化的结果。不同的家庭、学校及社会教育，不同的社会风气和习俗，不同的社会文化背景等，对人的态度形成会产生不同的影响。

二、态度形成的三阶段理论

社会心理学家凯尔曼（H. Kelman）于 1961 年提出态度形成和转变过程包括服从、认同、内化三个阶段。

（一）服从阶段

即个人为了获得奖励或者避免惩罚，按照社会的要求，群体的规范或者别人的意志而采取的表面服从的行为。这一阶段的特点是：表面上服从，但内心不认可；服从行为暂时，有监督就服从，无监督就违反。

（二）认同阶段

即个体自愿接受他人的观点、信念，使自觉的态度逐渐与他人一致的过程。这个阶段比顺应阶段进了一步，即态度不再是表面的改变了，也不是被迫的了，而是自愿接受他人的观点、信念、行动或新的信息，使自己的态度和他人的态度（自己要形成的态度）相接近。但在这一阶段，新的态度还不稳定，很容易改变，新的态度还没有同自己的态度相融合。

（三）内化阶段

即真正从内心相信并且接受他人的观点，完全形成或者彻底转变自己的态度。在这阶段中，人的内心发生了真正的变化，把新的观点、新的情感纳入自己的价值体系中，彻底形成了新的态度。达到这一阶段的态度，比较稳固、持久，不易改变。

由此可知，要改变人们的态度，最好在服从、认同这两个不稳定的阶段进行。这两个阶段的态度成分没有固化，容易改变，进入内化阶段再改变就比较困难。

三、态度改变理论

有关态度改变的理论，不同的学派提出了各种理论，最具有代表性的理论主要是认知学派的理论，介绍如下：

（一）认知失调理论

列昂·费斯汀格（Leon. Festinger）于 1957 年提出认知失调理论。他认为认知是指任何一种知识，包括思想、态度、信念以及对行为的知觉等认知因素。其中任何两种元素的不一致，就产生失调。如果认知因素之间出现了失调，就会使心理上发生不愉快，甚至是痛苦的感觉，因此认知失调具有动机作用，会驱使个体设法减轻或者消除失调状态。人的认知因素之间的不协调强度愈大，想要减轻或解除不协调的动机也愈强烈。

失调主要来自于两个方面：一是个人的决策行为，二是与自己的态度相矛盾的行动。这种失调对于态度的意义，在于能够产生某种力量，使人们逐渐改变自己的态度。消除不协调的方法有以下三种：减少不协调的认知成分；增加协调的认知成分；改变一种不协调的认知成分，使其不再与另一个认知成分矛盾。

（二）认知平衡理论

社会心理学家海德（F. Heider）于 1958 年提出认知平衡理论，又称为"P—O—X理论"。海德认为，个人在社会生活中建立的大部分与他人的关系是通过某些事件形成的。设主体本人为 P，他以外的其他人为 O，事件为 X，这三者构成了环状的封闭系统，被称为 P—O—X三角。处在三角某一端点的因素都与另外两个端点的因素有某种关系。这些关系有两种可能：正的或负的，代表喜恶、赞成与反对。它们都是由主体 P 的认知和态度决定的。

将上述的 P—O—X 的关系列成图解形式，以符号"＋"表示正的关系，以符号"－"表示负的关系，那么，共有 8 种图形，其中 4 种是平衡的结构，4 种是不平衡的结构，见图 5-1。

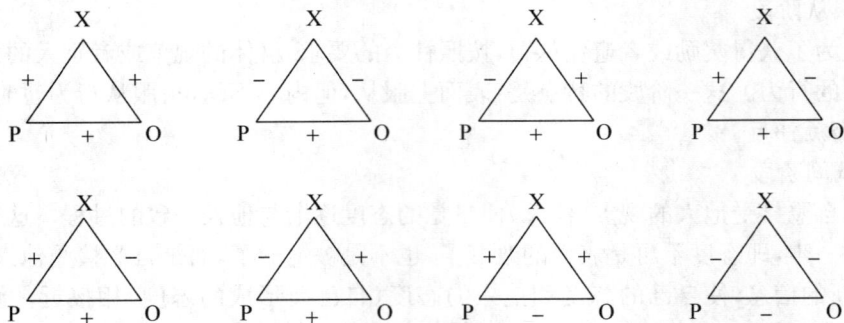

图 5 - 1　各因素之间的关系的几种情况

判断三角关系是平衡的,还是不平衡的,其根据为:平衡的结构必须三角形三边符号相乘为正;不平衡的结构必须三角形三边符号相乘为负。海德指出,当人与他人及事物之间的关系处在不平衡状态时,人体验到不愉快。不愉快的体验可以作为一种动机,驱使人采用多种方式,将不平衡状态转化成平衡状态。

海德的认知平衡理论,原则上与费斯廷格的认知失调理论是相同的,但海德强调一个人对某一认知对象的态度,常常受他人对该对象态度的影响,即海德十分重视人际关系对态度的影响力。

认知平衡理论的用处在于使人们可以用"最小努力原则"来预计不平衡所产生的效应,使个体尽可能少地改变情感关系以恢复平衡结构。在一定的情境中,它能以简练的语言来描述认知的平衡概念,使它成为解释态度改变的重要理论。

(三) 一致性理论

一致性理论(Consistency theory)是由查尔斯·埃杰顿·奥斯古德和坦南鲍姆(C. E. Osgood&G. P. H. Tennenboum,1955)提出的。该理论认为个体对周围各种人和事物由于不同评价而有相同或相异的态度,这些态度之间可以是互不相关、独立的(如我敬爱我的母亲和我喜欢逛街),但如果态度对象中的一方发出有关另一方的信息(如我敬爱的母亲表示非常喜欢逛街),前者成为信息源,后者成为信息对象,两者以及有关两者的态度之间就有了关联。如果个体对两件事都持有肯定的态度,而信息源发出的信息表明它和信息对象之间存在肯定关系,两者完全一致,个体会感到愉快,就无须改变原有态度。反之,若情况存在不一致(如敬爱的母亲反对逛街),个体就会体验到冲突、不安或不快。为达到心理上的一致与和谐,个体便会从内部产生动力,驱使他去调整对两件事的态度,或将对后者的肯定(我喜欢逛街)转为否定(我不再喜欢逛街),或者将对前者的肯定(我敬爱母亲)转为否定(我不再敬爱母亲),或者不做方向上的改变而仅仅降低程度。

(四) 自我知觉理论

自我知觉理论(Self-perception theory)是由 D. J. Bem 于 1972 年提出的,主要阐释行为是否影响态度。该理论认为态度是在事实发生之后,用来使已经发生的东西产生意义的工具,而不是在活动之前指导行动的工具。也就是说,我们对自己内部状态的了解,也像他人了解我们一样,都是通过我们的外显行为。自我知觉理论表明行为对态度有很强的影响,但这个理论只有在以下两种情况下才是有效的:一是内部态度模糊不清、不明确;二是人们对自己做出什么反应不太关心。

四、态度改变的方法

(一) 丰富知识,扩大信息

个体掌握的知识范围和深度,获得信息的广度和准确性,都会影响个体的态度。因此,改变的途径就是丰富知识,扩大信息量,才能准确地认识事物及事物的发展变化过程。

(二) 参与活动

行为和态度之间的矛盾,通过参与态度改变有关的活动来改变人们的态度。如有部分人认为锻炼身体很累,或者不喜欢、不愿意,那么只有让他们实际参与到体育锻炼活动中并且获得身体的实际改善,才比较容易使其改变态度。

(三) 角色扮演

角色扮演,即让一个人扮演某种角色(如扮演自己的上级或下级,护士扮演病人),站在他人的立场去体验、了解和领会别人的内心感受,从他人的角度来思考问题,理解他人,从而改变自己的态度和行为方式。

津巴布监狱实验就是个典型案列,实验是在哈佛大学的一个地下室进行的。让一群自愿的学生在一个监狱中扮演各种角色,典狱长、狱警、囚犯,唯一的要求是扮演好自己的角色。这个实验只经历了短短一周,就被强制叫停。他们变得无法控制,忘掉了他们其实是学生,扮演典狱长的人变得异常冷血严格,狱卒们变得越来越暴力,不停地侵犯犯人,犯人们变得懦弱和唯命是从,监狱里开始出现虐待犯人事件。这个实验说明了角色扮演能很快地改变人的行为和认知。

(四) 利用团体规范

团体规范具有一定的强制力、约束力,通过制定相应的规范、准则来影响和约束成员的一言一行,可以有效地改变人们的态度。

(五) 劝说宣传改变

改变态度中的认知成分,是改变态度的基础,而认知改变的重要途径是宣传教育和劝导说服。然而,宣传要讲究科学,否则,如果运用虚假信息、不符合逻辑思想的信息进行宣传,会得到适得其反的效果。因此,从事宣传教育的工作者要真诚、耐心细致地晓知以礼、明之以害、动之以情、导之以行,循循善诱地做好说服劝导工作。

第三节 态度的测量

一、态度的测量方法

态度是一种心理活动的准备状态。它虽然无法被直接观察到,但是它可以通过人们的语言、行动和表情以及其他方面的变化表现出来。对态度的研究离不开科学准确的测量和分析。管理心理学的研究表明,运用具有较高信度和效度的量表,能够较准确地反映出所要测定的态度,为研究和应用提供可靠的数据和资料。管理心理学研究中常用的态度测量方法有:总加量表法、五点法、一点法(瑟斯顿量表法)和主题统觉测验法等。

（一）总加量表法

测量态度的工具一般为态度量表。每一种态度量表总是针对某一态度对象设计的,并由若干个问题组成,根据受试者对各个问题的反应,得到相应的分数,以代表受试者对某一事物所持态度的强弱。用总加量表法测人们的社会态度既简单方便,又比较可靠。

总加量表法大约由 20 个问题组成,每个问题在意义的大小上并无本质的区别,受试者只需对所提出的问题表示赞成或反对的程度进行选择。程度可以分为三等（赞成、无所谓、反对）、五等（最赞成、赞成、无所谓、反对、最反对）、七等（最赞成、赞成、稍赞成、无所谓、稍反对、反对、最反对）,甚至更多。测定每一项态度,提出的问题最低不得少于 5 个,最高不要超过25 个。

在每个问题的下面都有不同的评定等级,一般多使用五个等级,即最赞成、比较赞成、无所谓、反对、最反对。受试者可以在自己认可的评定等级上打"√",从中反映出受试者对某问题的态度是积极的还是消极的。每个题目按照不同的等级给予不同的分数,最赞成 5 分,比较赞成 4 分,无所谓 3 分,反对 2 分,最反对 1 分。最后将分数加在一起,即可以代表受试者对待该问题的态度。

（二）五点法

这种方法把某人对某事的态度划为五个等级,其中两端为极端态度,中间为中性态度,如:最反对、反对、无所谓、赞成、最赞成。

以五点为尺度测定态度,有两种具体方法:

(1) 主试根据所测的中心问题,与大量被试进行个别谈话,诱发他们讲出自己的看法。然后根据评分的标准,由主试给每个被试打出态度分数。

(2) 主试用问卷量表提出问题。量表中所提出的问题分为正负两种,其中问题回答时越同意得分越高,负问题回答时越同意得分越低,量表中每个问题的下方均有 5 个答案,要求被试根据自己的真实想法,选择其中的一个答案,并在所选答案上打圈即可。被测者对量表上的全部问题作答以后,主持测量者便可按标准评分,这样通过统计处理将全部项目的分数综合起来,便可得到被测者的态度分数,由此分数便可推断某人对某一事物的态度。

（三）一点法

一点法又称瑟斯顿量表。瑟斯顿认为测量态度的最好办法是:首先选取一组有关某一问题的简单、直接、涉及面广的陈述,再要求被试者对其中的每个陈述做出一种反应,依据应答评记分数,这种分数代表被试者对某一事物所持的态度及态度的强弱。

瑟斯顿量表已被有效地运用于较大范围内的对象态度测量,包括对战争、死刑、各种少数民族群体及宗教等态度进行测量。这种量表的特点是制作者事先经过大量样本的测试后,再根据每道题确定不同水平的态度等级（如 1 为非常赞成,6 为中等,11 为非常不赞成）。测定时,被试只要对所提问题进行回答,然后通过统计分析,就可确定态度的方向和强度。

（四）主题统觉测验

TAT(Thematic Apperception Test,简称 TAT)是投射法的一种,投射法是一种利用某些材料引起被试的自由联想,做出无拘束而不受限制的反应,从而间接地分析出投射到其中的心理准备状态。主题统觉测验是由哈佛大学的默里（H. A. Murray,1938）设计的,其做法是给被试几张图片,请他们凭想象自编一个故事,并要求说明:图中所描绘的是一个什么情境;情境发生的原因是什么;演变下去会有什么结果;个人有什么感想。被试讲述的故事和描述的内容能反映出他对事物的态度。

二、工作满意度测评

(一) 工作满意度的概念

工作满意度是指对工作肯定、愉悦和满意的一般性态度,是管理心理学中所研究的重要工作态度。

工作满意度会影响员工对工作的参与及对组织的认同,进而影响员工的行为与工作效率,甚至影响员工的身心健康。如果一个公司组织设计合理,分工明确,待遇公平,能够充分施展个人的才能,体现自我价值,员工就会产生较高的工作满意度。相反,如果员工从事的是自己不喜欢的工作或不胜任的工作,责任分工不明确,待遇不公平,员工就会产生较低的工作满意度。

提高工作满意度的目标是促使员工提高工作绩效。然而,影响员工绩效的因素非常多,有研究发现:工作满意度与工作绩效只有中等程度的联系,即工作满意度高的员工未必是工作绩效高的员工。因此,除了通过提高管理水平来改善员工的满意度外,还需要进行其他相关的努力,比如制定合理的业绩目标,采取一定的激励措施等。

可以肯定的是,尽管工作满意度高不一定绩效高,但工作满意度低,从长期考虑,绩效一定不高。

大多数人会在工作中很快形成有关工作性质、报酬和晋级机会等的印象,进而产生某种比较稳定的工作态度和满意度。在管理中,应该随时了解员工的工作态度,注意发现和掌握对工作满意度影响特别显著的因素,采取措施,不断改进工作,提高工作满意度和工作积极性。

(二) 工作满意度的测量

根据实际研究与应用的需要,工作满意感的测量主要通过问卷量表、关键事件和面谈方式进行。常用的测量有以下几种:

1. 工作满意度量表

工作满意感量表中最为流行的是"工作描述指标"(JDI:Job Descriptive Index),通过对工作职务的五个方面描述的评价,测量工作满意感。这五个方面是:工作本身、报酬、晋升机会、主管和同事。员工以"是"或"否"对上述特点作出评定。

其他广为使用的测量包括:《明尼苏达满意问卷》(MSQ:Minnesota Satisfaction Questionnaire),以报酬、晋升机会作为增强工作满意感的评价指标,以及《报酬满意问卷》(PSQ:Pay Satisfaction Questionnaire),用于评价员工对薪酬的态度。明尼苏达工作满意度调查表(MSQ)分成内在满意度、外在满意度和一般满意度三个方面,包括 20 个维度,即个人能力的发挥、成就感、能动性、公司培训和自我发展、权利、公司政策和实施、报酬、部门和同事的团队精神、创造力、独立性、道德标准、公司对员工的惩奖、本人责任、员工工作安全、员工所享受的社会服务、员工社会地位、员工关系管理和沟通管理、公司技术发展、公司的多样化发展、公司工作条件和环境。采取非常满意、满意、一般、不满意、非常不满意 5 级评定来进行。

2. 关键事件测量

关键事件测量是管理心理学常用的方法。我们可以把关键事件测量作为一个测量工作满意度的程序,即由员工具体描述工作中特别满意或不满意的事件,及其影响因素,并由此推论其工作满意度。

3. 面谈测量

运用面谈或员工意见座谈会，就管理中的一些焦点问题征求意见，从而评价员工的工作满意度。这种方法要求有明确的问题结构和目的，有利于分析较深层次的问题。

第四节　宣传教育的方法与技巧

一、态度说服改变模型

宣传教育的根本目的就是促使宣传对象改变原来的态度。社会心理学家霍夫兰德和贾尼斯(C. I. Hovland & I. L. Janis,1959)提出了"态度说服改变模型"(图5－2)，态度说服改变模型认为，态度的说服改变是一个系统工程，既受劝导者可信度的影响，又受信息沟通的艺术和方式、方法的影响，同时受接受者原有的态度和各种人格因素及当时环境情况的制约。

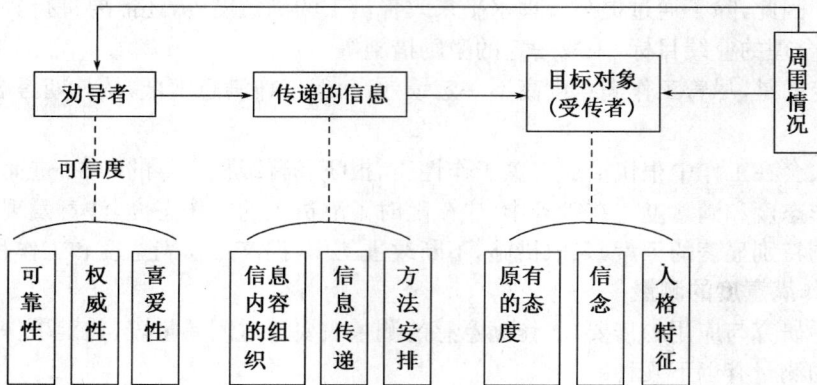

图5－2　态度说服改变模型

在这个模型中，说服者、说服信息、说服对象和说服情境构成态度改变的所关联的四个基本因素，其中说服者、说服信息和说服情境构成了态度改变的外部刺激。说服者的影响力取决于他的权威性、可靠性和他是否受欢迎。说服信息的有效性与信息组织的内容和信息传递方法安排有关。说服对象的特点包括原有的态度以及人格特征。

（一）说服者

上述模型告诉我们说服者的可信度是四大因素之一。可信度是指受传者对劝导者的信任程度。现代心理学家把可信度分为：可靠性、权威性与喜爱性。第一，可靠性。即受传者对宣传劝导者的言论真伪的相信程度，也就是对宣传劝导者传播信息的意图、动机及其所传播的信息客观性的判断。影响宣传劝导者可靠性的主要因素有：传递信息的动机是否坦诚，提供的信息是否客观、实事求是，是否使接受者产生受说教之感，宣传劝导者有无自信心。第二，权威性。即指劝导者本身(包括他的身份、地位、年龄、职业、专长等)具有使人信服的权威。说服者的权威性的作用是明显的。来自高权威性信息源的信息有较大的说服力，如原子能专家关于原子能潜艇的发言就比一般人更有说服力，诗人对诗歌优劣的判断也比一般人更有说服力。第三，喜爱性，又可谓个人魅力。即指劝导者被接受者所喜欢的程度。越是受人喜爱，越是具有说服力。研究表明,人们越是积极地评价说服者,便越可能改变自己的态度。受到学生高度评价的老师,容易说服学生改变态度。但是如果劝导者各方面都好,太完美了,反而会拉开了与被说服者的心理距离,被人们当成偶像而束之高阁。

（二）传递的内容

信息内容对说服是重要的因素,如信息内容的真实性。信息量要适中,信息太少不能说明白问题,信息太多难以选择有效信息,会发生信息超载现象（Information overlord）。还应根据传播对象的特点,是选择单面信息还是双面信息。所谓单面信息是指仅提供正向信息,而双面信息是指既提供正面信息,也提供负面信息,比如,药品说明书既要说明药的治病作用,也要列出它的副作用。此外,信息传递方法、内容顺序的安排等不同对说服结果也有影响。如私下说服和公开批评效果相差很大。

（三）目标对象

是指受传者方面的因素。首先是目标对象原来态度与沟通者所主张的态度之间的差距。差距越大,则引起改变的压力越大,要使压力下降,就需做出较大的改变。在目标对象的人格因素方面,研究表明,自我评价低的人比自我评价高的易于被说服;高智力者比低智力者难于被说服。个性比较极端的人和保守、自私态度消极的人比较难于被说服。

（四）情景因素

是指在说服教育时的外力环境和人文环境因素。在说服教育时的周围情景会对效果产生很大的影响。比如周围吵闹繁杂的环境会影响人们的注意力集中。但好的环境和情绪状态下也会产生正效果。还有如果在被说服者中如果有人挑头反对或多数持对抗情绪时,可能就会导致此次说服的失败。

二、宣传教育的主要方法和技巧

根据霍夫兰德的态度说服改变模型,宣传教育改变态度的方法和技巧可以从以下几个方面着手:

（一）提高宣传劝导者的可信度

劝导者的可信任度是在可靠性、权威性和喜爱性三方面的综合效果。要提高可信度,劝导者首先要加强自身修养,提高综合素质。让受传者对所传达的思想、内容产生信任感、不排斥,再加上劝导者自身的个人魅力、高情商就更能吸引受众。在权威性方面,一是要提高我们的学识技能、具备专业知识,二是也可以找些专家、明星代言人来现场,比如在对药品或新技术等进行宣传营销时,权威性往往可以起到决定性的效果。总之,要贴近受传者,缩小与他们之间的心理距离,才能说服、改变、最终拉动他们一起行动。

（二）掌握信息的组织、选择技巧

提高劝导者的可信度固然能增强影响力,但要使受传者真正领会传播信息的具体内容及其含义,还需进一步探讨信息的选择和组织。首先,如何选择适宜的材料,既不能太少但也要防止信息超载;其次,如何利用宣传内容的顺序效应;最后,结论如何引出。比如我们把重要的内容放在首尾处,发挥其首因效应,先入为主,吸引人们的注意力,在最后阶段,再重复重点,进一步加强记忆。而中间内容则可以通过博引旁征、用生动的例子进行解释说理,充分发挥近因效应,提高受众对所传播内容的理解和认知程度。心理学的研究告诉我们,一般人们对文章中间的内容的遗忘是首尾信息的 3 倍。最后的结尾为了能引人注意,也可以学习一些小说、电影的做法,使劝说的效果更好。

(三) 合理选择信息的传递方式

再好的信息,如果没有一套科学的方式、正确的途径传递给目标对象,也不会产生态度改变的效果。常见的方式:一是个别说服与大众传播,二是口头方式与书面方式。什么时候需要私下一对一地进行说服劝导? 什么时候小范围开会? 什么时候开大会宣讲并通过其他媒体来传递信息? 要根据具体情况来做选择。安利产品在直销营销策略中,有一套可操作的行之有效的方法。此外在讲演时,为了信息表达得充分合理,要注意渠道含量的选择。比如书面沟通和口头沟通相比,口头沟通可以提供较高的信息含量。口头沟通的渠道包括面对面的谈话、演讲、电话交谈和声音邮件信息。采用多媒体的方式来传达信息,既增加了信息量,又能提高受众的兴趣。

(四) 把握目标对象的特点

宣传劝导者的可信度和信息劝服的技巧固然是态度转变的重要因素,但宣传劝导的对象自身的态度特点和个性特征,也是影响态度转变的重要因素。因此要提高态度转变的效果,还必须研究教育对象的特点及适宜的劝说措施。一方面,分析确定原有的态度与宣传目标的差距;另一方面,区别对待不同个性特点的职工。

第一,原有态度的特征方面。① 原有的态度是幼年就形成的,已成为自己生活习惯就难以改变。② 态度越极端就越难改变。可以采取"免疫疗法",慢慢地导入新信息,循序渐进地改变。第二,目标对象的人格因素方面。个性比较极端的人和保守、自私、态度消极的人,比较难于被说服,要特别对待。因为如果在团体中,这些人的态度会影响到其他人,起到带动效应。所以,在说服教育工作时,要对说服对象有所了解,才能有的放矢。要防止一味的说教和灌输,使人们产生逆反心理,造成所谓的罗密欧与朱丽叶现象。还有受传者的承诺、免疫等都影响态度转变。

总之,做思想教育工作就是一个改变人态度的过程,这里所说的改变态度不是仅仅只朝着态度相反的方向的改变,应该可以理解为两个方面:一是量的改变,即和原来态度的方向一致,只是加深或加强原有的态度;二是质的改变,即朝态度相反的方向改变,这种态度的改变有一定的难度,需要做细致的工作。

霍夫兰德和贾尼斯的态度说服改变模型从心理学的角度给我们提供了一个做好宣传教育工作的方法与技巧。所以,如果我们能从模型中的传播者、传播的信息内容、受传者的特征及情景因素这四大因素去努力做到最好,就会使说服教育和改变态度工作变得不再是枯燥无味、难以下手,而是能够得心应手、打动人心,起到事半功倍的效果。

重点提示

1. 态度是个体对外界事物的一种较为持久评价和内在心理、行为倾向。人们在认识客观事物或工作交往中,总是对人或事产生不同的反应,做出各种各样的评价,如赞成或反对、亲近或疏远、喜欢或厌恶等。态度的心理结构是认知、情感和意志。

2. 认知失调理论:认知是指任何一种知识,包括思想、态度、信念以及对行为的知觉等认知因素。其中任何两种元素的不一致,就产生失调。如果认知因素之间出现了失调,就会使心理上发生不愉快,甚至是痛苦的感觉,因此认知失调具有动机作用,会驱使个体设法减轻或者消除失调状态。

3. 平衡理论:又称为"P—O—X理论"。海德认为,个人在社会生活中建立的大部分与他人的关系是通过某些事件形成的。设主体本人为 P,他以外的其他人为 O,事件为 X,这三者构成了环状的封闭系统,被称为 P—O—X 三角。处在三角某一端点的因素都与另外两个端点的因素有某种关系。这些关系有两种可能:正的或负的,代表喜恶、赞成与反对。它们都是由主体 P 的认知和态度决定的。

4. 态度说服改变模型:态度的说服改变是一个系统工程,既受劝导者可信度的影响,又受信息沟通的艺术和方式、方法的影响,同时受接受者原有的态度和各种人格因素及当时环境情况的制约。

思考与练习

1. 什么是态度? 态度的心理结构如何? 态度有哪些特点?
2. 影响态度形成的因素有哪些?
3. 态度改变有哪些途径?
4. 如何运用霍夫兰德的态度说服改变模型进行宣传说服? 试举例说明。

自我测试:态度积极程度的自我测试

这是一个关于态度积极程度的测试,共有 32 个问题,每个问题后面有 4 个程度选择答案,请您根据您最近的状态选择符合您程度的答案,答案无对错,请如实回答。

1. 我发觉保持乐观的心态很难。
A. 从不　　　　B. 偶尔　　　　C. 经常　　　　D. 总是
2. 我发觉生活抛弃了我。
A. 从不　　　　B. 偶尔　　　　C. 经常　　　　D. 总是
3. 遇到困难时我常常退缩。
A. 从不　　　　B. 偶尔　　　　C. 经常　　　　D. 总是
4. 我的情绪总是低落。
A. 从不　　　　B. 偶尔　　　　C. 经常　　　　D. 总是
5. 我总是想到事情的最坏的方面。
A. 从不　　　　B. 偶尔　　　　C. 经常　　　　D. 总是
6. 我经常以消极的语气跟人交谈。
A. 从不　　　　B. 偶尔　　　　C. 经常　　　　D. 总是
7. 我感觉自己可有可无。
A. 从不　　　　B. 偶尔　　　　C. 经常　　　　D. 总是
8. 我对别人感到失望。
A. 从不　　　　B. 偶尔　　　　C. 经常　　　　D. 总是
9. 我觉得世上坏人太多,充满黑暗。
A. 从不　　　　B. 偶尔　　　　C. 经常　　　　D. 总是
10. 我经常回忆痛苦的往事。
A. 从不　　　　B. 偶尔　　　　C. 经常　　　　D. 总是
11. 面对赞美我会尴尬。
A. 从不　　　　B. 偶尔　　　　C. 经常　　　　D. 总是

12. 我觉得自己都是缺点。

    A. 从不   B. 偶尔   C. 经常   D. 总是

13. 我被坏心情淹没。

    A. 从不   B. 偶尔   C. 经常   D. 总是

14. 我容易发怒。

    A. 从不   B. 偶尔   C. 经常   D. 总是

15. 我觉得理想是很遥远的事情。

    A. 从不   B. 偶尔   C. 经常   D. 总是

16. 我经常忧虑不安。

    A. 从不   B. 偶尔   C. 经常   D. 总是

17. 人们都认为我很悲观。

    A. 从不   B. 偶尔   C. 经常   D. 总是

18. 我无法苦中作乐。

    A. 从不   B. 偶尔   C. 经常   D. 总是

19. 我没有自信心。

    A. 从不   B. 偶尔   C. 经常   D. 总是

20. 我做事没有动力。

    A. 从不   B. 偶尔   C. 经常   D. 总是

21. 我的生命缺乏目标。

    A. 从不   B. 偶尔   C. 经常   D. 总是

22. 我没有舒适的生活环境。

    A. 从不   B. 偶尔   C. 经常   D. 总是

23. 我觉得身体不好。

    A. 从不   B. 偶尔   C. 经常   D. 总是

24. 我很孤独。

    A. 从不   B. 偶尔   C. 经常   D. 总是

25. 我压力很大。

    A. 从不   B. 偶尔   C. 经常   D. 总是

26. 我控制不了自己。

    A. 从不   B. 偶尔   C. 经常   D. 总是

27. 我为爱情苦恼。

    A. 从不   B. 偶尔   C. 经常   D. 总是

28. 我对现状经常不满。

    A. 从不   B. 偶尔   C. 经常   D. 总是

29. 我没有成就感。

    A. 从不   B. 偶尔   C. 经常   D. 总是

30. 失败会让我伤心很久。

    A. 从不   B. 偶尔   C. 经常   D. 总是

31. 我总是危机不断。

A. 从不　　　　　　B. 偶尔　　　　　　C. 经常　　　　　　D. 总是

32. 我觉得自己不该在这个年龄阶段。

A. 从不　　　　　　B. 偶尔　　　　　　C. 经常　　　　　　D. 总是

结果分析:1分代表"从不",2分代表"偶尔",3分代表"经常",4分代表"总是"。

将得分相加看看你的积极性程度有多高。

32~64分:生活态度非常积极,学习和工作会很成功。

65~95分:积极性一般,但通过一些帮助和学习,可以改善自己的思维方式,获得成功。

96~128分:态度令人担忧,但通过一些帮助和学习,可以获得有益心理的策略,帮助建立积极的生活态度。

案例学习

态度决定事业高度

艾伦10多岁的时候,利用假期在南达科他州祖父的农场里,开始他的第一份工作——赤手去捡牧场上的牛粪饼! 一般人都不愿意做,可艾伦做得好极了,即使这看上去实在不算好工作,但他很认真地在做,并取得了很大的成绩,仅仅一个假期,祖父的储草间里,全是他的工作成果。

一年后,又到了假期打工的时候,艾伦的祖母开着福特车来接他,并告诉他说:"艾伦啊,祖父就要把你想要的新工作给你了。你将拥有自己的马匹去放牧,因为去年夏天你捡牛粪时表现得极其出色。"这样,他在工作岗位上得到第一次提升,他很开心。一个小小的信念也在他脑袋中生根发芽。

后来,艾伦成为南达科他州一名每星期挣1个美元的肉铺帮工,这份工作在别人看来很脏很累,但是艾伦却没有嫌弃,仍然努力做好肉铺师傅下达的每项任务。也正因为他的态度,不久,一次机遇,让他成为了美联社的一个实习生,后来,他成为了每星期50美元的美联社记者。而态度端正地去工作,也成为艾伦工作的信条。很多年过去,最后,他成了年薪150多万美元的首席执行官。

艾伦·纽哈斯后来成为全美国受人模仿最多、阅读面最广的报纸《今日美国》的总裁。回想起童年的生涯,他只感叹了一句:工作的态度决定了人的一生的命运。

事实上,很多的公司现在越来越重视人员的态度,态度在一定程度上比技能更重要。日本的经营之神松下幸之助不爱用那些"顶尖"人才。因为这种人往往自负甚高,容易抱怨环境,抱怨职务、待遇与自己的才能不相称。持这种态度的人,往往对工作缺乏责任心和工作热忱,干起工作来不会出色,他有的那点才能也发挥不出来。而能力仅仅及这类人70%的人,能力虽然不够高,但往往没有一流人才的傲气,工作踏实、肯干,反而能够为公司尽心尽力。因此,松下对公司雇用到能力只能打70分的中等人才,不仅不生气,反而说这是"公司的福气"。松下本人就认为自己也不是"一流"人才,给自己打的分数也只是70分,但是他的态度分,肯定比那些"一流"人才要高得多。

资料来源:360doc网站

http://www.360doc.com/content/10/0816/17/1479809_46526992.shtml

思考和讨论

1. 为什么态度决定事业高度? 你怎么理解?

2. 有人说态度决定命运,你怎么认为? 为什么?

第六章 情绪、情感与挫折

第一节 情绪、情感与育情管理

一、情绪、情感的概念与维度

(一) 情绪、情感的概念

情绪、情感指的是人对客观事物的态度体验,是人脑对客观现实的主观反映,它是以人的需要为中介的一种心理活动,它所反映的是客观外界事物与主体需要之间的关系。当外界事物符合主体的需要,就会引起积极的情绪体验;否则便会引起消极的情绪体验,这种体验构成了情绪和情感的心理内容。

具体来说,情绪、情感是主体的一种主观感受,或者说是一种内心的体验。它不同于认识过程,因为认识过程是以形象或概念的形式来反映外界事物的。而情绪、情感以人的表情,比如面部表情、身段表情和言语表情,为外部表现形式。除此之外,情绪、情感还会引起一定的生理上的变化,包括心率、血压、呼吸和血管容积上的变化。如愉快时面部微血管舒张,害怕时脸变白、血压升高、心跳加快、呼吸减慢,等等。

因此,情绪、情感对人们的身心健康、工作效率都能具有重要的影响。积极的情绪、情感对人们的生活、工作有正面的作用。相反,消极的情绪、情感会损害人们的身心健康,影响工作效率。

(二) 情绪的维度

情绪的三个维度包括情绪种类、情绪强度、情绪频率和持久性。

(1) 情绪种类的多样化。情绪有几十种之多,包括悲伤、愤怒、轻蔑、恐惧、挫败、害怕、嫉妒、热情、快乐、骄傲、希望等。在几十种情绪界定中,有六种基本情绪:快乐、惊奇、害怕、悲伤、愤怒和厌恶。

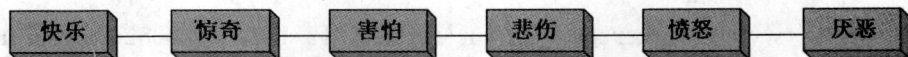

| 快乐 | 惊奇 | 害怕 | 悲伤 | 愤怒 | 厌恶 |

图 6-1 情绪连续体

这六种情绪可以被界定为存在于一个连续体中。连续体中的两种情绪距离越近,人们越可能混淆它们。比如,快乐和惊奇常常被混淆,而快乐与厌恶却很难相混。

（2）情绪强度。人们在面对同样的刺激时,情绪表达强度的内在能力上存在差异。有时是由于个体人格特点的迥异,而有时则是工作需要的结果。比如有些人易怒,很容易就暴跳如雷;相反,有些人平和温顺,极少发怒。又如,在经营环境发生恶劣变化的时候,作为企业领导者,则要冷静沉着,为员工树立信心。

（3）情绪频率和持久性。在不同的环境中,情绪表达的频率以及每次情绪维持的长久是不同的。例如,海底捞火锅店以顶尖服务著称,他们的服务人员被要求对每一位顾客抱以亲切的态度并时常保持微笑,这就对快乐情绪的频率和持久性要求很高。

（三）情绪、情感的功能

情绪、情感具有动力功能、智力开发功能、调节功能、信号功能。

（1）动力功能。是指情绪、情感对于人们认识和活动的顺利进行具有推动或阻碍作用。情绪、情感的动力功能主要表现在三个方面:高尚情感的推动力、真挚爱情的促进力、发愤图强的反激力。

（2）智力开发功能。情绪对人的思维、判断和智力发展产生影响的心理机制是:烦躁、忧郁等不良情绪使大脑的左右半球处于不协调状态,压抑阻碍人的感知、记忆、思维和想象等认识机能。愉快、轻松的情绪,能调动人的智力活动的积极性,易于在大脑皮层形成优势兴奋中心,也易于形成新的神经联系和复活旧的联系,进而促进创造性思维和智力的发展。

（3）调节功能。情绪、情感的调节功能主要表现在两个方面:情绪、情感对工作、学习效率的影响。情绪对身心健康也有重要的影响:情绪与人的身心健康有密切关系。大量的事实证明,紧张、抑郁、烦恼等不良情绪会促使癌症发生。医学临床研究表明,良好的情绪是维持人的生理机能正常进行的前提,有85％的病患者可以通过自身机能调节而获得痊愈。

（4）信号功能。情绪和情感具有传递信息、沟通思想的功能。情绪和情感都有外部的表现,这就是表情。情绪和情感的信号功能是通过表情来实现的,微笑表示友好,点头表示同意,等等。员工的情绪、情感的外显形式,主要是借助于面部表情、姿态表情、言语表情。

二、情绪智力

（一）情绪智力

情绪智力的概念是由美国耶鲁大学的彼得·萨洛维和新罕布什尔大学的约翰·梅耶于1990年提出的,是指个体监控自己及他人的情绪和情感,并识别、利用这些信息指导自己的思想和行为的能力。

1995年,美国心理学家丹尼尔·高曼在《情绪智力》一书中提出了情绪智力理论模型,为目前流传最广泛的情绪智力模型(见第四章)。这个模型将情绪智力概括成五个维度,分别代表对自身和他人的情绪感受,对情绪的控制以及自我激励,每个维度包含一系列情绪智力问题。

1. 自身情绪感受

认识自身情绪,就是能认识自己的感觉、情绪、情感、动机、性格、欲望和基本的价值取向等,并以此作为行动的依据。

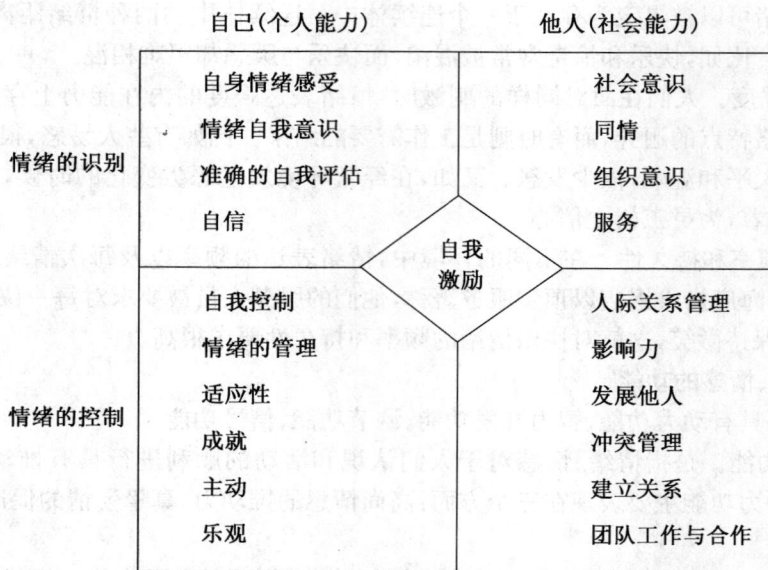

图 6 - 2　情绪智力理论模型

2. 自我控制

妥善管理自身情绪,控制和改变自己的内在状态和资源,它包括控制冲动、表现出乐观和正直、保持行动力,在环境改变时调动适应性。

3. 自我激励

自我激励,指面对自己欲实现的目标,随时进行自我鞭策、自我说服,始终保持高度热忱、专注和自制。如此,使自己有高度的办事效率。

4. 社会意识

社会意识即对感情、想法和其他人的情形敏感并理解。这包括认知他人的环境,即换位思考,也包括真实地感受他人的感情。

5. 人际关系的管理

人际关系的管理,这是指管理他人情绪的艺术。一个人的人缘、人际和谐程度都和这项能力有关。深谙人际关系者,容易认识人而且善解人意,善于从别人的表情来判读其内心感受,善于体察其动机想法。

(二) 情绪智力的测量

在情绪智力的测量中通常使用情商来衡量被试的情绪智力分数高低。目前使用的情绪智力测量量表主要有以下三种:

(1) EQ-I 量表。该量表由 33 个项目组成,五个维度对应五个成分量表,量表采用自陈法,以 5 点积分。该量表被多项心理研究采用作为测量情商的工具。

(2) 多因素情绪智力量表。该量表是能力测验,与 EQ-I 不同的是,它要求测验者完成一系列任务,将专家打分作为评判标准,以测量测验者各维度的情绪能力。

(3) 情绪能力调查表。该量表从 360°评价 20 多个和丹尼尔·高曼的情商模型相一致的情绪能力因素,包括 11 项能够反映情商适应趋势的问题,每个问题描述个人与工作相关的行为。

三、健康情绪的条件与情绪管理

（一）健康情绪的条件

要具备健康的情绪,必须注意培养健全的人格。一般来说,健康的情绪需要具备以下条件:

（1）正确的人生观。只有树立正确的人生观,才能敢于面对现实,面对挫折;才能有强大的精神支柱。

（2）宽广的胸怀。心胸宽广,才能保持淡定的情绪和好的心境。

（3）具备知足常乐的心理。要积极地看待拥有的,不要总是盯着失去的和没有的,这样才能保持积极的情绪和良好的心态。

（4）从多角度看问题。正确对待失败、挫折。任何事物都具有两面性,不能只是看到其中不好的一面。所谓有得必有失,有失必有得。这样就能在成功时不盲目乐观,在失败时不过分悲观。

（二）情绪管理

情绪管理是一种服务于个人目的、有利于自身生存与发展的活动。人们在进行情绪管理前,会对社会情景与自身关系以及自身应对能力进行认知评价,最终决定如何对自身情绪进行管理。情绪管理按照对象的不同,分为个人情绪管理和组织情绪管理。

1. 个人情绪管理

自身的情绪管理就是对自己所进行的情绪调节等活动,以便自己能够保持良好的情绪状态。自身的情绪管理能够对自己的生活及工作甚至是其他人产生重要的影响。积极进行情绪管理就能够让自己比较多地处于良好的情绪状态,从而在其他方面也能够取得比较好的收获。

对于他人的情绪管理是指在同他人的交往过程中,正确辨认和应对他人情绪的一种情绪调控管理过程。对于他人的情绪管理是社会中人际关系的重要部分,对他人的情绪进行辨认、理解和应对可以让自己维持一个良好的人际关系,也能够让自己和他人保持健康的情绪,从而对工作及生活都会产生重大的影响。

2. 组织情绪管理

组织情绪管理是指组织对于组织内的成员,根据组织的目标,相应地对员工的情绪进行引导及管理,以便员工能够以合理的情绪状态达成组织的目标。组织情绪管理是人力资源新兴的课题之一,许多组织还没有引入正常的工作中加以运用。有效的组织情绪管理能够加强组织各成员的协作性,提高组织工作效率,增加组织效益,最终更好地实现组织的目标。

第二节　挫折管理

一、挫折概述

（一）挫折的含义

挫折是指个体从事有目的的活动时,由于主客观条件的阻碍或干扰,致使其需要难以满足时所感受到的挫败、阻挠、失意、紧张的状态和情绪状态。

(二) 挫折的成因

引起挫折的原因很多,概括起来,造成挫折的因素主要有外在因素和内在因素。

1. 外在因素。主要包括自然因素、社会因素、学校因素和家庭因素。

(1) 自然因素主要是指人们不能预测和及时防范的天灾,使个人的动机行为受阻,无法达到目标。如地震、洪水等。这些外在的自然因素由于不能预测和及时防范,可能使人们的生活遭受挫折。

(2) 社会环境因素指的是社会对个人动机和行为的限制。作为社会成员,每个人都会受到社会政治、经济、文化的限制。

(3) 学校因素是指学校教师的教育教学和环境对学生成长造成的影响。比如,应试教育使许多学生产生挫折感和失败感,一些教师简单生硬的教育方式使学生对学习和学校产生畏惧感。

(4) 家庭因素是指家庭生活中意想不到的因素所产生的影响。比如,亲人突然死亡使人产生强烈的悲痛,父母不理解子女的成长需要而使人产生心理隔膜,家庭的经济状况不能满足学习或者生活的需要等。

2. 内在因素。主要是指个体由于体力、智力、外貌以及某些生理缺陷带来的限制。例如,有的人很想当飞行员,但是在身体检测时被检测出色盲而失去了当飞行员的机会;生理的缺陷造成的学业、工作或婚姻方面的障碍等。

二、挫折的适应与防卫

所谓适应,是指个体与生活和工作环境之间保持的平衡、协调的关系。

个体活动受挫,产生挫折体验时,其心情是不愉快的,甚至是痛苦的。为从这种痛苦和紧张不安中解脱,个人均会从自身的经验中学会许多相应的行为方式,这就叫挫折的适应方式。它们有的具有良好适应的性质,有的具有不良适应的性质。由于这些行为方式在性质上都是防卫自身免遭挫折伤害的,所以亦称防卫方式。防卫方式有积极和消极的两类。

1. 积极的防卫方式

积极的防卫方式主要有两种:

(1) 升华。把自己的情感和精力转移到有意义的目标和活动中去,借以弥补因挫折带来的痛苦。不少文学家、艺术家就是这样,他们的小说、诗歌、绘画、音乐作品等等,就是借以抒发其被压抑的感情的升华的产物。

(2) 补偿。人都要肯定自身价值,对于某方面的失败自然会觉得脸面有失,于是就从别的方面加紧努力,取得成功,以挽回其自身价值。这叫"失之东隅,收之桑榆"。

2. 消极的防卫方式

消极的防卫方式主要有:

(1) 幻想。有人受挫之后不是面对现实,而是把自己置入一种想象的境界,企图以一种虚构的幻境来解脱自己,这就叫幻想。幻想的常见方式之一是白日梦。白日梦偶尔为之并非失常,亦无大碍,但如完全依赖它来解脱,则会使自己愈陷愈深,最后无法摆脱受挫心理的困扰。如常幻想自己是大富翁、大政治家、大英雄。

(2) 酸葡萄。当欲达之目标不能达到时,便否认其所具有的价值。

(3) 歪曲现实。指对自己的失败,以一种表面合理的借口为理由,以减轻内心紧张的方法,如功课不好而辩称教师给分不公。

(4)抱怨。即个体受到挫折后,不反省自己的行为,反而对社会、周围环境和人们不满,认为自己的挫折都是外界因素造成的。

(5)攻击。有些个体受到挫折时自己不能正确分析和无法面对,采取攻击他人来发泄自己的不满和愤恨的行为。这是一种比较危险的做法,需要及时发现和疏导。

(6)冷漠无情。个体受挫以后,为求得心理的解脱,会厌弃早先的追求,甚至厌弃人生,这就是冷漠的适应方式,从表面上看,当事者似乎是漠不关心、无动于衷,其实其内心的痛苦可能更甚。冷漠常常是绝望的表现。当事者丧失了一切信心与勇气,这是极其可怕的。

(7)退却。个人受挫折后,在心理上或实质上完全采取逃避性的活动。

(8)压抑。将愿望以及对这种挫折的记忆,予以压抑,排除于意识范围之外。

(9)自杀。最为极端的受挫折后的行为方式。当一个人遇到挫折,严重到一定程度,对生活失去信心,对现实感到绝望时采取的方式。这是最不可取的方式,事实上,一般经过劝导,很多人会意识到困难只是一时的,或者事后回头看,当时过分夸大了不良后果。

三、挫折的管理

人不可避免地会遇到挫折,企业中总会遇到员工因心理受挫而导致缺勤、息工、士气低落,甚至闹事、罢工等事故。对此,企业的管理者要重视对员工的挫折心理疏导,帮助员工正确对待挫折。

第一,及时了解并认识造成挫折的根源。企业的各级管理人员对员工的情绪应有敏锐的观察,应把员工的种种不良适应性行为,如说怪话、发牢骚、吵架等看作存在问题的信号,及时了解,找出根由,予以解决,防患于未然。个人也需要及时认识到受到挫折虽然是一件痛苦的事情,但是更重要的是从挫折中吸取经验教训,认真分析挫折的根源,那么挫折将成为前进的基石。

第二,正确对待受挫折的人。凡遭受挫折者,哪怕是"自作自受",都是些不幸的人,管理者均应伸出热情的手给以帮助。

第三,改变环境。改变环境是相当有效的方法,让受挫折者避开受挫折的环境,能够转移注意力,慢慢恢复身体和心情。其主要的方式有两种:一是调离原来的工作岗位或居住地点;二是改变环境的心理气氛,给受挫者以广泛的同情和温暖。

第四,心理咨询。在国外,这是应用十分广泛的办法。让受挫折者敞开心扉,向专业心理咨询师倾诉内心的真实感受,一方面能减轻心理压力;另一方面,心理咨询师能给予正确引导。大型企业有必要建立心理咨询室帮助员工进行心理咨询。

第五,适当宣泄。这是一种心理治疗的方法,主要是创造一种环境,让受挫者被压抑的情感自由顺畅地表达出来。人在受挫折以后,其心理会失去平衡,常常以紧张的情绪反应代替理智行为。这时唯有让紧张的情绪发泄出来,才能恢复理智状态,达到心理平衡。从这个意义上讲,管理者应该倾听职工的抱怨、牢骚、怪话,让他们有气发泄出来、有话说出来,待不满的情绪发泄出来以后,自会心平气和。

帮助员工正确对待挫折,学习中国优秀传统文化,培养积极心态,提高心理素质。对挫折的认识、评价和理解要正确,不要一味地排斥挫折。事实上,中国传统文化中的儒家思想认为苦难是一笔财富,能帮助人们成长。

第三节 冲突及其处理

一、冲突概述

(一) 冲突的概念

冲突指个体、群体或相互间在需要、目标、利益上互不相容、排斥而产生的心理或行为上的矛盾。冲突是普遍的现象,它可能发生于人与人之间、人与群体之间、群体内部的人与人之间、群体与群体之间,等等。

(二) 冲突的分类

根据冲突的对象,可将其分为个人心理冲突、群体中人际冲突和群体间冲突。

1. 个人心理冲突

个人心理冲突是指个人在面临互不相容、互相排斥的目标时,便会体验到的内心冲突。20世纪 30 年代,心理学家按照接近和回避这两种倾向的不同结合,把个人内心冲突分为四种基本类型:

(1) 接近—接近型冲突。当两种或两种以上目标同时吸引着人们,而必须选择其中一种目标时,通常出现接近—接近型冲突。在解决这类冲突时,必须采取放弃其中一个目标,或者同时放弃两个目标,以便追求另一个折中目标的方式。中学毕业生选择高考志愿、顾客选择不同的商品时出现的冲突也属于这种类型。

(2) 回避—回避型冲突。这是指当一个人面临需要同时回避的目标时所产生的冲突类型。在这种情况下,人们往往会设法摆脱这种困境,但客观条件却使人难以摆脱这种处境,因而陷入内心冲突状态。

(3) 接近—回避型冲突。这种冲突是在同一物体或目标对人们既有吸引力,又有排斥力的情况下产生的。在这种情况下,人们在接近目标的同时,又想回避它,从而引起内心的冲突。如大学生愿意选修一些新的、难度较大的课程,但又担心考试时失败;外出旅游是件有吸引力的事情,但因耗费时间太多而不愿意去等。在这些情况下引起的冲突都是接近—回避型冲突。

(4) 多重接近—回避型冲突。在实际生活中,人们的接近—回避型冲突,常常以一种更复杂的形式出现。人们面对着两个或两个以上目标,而每个目标又分别具有吸引和排斥作用。人们不能简单地选择一个目标,而回避(拒绝)另一目标,必须进行多重的选择,由此引起的冲突叫多重接近—回避型冲突。例如,当一个人看到某经济特区招聘员工时,可能引起接近—回避型冲突。他想到去特区工作的许多好处,如工资收入多、住房条件好等,但又担心去一个新城市生活不习惯,子女教育问题难以解决;如果留在原单位工作,工资和住房条件差些,但工作和生活环境早已习惯,也比较安定,子女升学的条件也较好等。由于对各种利弊、得失的考虑,产生了多重接近—回避型冲突。解决这种冲突要求人们对各种可能性进行深入的思考,因而要花费较长的时间。

2. 群体中的人际冲突

冲突不仅会在人的内心中产生,而且群体中人与人之间也经常会发生冲突,这种冲突属于群体内人际冲突。群体中人与人之间的冲突是形形色色的,冲突的内容也各不相同,产生的原因也是多种多样的。有的是工作上的分歧造成的,有的是个人恩怨引起的;有的有助于组织的发展,有的具有破坏性;有的是正常的、合乎规律的,有的是不正常的、人为因素造成的。

3. 群体间冲突

两个或多个群体之间的冲突是群体间冲突。如企业和企业之间、企业内部各部门之间的冲突等都属于群体间冲突。

二、冲突的来源与影响因素

(一)冲突的来源

管理心理学研究表明,关于冲突的来源有两种思路。比较流行的看法认为,冲突是对稀有资源的竞争,对于目标实施和自主权的渴望,是冲突的基本来源。当一个人的行为阻碍了另一个人的目标达成时,就会产生冲突。另一种较流行的思路,把冲突看成"不相容的活动",认为冲突是由于一种活动以某种方式干涉或阻碍了另一种活动的进行,从而产生不相容行为。无论人们在合作或竞争方式下工作,不论目标利益是否一致,都会由此形成争议或挫折。这时,冲突是一种动机行为,人的价值观念以及竞争或合作的动机,导致"不相容活动",竞争因素往往会强化冲突倾向,而合作因素则产生协商动机,以便在冲突情景中达成一致意见。

(二)引起冲突的因素

引起冲突的因素很多。冲突的内容各不相同,造成冲突的原因更是多种多样。有关冲突的管理心理学研究表明,常见的造成冲突的因素有:有限资源的争夺;角色冲突;权利和利益的冲突;性格和价值观念不相容;工作职责边界重叠或者不明确;工作任务的相互依存和制约;工作任务的期限不合理或者高度的时间压力;沟通不良;寻求一致意见决策的倾向;群体决策中的意见分歧或利益矛盾;部门工作利益不协调;管理政策或规章不合理或不明确;组织体制或管理层次复杂等。

群体冲突是常见的一种冲突类型,其产生的原因比较复杂,包括对决策环境知觉、特殊行为方式的偏好、群体之间目标的不相容性等。从引起冲突的因素类别来看,可以分成心理特征因素(例如不同的性格、价值观、工作期望等)、任务特征因素(例如任务依存程度、职责交叉的特点、任务期限等)、群体过程因素(例如,沟通不良、群体决策、部门协调等)和组织特征(例如政策规章、组织体制等)。对于不同的影响因素,需要采取不同的处理策略,以便减弱或转变"非功能冲突"即破坏性冲突,利用和引导"功能性冲突"即建设性冲突。

三、冲突的处理与解决

(一)人际冲突的处理

指组织中的个体之间由于知觉偏差、心理隔阂、利益相争等造成的势不两立。

人际冲突的处理方法包括妥协、回避、平滑、强迫与合作。

(1)妥协是指在冲突双方互相让步的过程中达成一种协议的局面。在使用妥协方式时应注意适时运用,特别注意不要过早采用这一方式。妥协是谈判的一个组成部分,谈判是指两个以上的个人或团体彼此有着共同且相互排斥的利益,通过讨论各种可能达成协议方案的过程。

(2)回避是指在冲突的情况下采取退缩或中立的倾向,有回避倾向的管理者不仅回避冲突,而且通常担当冲突双方的沟通角色。管理者采取这一态度并不能解决问题,甚至可能给组织带来不利的影响,但在冲突的内容或争论的问题微不足道,或只能暂时性的,不值得耗费时间和精力来面对这些冲突的情况下采取回避的管理方式可能是有效的。

（3）平滑是指在冲突的情况下尽量弱化冲突双方的差异，更强调双方的共同利益。采取这一方式的主要目的是降低冲突的紧张程度，因而是着眼于冲突的感情面，而不是解决冲突的实际面，所以这种方式自然成效有限。采取平滑的管理方式可有临时性的效果。

（4）强迫是指利用奖惩的权力来支配他人，迫使他人遵从管理者的决定。在一般情况下，强迫的方式只能使冲突的一方满意。经常采用此种管理方式来解决冲突是一种无能的表现，有此倾向的管理者通常认为冲突是一方输另一方必然赢，当处理下级的冲突时，经常使用诸如降级、解雇、扣发奖金等威胁手段；当面临和同级人员之间的冲突时，则设法取悦上级以获得上级的支持来压迫冲突对方，因此经常采用这种解决冲突的管理方式往往会导致负面的效果。

（5）合作是指冲突双方愿意共同了解冲突的内在原因，分享双方的信息，共同寻求对双方都有利的方案，采用这一管理方式可以使相关人员公开地面对冲突和认识冲突，讨论冲突的原因和寻求各种有效的解决途径。对冲突的双方来讲，有时需要通过第三者的协助来促进达成合作的方式。

（二）团队冲突的处理

团队冲突指的是两个或两个以上的团队在目标、利益、认识等方面互不相容或互相排斥，从而产生心理或行为上的矛盾，导致抵触、争执或攻击事件。团队冲突属于群体间冲突的一种。

要有效管理团队之间的冲突，常见的方法有以下几种：

（1）交涉与谈判。交涉与谈判是解决问题的较好方法，这是因为：通过交涉，双方都能了解、体谅对方的问题，交涉也是宣泄各自情感的良好渠道。具体来讲，要将冲突双方召集到一起，让他们把分歧讲出来，辨明是非，找出分歧的原因，提出办法，最终选择一个双方都能接受的解决方案。

（2）第三者仲裁。当团队之间通过交涉与谈判仍无法解决问题时，可以邀请局外的第三者或者较高阶层的主管调停处理，也可以建立联络小组促进冲突双方的交流。

（3）吸收合并。当冲突双方规模、实力、地位相差悬殊时，实力较强的团队可以接受实力较弱团队的要求并使其失去继续存在的理由，进而与实力较强的团队完全融合为一体。

（4）回避。当团队之间的冲突对组织目标的实现影响不大而又难以解决时，组织管理者不妨采取回避的方法。

（5）激发冲突。如在设计绩效考评和激励制度时，强调团队的利益和团队之间的利益比较；运用沟通的方式，通过模棱两可或具有威胁性的信息来提高冲突水平；故意引入与组织中大多数人的观点不一致的"批评家"。

（6）预防冲突。具体方法有：加强组织内的信息公开和共享；加强团队之间正式和非正式的沟通；正确选拔团队成员；增强组织资源；建立合理的评价体系，防止本位主义，强调整体观念；进行工作轮换，加强换位思考；明确团队的责任和权利；加强教育，建立崇尚合作的组织文化；设立共同的竞争对象；拟订一个能满足各团队目标的超级目标；避免形成团队之间、成员之间争胜负的情况。

心理学家布朗在1979年提出了团队冲突管理策略。他认为，冲突过高时，要设法减低，冲突过少了，要设法增加，并就团队态度、团队行为和组织结构三方面，提出了处理、管理冲突的策略(见表 6 - 1)。

表 6 - 1　团队间冲突管理

着眼点	要解决的问题	冲突过多时采取的策略	冲突过少时采取的策略
团队态度	明确团队之间彼此的异同点 增进团队之间关系的了解 改变感情和感觉	强调团队之间相互依赖 明确冲突升级的动态和造成的损失 培养共同感觉,消除成见	强调团队间的利害冲突 明确勾结、排他的危害 增强团队界限意识
团队行为	改变团队内部的行为 培训团队代表的工作能力 监视团队之间的行为	增进团队内部分歧的表面化 提高与他人合作共事的才能 第三方调解	增进团队内部的团结和意见一致 提高坚定性和谈判才能 第三方参加协调
组织结构	借助上级或更大团体的干预 建立调解机制 建立新的接触机制 重新明确团体的职责范围和目标	照通常的等级处理 建立规章,明确关系,限制冲突 设置统一领导各团队的人员 重新设计组织结构,突出工作任务	上级施加压力,要求改进工作 削减窒息冲突的规章 设置专事听取意见的人员 明确群体的职责和目标,加深彼此的差别

重点提示

　　情绪、情感是一种心理和生理经历,它所反映的是客观外界事物与主体需要之间的关系。情绪包括种类、强度、频率和持久性三个维度,具有动力功能、智力开发功能、调节功能、信号功能。

　　挫折是失败、阻扰、失意、紧张的状态和情绪状态,它的成因有外在的也有内在的。挫折的管理有助于培养积极心态,提高心理素质。

　　冲突存在于人与人之间,人与群体之间,群体内部的人与人之间,群体与群体之间。其性质可分为建设性冲突和破坏性冲突。对人际冲突的处理和团队冲突的处理要具体分析。

思考与练习

　　1. 什么是情绪和情感?

　　2. 举例说明情绪和情感的联系与区别。

　　3. 情绪、情感有哪些功能?

　　4. 什么是挫折? 挫折产生的心理因素有哪些方面? 如何克服?

　　5. 人受挫折后会采取哪些防卫行为? 你认为哪些防卫行为是积极的? 如果你在工作、生活中受到挫折,你会采取哪些防卫行为?

　　6. 冲突的类型及其根源有哪些?

自我测试

你的耐受挫折的能力有多大？

测试在瞬息万变时,面对困难、挫折时的承受能力,抗打击能力如何。测试时间为5分钟。测试题目如下,请选择:

1. 当你遇到令你焦虑的事情时,你会怎样?

(1) 无法再继续做事情。

(2) 没有任何影响。

(3) 介于以上二者之间。

2. 当你遇到令人头疼的竞争对手时,你会怎样?

(1) 想怎样就怎样,不控制自己的情绪。

(2) 冷静面对,克制自己的情绪。

(3) 介于以上二者之间。

3. 当你遇到失意的时候,你会怎样?

(1) 放弃。

(2) 吸取这次教训,从头再来。

(3) 介于以上二者之间。

4. 当你工作学习不顺利的时候,你会怎样?

(1) 会一直担心,不能集中精力做别的事情。

(2) 仔细考虑问题所在,努力解决问题。

(3) 介于以上二者之间。

5. 事情做太多感到疲劳时,你会怎样?

(1) 没有办法再思考。

(2) 坚持干完。

(3) 介于以上二者之间。

6. 自己所处的环境和条件很差时,你会怎样?

(1) 因为条件很差而放弃。

(2) 克服困难,想办法改变现状。

(3) 介于以上二者之间。

7. 你正处于人生的低谷,你会怎样?

(1) 破罐破摔,听之任之。

(2) 积极奋斗。

(3) 介于以上二者之间。

8. 遇到棘手问题,难以解决的时候,你会怎样?

(1) 垂头丧气,灰心失望。

(2) 尽自己的全力将它做好。

(3) 介于以上二者之间。

9. 遇到自己难以解决或者不想做的事时,你会怎样?

(1) 拒绝接受。

(2) 想办法做好。

(3) 介于以上二者之间。

10. 遇到人生的重大挫折时,你会怎样?

(1) 彻底丧失信心。

(2) 再接再厉。

(3) 介于以上二者之间。

结果分析:

以上 10 题,选(1)不加分,选(2)加 2 分,选(3)加 1 分。

0~9 分,说明你不能承受挫折的打击,遇到一点挫折就不知所措,灰心失望。

10~16 分,说明你对某些挫折打击有一定的承受能力,但是你在遇到某些挫折的时候仍然会表现出脆弱。

17 分以上,说明你是一个足够坚强的人,对于挫折打击有很强的承受能力。

建议得分在 0~9 分的人学习中国传统文化,并且多参加一些锻炼意志和承受能力的活动,比如体育活动,各种比赛,读一些励志的书籍,学习在失败中不断提高自己抗挫折的能力。并且交一些意志坚强、性格乐观的朋友,他们会在你遇到挫折的时候给予适当的建议和鼓励。当然你还可以找心理医生咨询,针对你个人的具体情况提出相应的改进方案。

建议测试结果在 10~16 分的人遇到挫折的时候,多往事情有利的方面想,能冷静分析情况后再做出决定,比如挫折产生的根源,自己能否解决,或者是否值得。

案例学习

林肯的一生

以下是林肯一生的主要经历:

1809 年 2 月 12 日,生日。

1816 年(7 岁),全家被赶出居住地,经过长途跋涉,穿过茫茫荒野,找到一个窝棚。

1818 年(9 岁),年仅 34 岁的母亲不幸去世。

1827 年(18 岁),自己制作了一艘摆渡船。

1831 年(22 岁),经商失败。

1832 年(23 岁),竞选州议员落选。

同年(23 岁),工作丢了。想就读法学院,但未获入学资格。

1833 年(24 岁),向朋友借钱经商。

同年年底(24 岁),再次破产。接下来,他花了 16 年时间才把债还清。

1834 年(25 岁),再次竞选州议员,这次赢了。

1835 年(26 岁),订婚后即将结婚时,未婚妻死了。

1836 年(27 岁),精神完全崩溃,卧病在床六个月。

1838 年(29 岁),争取成为州议员的发言人——没有成功。

1840 年(31 岁),争取成为选举人——落选了。

1843 年(34 岁),参加国会大选——又落选了。

1846 年(37 岁),再次参加国会大选——这回当选了。前往华盛顿特区,表现可圈可点。

1848 年(39 岁),寻求国会议员连任,失败。

1849 年(40 岁),想在自己州内担任土地局局长的工作,遭到拒绝。

1854 年(45 岁),竞选美国参议员,落选。

1856 年(47 岁),在共和党内争取副总统的提名——得票不足 100 张。

1858 年(49 岁),再度参选参议员,再度落选。

1860 年(51 岁),当选美国总统。成为美国历史上最伟大的总统之一。

生下来就一无所有的林肯,终其一生都在面对挫败,八次竞选八次落败,两次经商失败,甚至还精神崩溃过一次。然而面对这些,他并没有放弃,最终成为美国历史上最伟大的总统之一。

思考和讨论

1. 从林肯一生的经历你能得出什么结论?

2. 探讨如何应对挫折。

第七章 个体行为与激励

如何激发人的工作积极性,是组织行为学的关键问题。在组织中对行为管理的目标,就是要弄清在什么样的条件下,人会更愿意按时来工作,会更愿意留在所分配的工作岗位上,会工作得更有效率。每个人都需要激励,自我激励、同事激励、群体激励以及领导和组织方面的激励。所以,对激励的研究,就成了各国组织行为学家和管理学家的重要研究课题。

第一节 激励概述

一、激励的定义和作用

(一) 激励的概念

激励作为专业术语,国内外学者对其的解释有很多,摘要列述若干定义如下:

琼斯(M. R. Jones,1955):激励涉及"行为是怎样发端,怎样被赋予活力而激发,怎样延续,怎样导向,怎样终止,以及在所有一切进行过程中,该有机体是呈现出何种主观反应的"。

阿特金森(J. W. Atkinson,1964):激励就是"此时此刻对行动的方向、强度与持续性的(直接)影响"。

弗鲁姆(V. V. Room,1964):激励是"一个过程,这过程主宰着人们……在多种自愿活动的备选形式中所做出的选择"。

坎波尔和普利特查德(1976):"激励必须研究一组自变量与因变量间的关系,这种关系在(人的)智力、技能和对任务的理解以及环境中的各种制约条件都持恒相等的条件下,能说明一个人行为的方向、幅度与持续性。"

孙彤 1986 年指出:"在组织行为学中的激励含义,主要是指激发人的动机,使人有一股内在的动力,朝向所期望的目标前进的心理活动过程。激励也可以说是调动人的积极性的过程。"

于子民 1987 年指出:"所谓激励,就是激发人的内在精力,开发人的能力,充分发挥人的积极性和创造性,使每个人都切实感到,才有所用,力有所施,劳有所得,功有所赏,自觉地努力工作。"

越振宇 1995 年在《激励论》一书中指出:"所谓激励,就是系统的组织者采取有计划的措施,设置一定的外部环境,对系统成员施以正强化或负强化的信息反馈(借助于一定的信息载体),引起其内部的心理和思想的变化,使之产生组织者所期望的行为反应,正确、高效、持续地达到组织预定的目标。"

徐联仓 1996 年在《组织行为学》教科书中指出:"激励是指有机体在追求目标时的意愿程度,是人类行为动机的激发力量。组织行为学所讲的激励主要是指人们在企业工作中的激励,也就是管理工作中如何调动和发挥人们的积极性、主动性和创造性的问题。"

孙志成 1999 年在他编写的《组织行为学》教科书中指出:"激励,就是激发鼓励的意思,就是利用某种外部诱因调动人的积极性和创造性,使人有一股内在的动力,朝向所期望的目标前进的心理过程。"

据统计,激励的定义有上百种。这些定义似乎都各执一词,但基本都涵盖以下三个方面:

(1)激励的出发点是为了满足需要。罗宾斯认为"激励是去做某事的意愿,并以行为能力满足个人的某些需要的条件。所谓需要引起动机,动机导致行为"。

(2)激励的对象是产生某种行为的个体或群体,目的在于引导该类行为的重复与强化,以期实现组织的目标。

(3)动机激发的过程涉及三个要素:第一,需要,来自个体生理或心理上的缺乏;第二,内驱力,力求实现需要的满足,消除这种缺乏或不足状况的内在驱动力;第三,目标,满足需要和减弱内驱力的事物。

总而言之,激励是在个人需要和组织目标整合的基础上,形成强烈实现目标的意愿,并促使其付出努力行为的整个过程。

(二)激励的作用

美国哈佛大学威廉·詹姆斯(William Jamells)教授在实地调查中发现,按时计酬的员工一般情况下只发挥了 20%～30%的能力。如果能够受到充分激励,就能发挥其能力的 80%～90%,也就是说,一个人平常表现的能力水平,与经过激励可能达到的能力水平之间存在着大约 60%左右的差距。由此可见,激励在组织管理工作中发挥着重要作用。

1. 激励可以凝聚人心

通过适当的激励,可以吸纳组织所需要的人才,从而有组织地实现组织目标。激励既可以使员工自愿参加组织,也可以使员工愿意留在组织中。激励可以使员工忠于组织目标,从而增加组织的凝聚力与向心力。

2. 激励可以引导、规范员工的行为

提倡什么、反对什么,可以通过奖惩这两种激励手段体现出来,这样可以引导员工向提倡、奖励的方向努力,从而达到规范员工行为的目的。

3. 激励可以调动人的积极性、创造性

员工工作的目的是为了满足自己的各种需要。通过激励可以激发人的需求欲望,从而使员工产生积极的行为。激励是员工努力工作的"发动机"。

4. 激励可以充分发挥人的能力,挖掘人的潜能

据统计,一位最优秀的司机的工作效率是刚及格司机的 4 倍,而一位最优秀的推销员的工作效率则是刚及格推销员的 300 倍。工作效率的区别,有知识经验、技巧方法及熟练程度的区别,更有谁能更有效地充分发挥自己能力的区别。一般情况下人的能力是有限的,但在特殊情况下,如战争、生死关头等特殊条件的激励,不仅能使人积极行动,而且能使人积极思考,发挥

主动性、创造性,从而爆发出极大的能量以致创造出奇迹。这说明每个人体内都蕴藏着极大的能量,只是一般情况下发挥不出来,所以被称为潜能。如能把人的潜能都发挥出来,世界将发生巨变。现在不少人在研究潜意识、探索潜能,事实上,激励就是激发潜能的好方法。

5. 激励可以提高组织的绩效水平

管理是通过他人达到目标的行为,所以管理的效益就取决于"他人"的行为。有效地激励能提高员工的自觉性、主动性、创造性,从而提高工作绩效。激励可使员工积极主动而不是消极被动地向目标努力,可使员工采取最有效的方法去实现目标,可以克服消极怠工尤其是劳而无功甚至劳而有害的行为。这样组织的绩效水平就会有根本性的提高。

6. 激励可以有助于实现组织目标

通过激励不仅可以提高员工的积极性,而且可以提高员工的素质与能力,进而提高工作绩效。把这些用到组织目标上,则有利于组织目标的实现。

二、激励的原则

心理学上对于能满足个人需要的外在事物叫诱因,在管理学中就是激励。为了实现组织目标,对员工的行为提出一定的要求,规定一些准则,尽量使员工的目标与企业的目标保持一致,为此,对员工的行为必须进行引导。了解员工目标与组织目标的差异及原因,用适当的诱因,满足员工的需要,从而激励起员工的积极性。

对员工的激励一般应遵循下列几项原则:

(1) 组织目标的设置与满足员工的需要尽量相一致。目标本身就是一种刺激,要激励员工。首先要明确目标,使员工了解他们要做的是什么,有什么意义,与个人的目前利益与长远利益有什么关系。同时规定一定的工作标准及奖赏方式,以使每个员工均能按组织目标而努力工作。

(2) 公司企业的行政管理政策、规章制度,要有利于发挥职工的积极性和创造力,要使它们成为激励因素,成为推动力,避免成为遏制的力量。

(3) 要有良好的管理方法和管理行为,实行参与制、民主管理、授权管理。学会运用影响和以身作则去推动工作,避免滥用权力。

(4) 建立良好的人群关系。领导与群众上级与下级要互相信任、互相关心、互相尊重。上下左右要沟通良好的意见。

(5) 形成良好的风气。使每个员工热爱集体,形成一种和谐的气氛。

(6) 创造良好的生产条件和工作环境,保障员工的身体健康和精神愉快。

三、激励的过程和机制

(一) 激励的一般过程模式

激励过程是从个人需要出发的,激励的一般过程模式如图 7-1 所示。

```
┌─────────────────┐      ┌─────────────────┐      ┌─────────────────┐
│  需要未满足:不平衡 │ ───> │  寻求和选择满足    │ ───> │  面向目标的行为    │
│  的内部情况 1     │      │  需要的战略 2     │      │  和绩效 3        │
└─────────────────┘      └─────────────────┘      └─────────────────┘
         ↑
┌─────────────────┐      ┌─────────────────┐      ┌─────────────────┐
│  重新评价和       │ <─── │  激励、奖励和      │ <─── │  绩效评价 4       │
│  估计需要 6       │      │  惩罚 5          │      │                 │
└─────────────────┘      └─────────────────┘      └─────────────────┘
┌─────────────────┐
│  满足 7          │
└─────────────────┘
```

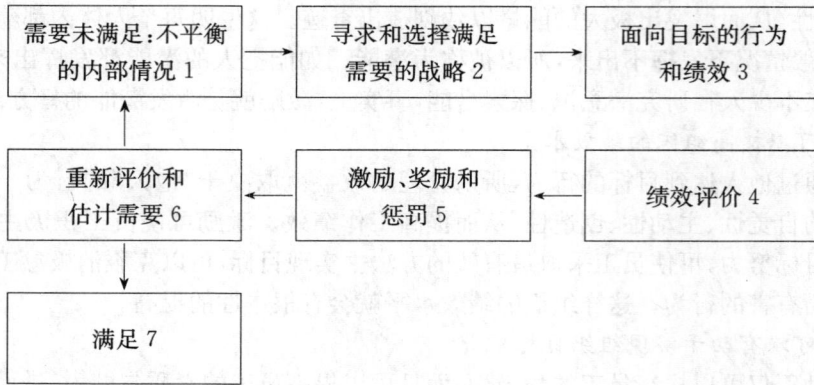

图7-1 激励的一般过程模式

这个模式反映了激励的多个阶段。第一,需要的产生,在个人内心引起不平衡。第二,个人将寻求和选择满足这些需要的方法,以恢复他的平衡状况。第三,个人通过目标行为或工作,去满足需要。介于行为选择和实际选择之间的是一个人需要的个人特点,即能力。这就是说,个人可能具备也可能不具备达到所选择的某一具体目标所必不可少的条件,如能力、技术、经验或知识基础等。第四,关于个人在实现目标方面的绩效成就,要由个人或别人来进行绩效评价。这可能会满足一个人的工作胜任感。第五,根据对绩效的评价而给予奖酬或惩罚。最后,个人来评价绩效和报酬,在多大程度上满足了最初的需要。如果这个激励过程满足了这个需要,这个人就会有平衡感和满足感。如果这个需要没有满足,激励过程就要重复,可能选择一个不同的行为。

激励过程的一般模式看起来简单而直接,但是在现实生活中,情况就不会这么直截了当。这是由于:

第一,动机是假设的,是看不见的。假设一个监工在观察两个木匠钉制包装大型发动机用的板条箱。他们两人的工作班次相同、能力相近、所造的板条箱规格也一样。钉好一只板条箱,木匠就把它放到传送带上,再收集木料做第二只箱子。观察这两个木匠干活一星期左右就会发现,其中一个木匠钉的板条销数差不多是另一个木匠的两倍。它说明什么问题呢? 既然绩效是能力和动机的乘积,而他们的能力相近,那么问题一定是在动机上。工作绩效的差异强烈表明他们的动机不同。当然,要想知道影响他们动机的原因,还需要做更多的调查。

第二,激励的复杂性和能动性。无论何时,每一个人都会具有许多需要、愿望和期望,它们不仅会变化,而且可能还会互相冲突。比如管理人员在办公室加班加点来满足成就需要,结果发现,这种追求与家人团聚、享受天伦之乐的需要是冲突的。

(二) 激励机制

激励的目的是调动积极性。所谓积极性,是指人们从事某项活动的意愿及行为的准备状态。积极性有其自身形成和变化的规律,激励就是按照积极性的运动规律,对人们施加一定的影响,促使其积极性的形成,并按预定的方向发展。人的积极性产生于自身的需要,受主观认识的调节和客观环境的制约,受行为效果反馈作用的影响。

1. 需要是积极性的本源

人和社会的生存发展是不以人们意志为转移的,这就决定了需要具有客观的规定性,而需要的客观规定性又决定了人们的共同需要、共同愿望的存在。这就为进行有效的激励提供了客观依据。此外,需要还具有主观感受性的特征,需要的产生取决于人们的感受、认识能力。人的需要的主观感受性决定了人们需要的差别性,也决定了改造人们需要的可能性及教育、实践的必要性。

2. 认识是积极性的导向器和调节器

认识在积极性的形成和发展中具有关键的作用,这是因为:第一,认识是将人们的需要和具体事物联系起来的桥梁。第二,认识是将社会需要转换成个人需要的中介,因此是对组织目标产生积极性的前提。第三,认识是需要的满足感或不满足感形成的决定因素,对积极性的发展起重要的调节作用。第四,人生观、价值观、道德观对积极性有深刻的影响。

3. 环境对积极性的形成和发展起着重要的制约和推动作用

需要和认识是积极性形成和发展的内因,是具有决定意义的因素,但不是全部因素。客观环境对人们积极性的形成和发展的作用是不可低估的。

4. 行为效果的反馈对积极性起着重要的强化作用

设计有效的激励机制是组织发展动力的核心问题。其关键是组织目标与个人需要的兼容,在具体的工作任务安排上,必须将组织目标纳入其中或将组织希望出现的行为列为目标导向行动,使员工只能在完成组织任务后才能达到个人的目标。离开了组织目标,尽管满足了员工的需要,也不能称为激励。那种认为满足了个人目标就会带来满意和积极性,就自然能完成组织目标的想法是不符合实际的。同时,目标设置必须是激励者所迫切需要的。已经满足的需要要么不可能激励动机,要么激发出来的动机强度不高。目标的设置要适当,既不能俯拾即是,又不能高不可攀,应是通过努力可以达到、不努力则无法达到的。

四、激励理论的分类

激励理论是关于如何满足人的需要、激发人的积极性的理论。从 20 世纪 20 年代以来,管理学家、心理学家及行为科学家从不同角度提出了各种激励理论,可分为三大类:

(一)内容型激励理论

内容型激励理论是着重研究需要这个激励基础的理论,又叫做需要理论,是说明激励人们行为的特殊因素以及它们是如何激起和引发人的行为。过程心理学认为人的行为是由个体需要和动机引发和推动的,因此,需要是激励的起点和基础。所以,研究需要的内容和结构以及如何推动人的行为是内容型激励理论的主要任务。

西方国家研究最多的内容型激励理论主要有:马斯洛的需要层次理论、赫兹伯格的双因素理论、阿德佛的 ERG 理论和麦克利兰的成就需要理论,见表 7 - 1。这些理论在理论研究和管理实践中被广泛关注和应用。

表 7-1   内容型激励理论

人物	马斯诺	阿德弗	赫兹伯格	麦克利兰
理论名称	需求层次理论	ERG 理论	双因素理论	成就需要理论
需要层次	自我实现	成长	激励因素	成就
	尊重	人们之间的 相互关系		
	社交			权力
	安全		保健因素	
	生理	生存		情谊

（二）过程型激励理论

过程型激励理论着重研究当人的动机被激发起来后,如何选择行为,导向目标并持续下去的心理过程。主要包括弗鲁姆的期望理论、亚当斯的公平理论、斯金纳的强化理论及洛克的目标设置理论等。

（三）综合型激励理论

以上的两类现代激励理论,都只涉及激励问题的某一侧重面,综合型激励理论对二者进行概括和综合,试图比较全面地探讨激励的全过程。

第二节   需要、动机与行为

什么是行为? 人的行为是怎么产生的? 它的内驱力是什么? 关于这些,历来是心理学家们争论的焦点,不同学派对行为有不同的看法。

行为主义把行为看成是机械式的由刺激直接引起的,见图 7-2。

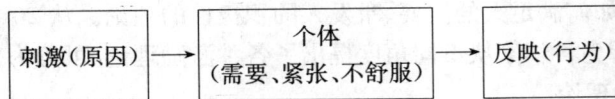

图 7-2   行为发生的基本模式

因此,了解人的行为就必须从研究需要与动机开始,可以说人的行为是由动机决定的,而动机的源泉是需要。

一、需要概述

现代企业管理的核心问题是要调动员工的工作积极性。人的积极性是与需要相联系的,是由人的动机推动的。因此,只有了解人的需要和动机的规律性,才能预测人的行为,进而引导人的行为,调动人的积极性,使之朝着达成组织目标的方向发展。

（一）需要的含义及分类

所谓需要(need)是个体缺乏某种东西时产生的一种主观状态,它是客观需求的反映。这里所说的客观需求既包括人内部的生理需求,也包括外部的社会需求。比如,你傍晚 5 点在大街上行走,从附近一家饭馆里飘来了炒菜的香味,这时你突然会感觉到饿了,意识到该吃饭了,于是就走进了这家饭馆。任何人恐怕都会有这样的经历,在这种经历中,一方面,胃的活动使你感觉到饿了。另一方面,炒菜的香味又刺激着你,给胃的活动"加了油",强化了你感觉到饿的程度。这两种条件联合引起了你想吃东西的念头,促成了你步入饭馆去吃东西解决饥饿的需要的行为。

人们的需要是多方面的,下面从三个角度对需要进行分类。

1. 从人们需要的性质来说,可以分为生理上的需要和心理上的需要

生理上的需要(也可以叫作物质需要),包括衣、食、住、行、安全、结婚等方面的需要。这是人类生活的基本需要,是推动人们行动的强有力的动力。心理上的需要(也可以叫作精神需要)。除了生理上的需要以外的都属于心理上的需要。如文化的、成就的、地位的、归属的需要,等等。这两类需要就是人们常说的"功利"。"利"就是物质利益,以满足生理上的需要;"功"就是荣誉、地位、自我成就、理想抱负等,用以满足心理上的需要。这些需要,就构成了人们的动机,支配人们行动的最有普遍意义的原因。

2. 从人们对需要的迫切程度来说,可以分为远的间接需要与近的直接需要

远的间接需要——是指那些比较概括的、抽象的、总的需要,它常常以理想、志向等形式表现出来。例如,由于环境的刺激,产生了当一个著名的管理工程师的愿望。这种需要是促使行动比较持久的、稳定的动力,使职工有明确的方向和目标。近的直接的需要——随着远的间接需要的产生,就会产生一系列具体的需要,即近的直接需要,如学习科学技术的需要,考上大学的需要,等等。这种需要是促使职工行动的直接动力。

3. 从人们需要的范围来说,可以分为社会成员个人的需要和社会成员的共同需要

在社会主义制度下,劳动人民的个人需要与社会需要,本质上是一致的。从经济上看,满足劳动人民的个人需要,是直接用于劳动人民的个人消费,它反映着劳动人民的当前利益和直接的个人利益。而满足全体社会成员的社会需要,是用于全社会的共同消费,它代表着劳动人民的共同利益和长远利益。满足社会需要是社会主义存在和发展的基本条件,也是劳动人民个人需要得以满足和不断提高的前提。没有生产和文化教育、科学事业的发展,个人的物质文化生活水平就得不到迅速提高。所以满足社会的公共需要,归根到底还是为了不断满足和提高劳动人民的个人需要的水平。从这一方面来说,两者是一致的。但是,满足劳动人民的个人需要与社会需要之间也存在着一定的矛盾。在一定的条件下,如果用于公共需要的部分多了,相对来说,用于个人需要的部分就要减少,相反,如果用于个人需要的部分多了,则用于社会需要的部分就要相应减少。因此,要调动职工的积极性,必须正确处理个人需要与社会需要之间的关系,也就是正确规定积累和消费的合理比例关系。

(二)需要的特点

1. 指向性

人的需要总是指向某种具体事物,即一定的客体或者一定的结果。人总是力求通过自己的行动去获得某种所需的具体对象。

2. 相关性

人的心理上会产生几种需要,不同需要之间并非彼此独立的,而是相互关联的。"仓廪实而知礼节,衣食足而知荣辱。礼生于有,而废于无。"

3. 重复性

某些需要并不是一次满足就永远满足的，而是反复出现，具有周期性的。比如衣食住行的需求、日复一日的工作要伴随着我们大半生。

4. 发展性

需要是随着社会生产力的发展和物质文化生活的提高而发展的。一日三餐虽然周而复始地重复着，但是其味道和品质会不断变化，呈螺旋上升的发展。

5. 多样性

人类的需要是多种多样的。一个人在不同时期可以有多种不同的需要，即使在同一时期，也可以存在多种程度和作用不同的需要。

6. 竞争性

在某一时刻可能存在许多需要，但只有最强烈、最迫切的需要才能转化为动机，成为行为的主要支配者，叫主导需要。马斯洛将它称为优势需要。

7. 紧张性和驱动性

当某种需要未获得满足时，便产生一种心理紧张感、不适感，这种紧张感成为一种内驱力，驱动人们寻求满足需要的对策、力量，推动人们从事各种活动。

现代企业管理的核心问题是要调动员工的工作积极性。人的积极性是与需要相联系的，是由人的动机推动的。因此，只有了解人的需要的规律性，才能预测人的行为，进而引导人的行为，调动人的积极性，使之朝着达成组织目标的方向发展。

二、动机与行为

（一）动机的内涵及分类

动机就是激励人们去行动，以达到一定目标的内在原因。换句话说，动机就是推动人们去行动的内动力或内驱力。动机和人的需要有着密切的联系，二者在概念上甚至有着相似的含义。为了使二者在意义上有严格的区分，人们认为，需要是行为的原动力，动机是推动人们活动的直接原因。当人的需要具有某种特定的目标时，需要才转化为动机。需要产生动机，动机引起行为，行为使人产生客观现实的效果，但有时动机和效果之间可能是一致的，也可能是不一致的。有时好的动机引起好的效果，不好的动机引起不好的效果；但也有时好的动机反而引起不好的效果，不好的动机反而引起好的效果。因此，要了解一个人的真实动机，往往会有一定的困难。

动机具有原发性、内隐性、实践活动性的特征，由此又具有三种机能：第一种，始发机能。动机是个体行为发动的直接原因。第二种，导向、选择机能。动机指导人们做出响应选择，使行为朝着特定的方向、预期的目标前进。第三种，强化机能。行为结果对动机有反作用，动机因良好的结果而加强，使行为加强、重复；反之减弱、消失。

动机的种类很多，一般可以分为：

（1）生理性动机。起源于身体内部的生理平衡状态的变化，这是生物共同的需要，称为原始性驱动力或生理性动机。它是一般性需要或有机性需要所产生的，包括饥饿、渴、睡眠、性、温冷、解除痛苦等。

（2）衍生性动机。起源于心理和社会因素，一般是经过学习而产生的动机，因此，因人而可能有很大的差异，称为衍生性动机或心理性动机。是非机体性需要或个别性需要所产生的，包括爱情、亲和、成就、独立、社会赞许等。

（3）优势动机。反映在我们实际生活中的行为动机，常常不只是一个，而是同时存在很多个，而这些动机的强度又随时会有变动。一个人的行为由其全部动机结构中强度最高的动机所决定，叫作优势动机。

（4）内源性动机与外源性动机。内源性动机即内在动机，是指人做出某种行为是因为行为本身，因为这种行为可以带来成就感，或者个人认为这种行为有价值。外源性动机即外在动机，是指人为了获得物质或社会报酬，或为了避免惩罚而完成某种行为，完成某种行为是为了行为的结果。

（二）需要与动机的转化

动机（motive）的原意是引起动作。心理学上把引起个人行为、维持该行为并将此行为导向满足某种需要的欲望、愿望、信息等心理因素叫动机。需要与动机既相似，又有严格的区别。需要是人的积极性的基础和根源，动机是推动人类活动的直接原因。当人的需要具有某种特定目标时，并且还要有相应的条件，需要才能转化为动机。例如，一个人在沙漠中口渴难忍，这时他有饮水的强烈需要。如果周围没有水源，并不能促使他进行目的明确的活动，只有当他发现眼前有一片绿洲时，才会促使他向水源走去。因此，动机是在需要基础上产生的。但需要并不必然产生动机。需要转变为动机的条件有：一是需要到一定强度，产生满足的愿望；二是需要对象（目标）的确定。需要强度在某种水平以上，才可能成为动机并引发行为。当人产生的需要处于萌芽状态时，它以不明显的模糊的形式反映在人的意识之中，产生不安之感，心理上就产生一种紧张状态，人也明确地意识到通过什么手段可以解除这种紧张。这时，意向转化为愿望（want）。但愿望只反映了内心需要，是人活动的内在驱动力（drive），由于还没有明确的对象（目标）及制约条件（如制度、法律、文化等），所以这种驱动力没有方向，还不是动机。在遇到满足需要、解除心理紧张的具体对象（特定目标），并且展现出达到目标的可能性时，这种驱动力就有了方向。以愿望形式出现的需要就变为动机，推动人进行某项活动，向着目标前进（如图7-3所示）。也就是说，动机是内在的愿望和外部具体对象（诱因条件）建立心理联系时产生的。

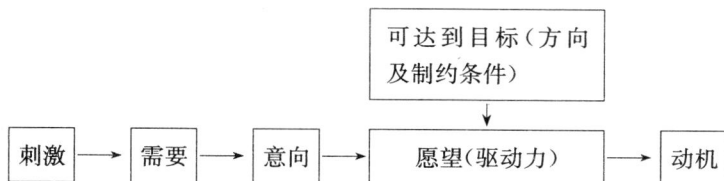

图7-3 需要与动机的转化关系示意图

如上所述，有某种需要不一定会产生某种动机，同样，有某种动机不一定就会引发某种行为。在实际生活中，一个人的需要总是多种多样的，这种种需要会形成一定的需要结构。老年人的需要结构有别于青年人的需要结构，成年人的需要结构也不同于儿童的需要结构。不同的需要结构，必然导致不同的动机结构。一般说来，动机是行为产生的直接动力，行为是动机的外在表现。由优势动机引发人的行为。

那么动机和行为之间的关系是不是完全确定的对应关系呢？不是的。由勒温的人类行为公式 $B = f(P \cdot E)$ 可知：由于任何一个行为，都是个人因素与环境因素相互作用的结果，对同一个人、相同的动机、不同环境会导致不同的行为;在个人因素中,外在表现和内在动机有时一致,有时不一致,关系复杂;内在动机又有积极消极之分,各种成分混杂。因此,人的行为是这些因素的"综合效应"。

(三)动机驱动行为机制

一个人往往同时存在着各种各样的动机,这些动机之间不仅有强弱之分,而且会有矛盾和斗争,以其事实上的相互关系构成动机体系(或叫动机系统)。动机体系中,各个动机的强度不同,在同一个人身上所占的地位和所起的作用也不同。有的动机比较强烈而稳定,而另一些动机比较微弱而不稳定,那种最强烈而又稳定的动机,叫优势动机,其他动机叫辅助动机(如图7-4)。图中,B是优势动机或叫主导动机,A、C、D、E是辅助动机。一般来说,只有优势动机可以引发行为。例如一位长途乘火车的旅行者,下车后饥、渴、累三者

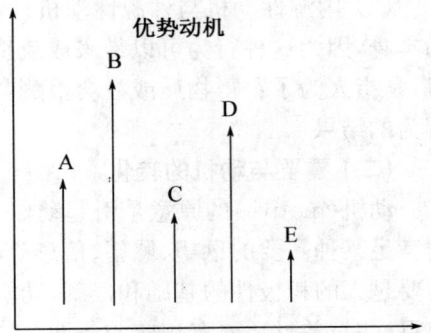

图 7-4　动机结构与强度示意图

均有之,但不可能同时满足这三种需要,只能根据选三种动机强度的强弱选择其一,或先吃,或先喝,或先睡。

一个人的行为是受优势动机支配的,辅助动机对行为存在着影响,但不起支配作用。事实上,一项行为的产生,往往并非由一种动机所引起,而有几种动机在一起作用,但对人的行为起支配作用的则是优势动机。

行为科学认为,人的行为可分为三类:

第一类,目标导向行为:指为了达到目标所表现的行为。有了动机就要选择和寻找目标,目标导向行为代表寻求、到达目标的过程。

第二类,目标行为:指直接满足需要的行为,也即完成目标,达到满足的过程。

第三类,间接行为:与当前目标暂无关系,为将来满足需要做准备的行为。

一般情况下,由优势动机引发的行为由目标导向行为与目标行为两部分构成。也就是说,从确立目标到实现(完成)目标的过程,可分为目标导向行为阶段和目标行为阶段,如演讲,从搜集资料、进行构思到准备完毕,属于第一阶段;上台演讲到演讲完毕,则为第二阶段。

根据心理学的研究,在目标导向行为和目标行为阶段,动机(需要)强度的变化是不同的:

一是对目标导向行为来说,动机强度会随着这种行为进行而增强,越接近目标,动机强度越强,直到达成目标或者遭到挫折而停止。

二是对于目标行为来说则不一样,当目标行为开始后,需要强度就有减低的趋势。

例如,一个饥饿的人,为了充饥,迫不及待地觅食,对食物的需要强度不断增加,而当他得到了食品开始吃东西,随着进食的增多,对食物的需求强度便逐渐降低,直到吃饱离开饭桌,进食动机暂时消失。

当优势动机引发的行为后果达到目标时,紧张的心理状态就会消除,需要得到满足。一个需要满足了,又会有新的需要产生。这样周而复始地发展下去,从而推动人去从事各式各样的活动,达到一个又一个的目标。这就是需要、动机和行为的关系,也是需要、目标、动机和行为的一般规律。如图 7-5 所示。

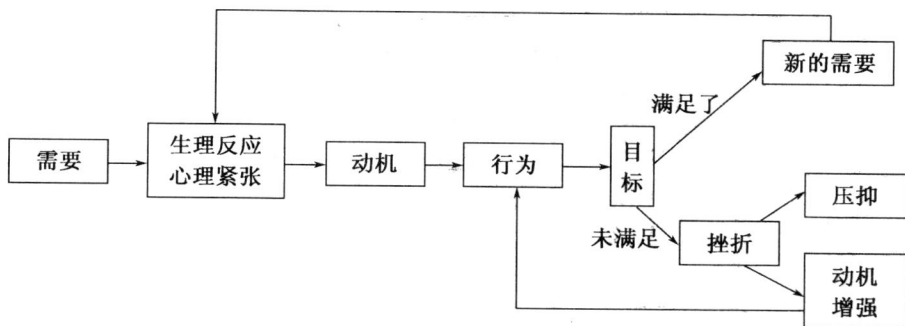

图 7 - 5　过程心理学派个体行为模式

无论动机与行为的关系如何复杂,都明显地揭示出需要、动机、行为之间的关系以及发展规律,即需要—心理紧张—动机—目标导向行为—目标行为—需要满足—新的需要的产生。遵循这一规律,使管理者能从宏观上掌握被管理者的心理,从而制定相应的较为科学的管理措施,高效地实现组织目标。

重点提示

1. 激励的含义:激励的出发点是为了满足需要,对象是产生某种行为的个体或群体,目的在于引导该类行为的重复与强化,以期实现组织的目标。激励是在个人需要和组织目标整合的基础上,形成强烈实现目标的意愿,并促使其付出努力行为的整个过程。

2. 需要、动机:所谓需要(need)是个体缺乏某种东西时产生的一种主观状态,它是客观需求的反映。这里所说的客观需求既包括人内部的生理需求,也包括外部的社会需求。引起个人行为,维持该行为并将此行为导向满足某种需要的欲望、愿望、信息等心理因素叫动机。需要与动机既相似,又有严格的区别。需要是人的积极性的基础和根源,动机是推动人类活动的直接原因。

思考与练习

一、单项选择题

1. 下列关于需要与动机说法不正确的是(　)。
   A. 需要是指当缺乏或期待某种结果而产生的一种驱动人采取行动的心理压力状态
   B. 动机指人们从事某种活动、为某一目标付出努力的意愿
   C. 需要只有动机产生时才会缓解或消除
   D. 动机决定人行为的方向

2. 通过满足员工的需要,实现组织目标的过程称为(　)。
   A. 需要　　　　　B. 动机　　　　　C. 激励　　　　　D. 期望

3. "为中华之崛起而读书",这样的学习动机属于(　)。
   A. 近景性内部动机　　　　　　　　B. 近景性外部动机
   C. 远景性内部动机　　　　　　　　D. 远景性外部动机

4. 下列情境中代表内在动机的情景是(　)。
   A. 课间休息时,小李回到教室里做作业

    B. 王老师对张华的测验成绩表示满意

    C. 校长在全校大会上宣布三好学生名单

    D. 陈英每天独自看几小时电视

5. 在学习较容易的内容时,动机水平为(　　),最有利于学习。

    A. 较低　　　　　　　B. 中等　　　　　　　C. 较高　　　　　　　D. 以上都不对

6. 下列有关需要与动机的说法,正确的是(　　)。

    A. 动机有三个因素,即决定人行为的方向、努力的水平和坚持的水平

    B. 因需要而产生的压力即使在满足需要时也不能消除

    C. 动机是指当缺乏或期待某种结果而产生的心理状态

    D. 出于内源性动机工作的员工看重的是工作所带来的报偿

7. 下列不具有普遍意义的激励方式是(　　)。

    A. 思想政治工作　　　　　　　　　　　B. 奖励

    C. 积极强化　　　　　　　　　　　　　D. 工作内容丰富化

8. 关于内源性动机与外源性动机的陈述,错误的是(　　)。

    A. 为了提薪而努力工作,这是外源性动机作用的表现

    B. 人们对活动本身感兴趣,为了活动而活动,这是内源性动机作用的表现

    C. 外源性动机与内源性动机互补

    D. 内源性动机也称为外部动机

9. 小陈的业务能力非常强,最近升任公司地区经理后却感到工作进展困难。首先,他总是不明白下属人员为什么不能像自己那样勤奋努力。其次,他对下属人员的监督与控制很严格,弄得员工没有工作自主权,对工作没有兴趣,所以虽然公司的报酬不错,但人员辞职不断。小陈在管理过程中存在的一个问题是忽视内源性动机的作用。下列有关内源性动机的陈述,正确的是(　　)。

    A. 内源性动机也叫做内部动机

    B. 内部激励比外部激励更容易控制

    C. 把内源性动机与外源性动机相结合将会对个人行为产生更大的推动作用

    D. 自主权、兴趣、成就感等是激发员工努力工作的外部因素

10. 激励的作用在于(　　)。

    A. 调动人们潜在的积极性　　　　　　　B. 使员工出色完成工作目标

    C. 不断提高工作绩效　　　　　　　　　D. 以上都包括

二、简答题

1. 什么是激励?试述其过程与作用。

2. 什么是需要?试述其特点。

3. 什么是动机?动机的功能是什么?

4. 简述需要、动机与行为的转化关系。

案例学习

史克威尔公司的激励制度

    史克威尔公司是日本电脑游戏软件顶尖的制造商,它制造的游戏软件用在索尼公司的电

脑游戏机上。史克威尔公司有创造高质量、最畅销游戏软件的窍门。它的 14 种游戏软件销量超过 100 万张,而 SQUAREVII 软件的销量超过 300 万张,这样的销量证明了史克威尔公司软件的高质量。在日本,如果一种游戏软件的销量超过 30 万张,就被认为是畅销软件。史克威尔公司是怎样做到这点的呢?它的成功至少有一部分归功于设计人员高昂的士气和动机。只有那些具有创造性,对这项工作真正感兴趣的设计人员才会被史克威尔公司聘用。

史克威尔公司的管理者想方设法了解设计人员对他们所从事的工作是否感兴趣。史克威尔公司的办公大楼宽敞明亮,功能齐全,公司鼓励设计人员彼此之间共享信息和思路。管理者从不干涉设计人员的活动,他们可以随意参观博物馆、逛公园,以便激发出新思想的火花;然后,带回新思想,与同事们一起经过艰苦努力,把这些新思想变成游戏软件。

对于设计人员的努力,公司会给予各种奖励。一旦软件设计完成,准备投放市场和出售,公司会给设计人员两个月的休假期。史克威尔公司设计人员的报酬与他们设计的软件的销售额挂钩,公司还为他们安排由公司付费的出国旅游。在日本,报酬与销售额挂钩的做法并不普遍。但公司管理者认为,这很公平,因为设计者他们的努力理应有所收获。

现在,史克威尔公司已向全球扩张,在美国建立了分公司。该分公司位于加州马里那,特州雷伊和檀香山,在夏威夷设有工作室,并在檀香山拥有投资 1 千万美元的绘画研究设备。设在美国的工作室也像在日本的一样,经过精心设计,营造一种鼓励创造性和欢快的氛围。美国分公司也只聘请有高度工作积极性的设计人员,他们在这一领域都具有一流水平。设计人员在这种愉快的环境中发挥自己的才能,并得到高额回报。总之,正是这种鼓励创造和自由自在的环境使设计人员受到高度激励,设计出最畅销的游戏软件。

资料来源:卢盛忠,严进.管理心理学实用案例集粹.浙江教育出版社,2003.

思考题

1. 可以用哪些激励理论来说明史克威尔公司的激励机制?
2. 这些激励措施是否适用于其他各类企业?
3. 史克威尔公司的激励措施对你所在企业或组织的激励机制设计有说明启发?

第八章 激励理论及其应用

本章按照内容型激励理论、过程型激励理论和综合激励理论三类来分别介绍各种激励理论及其应用,结合案例教学。共有三节内容。

第一节 内容型激励理论

内容型激励理论关注个体内部的激发、定向、保持和停止行为的因素,这些理论试图确定能够激励个体的特定需要,主要包括马斯洛需要层次理论、赫兹伯格双因素理论、成就需要理论以及 ERG 理论等。

一、马斯洛需要层次理论

(一) 基本内容

马斯洛需求层次理论(Maslow's hierarchy of needs),亦称"基本需求层次理论",是行为科学的理论之一,由美国心理学家亚伯拉罕·马斯洛于 1943 年在《人类激励理论》论文中所提出。

马斯洛认为,人类需要大致可以分为生理需要、安全需要、社交需要、尊重需要及自我实现需要(图 8-1),它们是由低级到高级逐级形成和发展的。

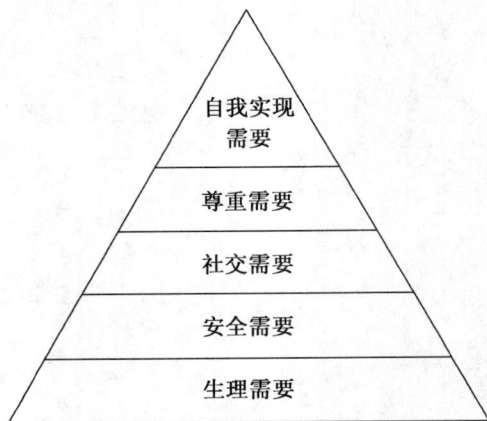

图 8-1 马斯洛需要层次理论

1. 生理需要

这是人类维持自身生存的最基本要求,包括饥、渴、衣、住、性等方面的要求。如果这些需要得不到满足,人类的生存就成了问题。在这个意义上说,生理需要是推动人们行动的最强大的动力。马斯洛认为,只有这些最基本的需要满足到维持生存所必需的程度后,其他的需要才能成为新的激励因素,而到了此时,这些已相对满足的需要也就不再成为激励因素了。

2. 安全需要

这是人类要求保障自身安全、摆脱事业和丧失财产威胁、避免职业病的侵袭、接触严酷的监督等方面的需要。马斯洛认为,整个有机体是一个追求安全的机制,人的感受器官、效应器官、智能和其他能量主要是寻求安全的工具,甚至可以把科学和人生观都看成是满足安全需要的一部分。当然,当这种需要相对满足后,也就不再成为激励因素了。

3. 社交需要

这一层次的需要包括两个方面的内容。一是友爱的需要,即人人都需要伙伴之间、同事之间的关系融洽或保持友谊和忠诚;人人都希望得到爱情,希望爱别人,也渴望接受别人的爱。二是归属的需要,即人都有一种归属于一个群体的感情,希望成为群体中的一员,并相互关心和照顾。感情上的需要比生理上的需要来得细致,它和一个人的生理特性、经历、教育、宗教信仰都有关系。

4. 尊重需要

人人都希望自己有稳定的社会地位,要求个人的能力和成就得到社会的承认。尊重的需要又可分为内部尊重和外部尊重。内部尊重是指一个人希望在各种不同情境中有实力、能胜任、充满信心、能独立自主。总之,内部尊重就是人的自尊。外部尊重是指一个人希望有地位、有威信,受到别人的尊重、信赖和高度评价。马斯洛认为,尊重需要得到满足,能使人对自己充满信心,对社会满腔热情,体验到自己活着的用处和价值。

5. 自我实现的需要

这是最高层次的需要,它是指实现个人理想、抱负,发挥个人的能力到最大程度,完成与自己的能力相称的一切事情的需要。也就是说,人必须干称职的工作,这样才会使他们感到最大的快乐。马斯洛提出,为满足自我实现需要所采取的途径是因人而异的。自我实现的需要是在努力实现自己的潜力,使自己越来越成为自己所期望的人物。

马斯洛将人的需要分为五个层次,体现了以下几个特点:

第一,五种需要像阶梯一样从低到高,按层次逐级递升,但这样的次序不是完全固定的,可以变化,也有种种例外情况。

第二,一般来说,某一层次的需要相对满足了,就会向高一层次发展,追求更高一层次的需要就成为驱使行为的动力。相应地,获得基本满足的需要就不再是一股激励力量。

第三,五种需要可以分为高低两级,其中生理上的需要、安全上的需要和感情上的需要都属于低一级的需要,这些需要通过外部条件就可以满足;而尊重的需要和自我实现的需要是高级需要,他们是通过内部因素才能满足的,而且一个人对尊重和自我实现的需要是无止境的。

第四,同一时期,一个人可能有几种需要,但每一时期总有一种需要占支配地位,对行为起决定作用。任何一种需要都不会因为更高层次需要的发展而消失。各层次的需要相互依赖和重叠,高层次的需要发展后,低层次的需要仍然存在,只是对行为影响的程度大大减小。

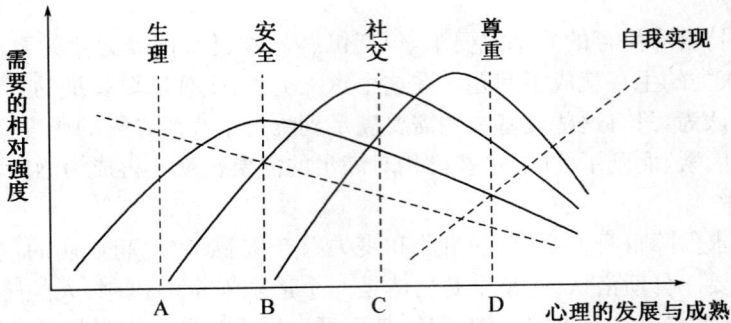

图 8 - 2 需要各层次间的相互关系

资料来源：http://old. pep. com. cn/xgjy/xlyj/xlshuku/xlsk1/jcxlx/201008/
t20100818_663143. htm

(二) 需要层次理论的评价

马斯洛的需求层次理论,在一定程度上反映了人类行为和心理活动的共同规律。马斯洛从人的需要出发探索人的激励和研究人的行为,抓住了问题的关键。马斯洛指出了人的需要是由低级向高级不断发展的,这一趋势基本上符合需要发展规律。因此,需要层次理论对企业管理者如何有效地调动人的积极性有启发作用。但是,马斯洛是离开社会条件、离开人的历史发展以及人的社会实践来考察人的需要及其结构的。其理论基础是存在主义的人本主义学说,即人的本质是超越社会历史的,抽象的"自然人",由此得出的一些观点就难以适合其他国家的情况。

1. 积极作用

(1)马斯洛提出人的需要有一个从低级向高级发展的过程,这在某种程度上是符合人类需要发展的一般规律的。一个人从出生到成年,其需要的发展过程,基本上是按照马斯洛提出的需要层次进行的。当然,关于自我实现是否能作为每个人的最高需要,目前尚有争议。但他提出的需要是由低级向高级发展的趋势是无可置疑的。

(2)马斯洛的需要层次理论指出了人在每一个时期,都有一种需要占主导地位,而其他需要处于从属地位。这一点对于管理工作具有启发意义。

(3)马斯洛需要层次论的基础是他的人本主义心理学。他认为人的内在力量不同于动物的本能,人要求内在价值和内在潜能的实现乃是人的本性,人的行为是受意识支配的,人的行为是有目的性和创造性的。

2. 局限性

(1)马斯洛过分地强调了遗传在人的发展中的作用,认为人的价值就是一种先天的潜能,而人的自我实现就是这种先天潜能的自然成熟过程,社会的影响反而束缚了一个人的自我实现。这种观点,过分强调了遗传的影响,忽视了社会生活条件对先天潜能的制约作用。

(2)马斯洛的需要层次理论带有一定的机械主义色彩。一方面,他提出了人类需要发展的一般趋势。另一方面,他又在一定程度上,把这种需要层次看成是固定的程序,看成是一种机械的上升运动,忽视了人的主观能动性,忽视了通过思想教育可以改变需要层次的主次关系。

马斯洛的需要层次理论,只注意了一个人各种需要之间存在的纵向联系,忽视了一个人在同一时间内往往存在多种需要,而这些需要又会互相矛盾,进而导致动机的斗争。

（三）需要层次理论的应用

人的行为是由需要引起的,所以管理者首先应该准确把握员工的需要,尤其是当前的优势需要,然后再设法去满足他们的其他需要。在我国的管理实践中,人们基本的生理需要已经相对得到了满足,因而管理者应当重点注意员工的其他四种需要(表8-1)。

表8-1　需要层次与管理措施相关表

需要的层次	诱因(追求的目标)	管理制度与措施
生理的需要	薪水、健康的工作环境、各种福利	身体保健(医疗设备)、工作时间、住宅设施、福利设备
安全的需要	职位的保障、意外的防止	雇用保证、退休金制度、健康保险制度、意外保险制度
社交的需要	友谊(良好的人际关系)、团体的接纳、与组织一致	协谈制度、利润分配制度、团体活动制度、互助金制度、娱乐制度、教育训练制度
尊重的需要	地位、名分、权力、责任、与他人薪水之相对高低	人事考核制度、晋升制度、表彰制度、奖金制度、选拔进修制度、委员会参与制度
自我实现的需要	能发展个人特长的组织环境、具有挑战性的工作	决策参与制度、提案制度、研究发展计划、劳资会议制度

资料来源:http://www.docin.com/p-232270213.html

二、奥尔德弗的 ERG 理论

（一）基本内容

美国耶鲁大学的克雷顿·奥尔德弗(Clayton Alderfer)在马斯洛提出的需要层次理论的基础上,进行了更接近实际经验的研究,提出了一种新的人本主义需要理论。奥尔德弗认为,人们共存在3种核心的需要,即生存(Existence)的需要、相互关系(Relatedness)的需要和成长发展(Growth)的需要,因而这一理论被称为"ERG"理论。

(1)生存需要。生存的需要与人们基本的物质生存需要有关,如对衣、食、住、行等的需要,它包括马斯洛提出的生理和安全需要。

(2)相互关系的需要。即指人们对于保持重要的人际关系的要求。这种社会和地位的需要的满足是在与其他需要相互作用中达成的,它们与马斯洛的社会需要和自尊需要分类中的外在部分是相对应的。

(3)成长发展的需要。它表示个人谋求发展的内在愿望,包括马斯洛的自尊需要分类中的内在部分和自我实现层次中所包含的特征。

（二）ERG 理论与马斯洛的需求层次论比较

除了用3种需要替代了5种需要以外,与马斯洛的需要层次理论不同的是,奥尔德弗的"ERG"理论还表明了:人在同一时间可能有不止一种需要起作用;如果较高层次需要的满足受到抑制的话,那么人们对较低层次的需要的渴望会变得更加强烈。

马斯洛的需要层次是一种刚性的阶梯式上升结构,即认为较低层次的需要必须在较高层次的需要满足之前得到充分的满足,二者具有不可逆性。而相反的是,"ERG"理论并不认为各类需要层次是刚性结构,比如说,即使一个人的生存和相互关系需要尚未得到完全满足,他仍然可以为成长发展的需要工作,而且这3种需要可以同时起作用。

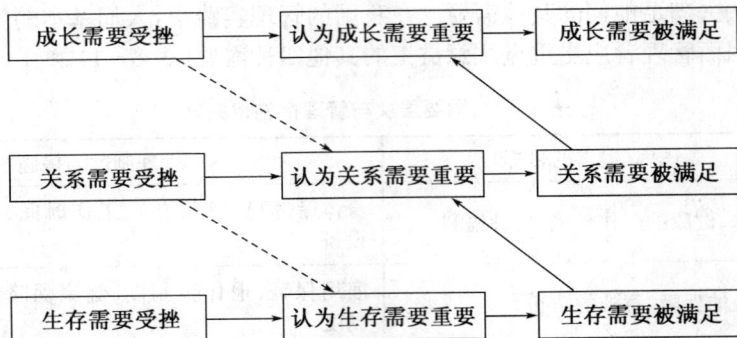

图 8 - 3　ERG 理论关于需求受挫、重要、满足的关系图

(1) 需要满足。即在同一层次的需要中,当某个需要只得到少量满足时,会强烈地希望得到更多的满足。这里,消费需要不会指向更高层次,而是停留在原有的层次,向量和质的方面发展。

(2) 需要加强。即低层次需要满足得越充分,高层次的需要就越强烈,消费需要将指向更高层次。

(3) 需要受挫。高层次的需要满足得越少,越会导致低层次需要的膨胀,消费支出会更多地用于满足低层次需要。

ERG 理论提出了"受挫—回归"的思想。马斯洛认为当一个人的某一层次需要尚未得到满足时,他可能会停留在这一需要层次上,直到获得满足为止。相反的,ERG 理论则认为,当一个人在某一更高等级的需要层次受挫时,那么作为替代,他的某一较低层次的需要可能会有所增加。例如,如果一个人社会交往需要得不到满足,可能会增强他对得到更多金钱或更好的工作条件的愿望。与马斯洛需要层次理论相类似的是,ERG 理论认为较低层次的需要满足之后,会引发出对更高层次需要的愿望。不同于需要层次理论的是,ERG 理论认为多种需要可以同时作为激励因素而起作用,并且当满足较高层次需要的企图受挫时,会导致人们向较低层次需要的回归。因此,管理措施应该随着人的需要结构的变化而做出相应的改变,并根据每个人不同的需要制定出相应的管理策略。

(三) ERG 理论的评价

奥尔德弗的 ERG 理论在需要的分类上并不比马斯洛的理论更完善,对需要的解释也并未超出马斯洛需要理论的范围。如果认为马斯洛的需要层次理论是带有普遍意义的一般规律,那么,ERG 理论则偏重于带有特殊性的个体差异,这表现在 ERG 理论对不同需要之间联系的限制较少。

ERG 理论的特点有:

(1) ERG 理论并不强调需要层次的顺序,认为某种需要在一定时间内对行为起作用,而当这种需要得到满足后,可能去追求更高层次的需要,也可能没有这种上升趋势。

（2）ERG 理论认为，当较高级需要受到挫折时，可能会降而求其次，称为"受挫—回归"律，符合人的趋利避害心理，避免了马斯洛的机械主义。

（3）ERG 理论还认为，某种需要在得到基本满足后，其强烈程度不仅不会减弱，还可能会增强，这就与马斯洛的观点不一致了，可以用需要的发展性特征来解释。

（四）ERG 理论的应用

管理者应重视高层次需要的满足，尽可能地满足人们交往及成长、发展的需要。让员工多与外界接触交往，创造活泼和谐的氛围，允许某些非正式组织的存在，和员工交朋友，增强员工对企业的归属感。使员工参与决策，表彰先进典型，为员工提供进修、培训的机会，给有创造和贡献的员工晋职、晋级、加薪。

管理者还需注意需要的转化。ERG 理论表明，人的需要不仅会由低向高上升，而且会逐层由高向低下降，甚至会出现跳跃。管理者要防止需要反弹，并依据需要转化原理分析员工行为变化的原因，找到解决员工受挫折的办法，使员工避免挫折和后退性行为。

三、赫茨伯格双因素理论

（一）基本内容

双因素理论（Two Factor Theory）又叫激励保健理论（Motivator-Hygiene Theory），是美国的行为科学家弗雷德里克·赫茨伯格（Fredrick Herzberg）提出来的，也叫"双因素激励理论"。

20 世纪 50 年代末期，赫茨伯格和他的助手们在美国匹兹堡地区对二百名工程师、会计师进行了调查访问。访问主要围绕两个问题：在工作中，哪些事项是让他们感到满意的，并估计这种积极情绪持续多长时间；又有哪些事项是让他们感到不满意的，并估计这种消极情绪持续多长时间。赫茨伯格以对这些问题的回答为材料，着手去研究哪些事情使人们在工作中快乐和满足，哪些事情造成不愉快和不满。结果他发现，使职工感到满意的都是属于工作本身或工作内容方面的；使职工感到不满的，都是属于工作环境或工作关系方面的。他把前者叫作激励因素，后者叫作保健因素。

表 8-2　激励因素与保健因素

保健因素（外在因素）	激励因素（内在因素）
公司（企业）的政策与行政管理 技术监督系统 与上级主管之间的人际关系 与同级之间的人际关系 与下级之间的人际关系 工作环境或条件 薪金 个人的生活 职务、地位 工作的安全感	工作上的成就感 工作中得到认可和赞赏 工作本身的挑战意味和兴趣 工作职务上的责任感 工作的发展前途 个人成长、晋升机会

资料来源：刘正周：《管理激励》，上海财经大学出版社 1998 年版。

赫茨伯格的双因素理论，和马斯洛的需要层次理论一样，重点在于试图说服员工重视某些与工作有关绩效的原因。它是目前最具争论性的激励理论之一，也许这是因为它具有两个独特的方面。首先，这个理论强调一些工作因素能导致满意感，而另外一些则只能防止产生不满意感;其次,对工作的满意感和不满意感并非存在于单一的连续体中。

激励因素:包括工作本身、认可、成就和责任,这些因素涉及对工作的积极感情,又和工作本身的内容有关。这些积极感情和个人过去的成就、被人认可以及担负过的责任有关,它们的基础在于工作环境中持久的而不是短暂的成就。

保健因素:包括公司政策和管理、技术监督、薪水、工作条件以及人际关系等。这些因素涉及工作的消极因素,也与工作的氛围和环境有关。也就是说,对工作和工作本身而言,这些因素是外在的,而激励因素是内在的,或者说是与工作相联系的内在因素。

从某种不同的角度来看,外在因素主要取决于正式组织(例如薪水、公司政策和制度)。只有公司承认高绩效时,它们才能得到相应的报酬。而诸如出色地完成任务的成就感之类的内在因素则在很大程度上属于个人的内心活动,组织政策只能产生间接的影响。例如,组织只有通过确定出色绩效的标准,才可能影响个人,使他们认为已经相当出色地完成了任务。

尽管激励因素通常是与个人对他们的工作积极感情相联系,但有时也涉及消极感情。而保健因素却几乎与积极感情无关,只会带来精神沮丧、脱离组织、缺勤等结果。成就的出现在令人满意的工作经历中超过 40%,而在令人不满意的工作经历中则少于 10%。

(二) 双因素理论的评价

赫茨伯格的双因素激励理论同马斯洛的需要层次理论有相似之处(图 8-4)。他提出的保健因素相当于马斯洛提出的生理需要、安全需要、感情需要等较低级的需要;激励因素则相当于受人尊敬的需要、自我实现的需要等较高级的需要。当然,他们的具体分析和解释是不同的。但是,这两种理论都没有把"个人需要的满足"同"组织目标的达到"这两点联系起来。有些西方行为科学家对赫茨伯格的双因素激励理论的正确性表示怀疑。有人做了许多试验,也未能证实这个理论。赫茨伯格及其同事所做的试验,被有的行为科学家批评为是他们所采用方法本身的产物:人们总是把好的结果归结于自己的努力而把不好的结果归罪于客观条件或他人身,问卷没有考虑这种一般的心理状态。另外,被调查对象的代表性也不够,事实上,不同职业和不同阶层的人,对激励因素和保健因素的反应是各不相同的。实践还证明,高度的工作满足不一定就产生高度的激励。许多行为科学家认为,不论是有关工作环境的因素或工作内容的因素,都可能产生激励作用,而不仅是使职工感到满足,这取决于环境和职工心理方面的许多条件。

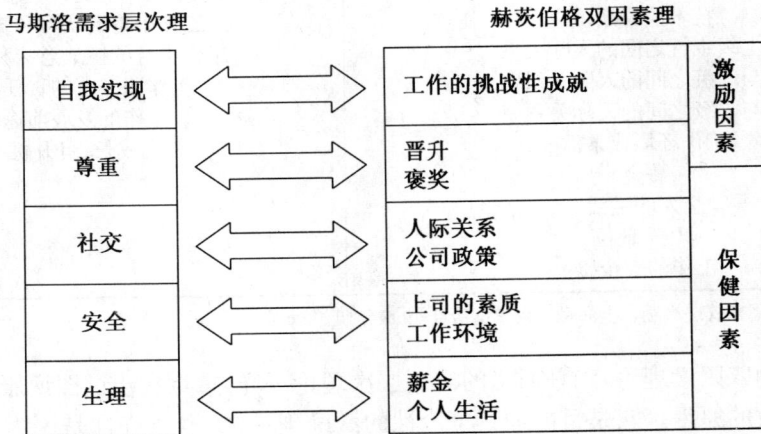

马斯洛需求层次理		赫茨伯格双因素理	
自我实现	⟺	工作的挑战性成就	激励因素
尊重	⟺	晋升 褒奖	
社交	⟺	人际关系 公司政策	保健因素
安全	⟺	上司的素质 工作环境	
生理	⟺	薪金 个人生活	

图 8-4 马斯洛需要层次理论与赫茨伯格双因素理论的关系

但是,双因素激励理论促使企业管理人员注意工作内容方面因素的重要性,特别是它们同工作丰富化和工作满足的关系,因此是有积极意义的。赫茨伯格告诉我们,满足各种需要所引起的激励深度和效果是不一样的。物质需求的满足是必要的,没有它会导致不满,但是即使获得满足,它的作用往往是很有限的、不能持久的。要调动人的积极性,不仅要注意物质利益和工作条件等外部因素,更重要的是要注意工作的安排,量才录用,各得其所,注意对人进行精神鼓励,给予表扬和认可,注意给人以成长、发展、晋升的机会。随着温饱问题的解决,这种内在激励的重要性越来越明显。

(三)双因素理论的应用

赫茨伯格提出的双因素虽然不一定完全适用于中国企业的情况,但他提出的激励因素和保健因素是确实存在的,其理论对于我国的管理工作有一定的启发。

企业管理者应充分发挥激励因素的作用,同时适度地发挥保健因素的作用,以调动和保持员工的工作积极性。保健因素可以消除员工对工作的不满意情绪,不能直接提高工作积极性和效率,因而对保健因素的使用需要适度。成就、责任心、发展、成长等因素应当引起管理者的重视。

管理者可以改进员工的工作内容,进行工作任务再设计,使员工从工作中感到成就、责任和成长,以期达到持久高效地激励员工积极性的目的。工作内容丰富化可以从两个方向发展:一是垂直工作加重,即重新设计工作,给员工更多的责任感、完成感;二是水平工作加重,即令员工完成更多的前后工作程序,使员工有对工作的整体感、自我能力的发展感。

管理者在具体的管理实践中,不应该将保健因素与激励因素做绝对化的理解。保健因素和激励因素不是一成不变的,两者是可以相互转化的,不是截然分开的。对于有些员工来说,所谓的保健因素可能正是他们的激励因素。有效的管理还在于力求化保健因素为激励因素。

四、麦克利兰成就需要理论

(一)基本内容

成就需要理论,也称三种需要理论(Three needs theory)、成就动机理论,是美国哈佛大学教授戴维·麦克利兰(David C. McClelland)通过对人的需求和动机进行研究,于 20 世纪 50 年代在一系列文章中提出的。麦克利兰把人的高层次需求归纳为对成就、权力和亲和的需求。他对这三种需求,特别是成就需求做了深入的研究。

1. 成就需求(Need for Achievement):争取成功和希望做得最好的需求

麦克利兰认为,具有强烈的成就需求的人渴望将事情做得更为完美,提高工作效率,获得更大的成功,他们追求的是在争取成功的过程中克服困难、解决难题、努力奋斗的乐趣,以及成功之后的个人的成就感,他们并不看重成功所带来的物质奖励。个体的成就需求与他们所处的经济、文化、社会、政府的发展程度有关,社会风气也制约着人们的成就需求。

2. 权力需求(Need for Power):影响或控制他人且不受他人控制的需求

权力需求是指影响和控制别人的一种愿望或驱动力。不同人对权力的渴望程度也有所不同。权力需求较高的人对影响和控制别人表现出很大的兴趣,喜欢对别人"发号施令",注重争取地位和影响力。他们常常表现出喜欢争辩、健谈、直率和头脑冷静;善于提出问题和要求;喜欢教训别人并乐于演讲。他们喜欢具有竞争性和能体现较高地位的场合或情境,他们也会追求出色的成绩,但他们这样做并不像高成就需求的人那样是为了个人的成就感,而是为了获得地位和权力或与自己已具有的权力和地位相称。权力需求是管理成功的基本要素之一。

3. 亲和需求(Need for Affiliation):建立友好亲密的人际关系的需求

亲和需求就是寻求被他人喜爱和接纳的一种愿望。高亲和动机的人更倾向于与他人进行交往,至少是为他人着想,这种交往会给他带来愉快。高亲和需求者渴望亲和,喜欢合作而不是竞争的工作环境,希望彼此之间沟通与理解,他们对环境中的人际关系更为敏感。有时,亲和需求也表现为对失去某些亲密关系的恐惧和对人际冲突的回避。亲和需求是保持社会交往和人际关系和谐的重要条件。

麦克利兰认为,决定成就需要的因素有两个:环境和个性。即成就需要＝f(环境×个性)。高成就需要者的特征:① 乐于设置自己的目标,并承担风险。② 采取适中程度的风险措施,即既敢于冒风险,又能以现实的态度对待风险。③ 要求及时得到工作的信息反馈。他们喜欢那些在达到目标的过程中能得到及时和明确反馈信息的职业和工作。④ 注重内在激励。他们会从工作的完成中得到很大满足,而不单纯追求物质利益。

麦克利兰的亲和需求与马斯洛的感情上的需求、奥尔德弗的关系需求基本相同。麦克利兰指出,注重亲和需求的管理者容易因为讲究交情和义气而违背或不重视管理工作原则,从而会导致组织效率下降。

(二) 成就需要理论的评价

成就动机有利于心理健康和社会经济的发展,但是并不是所有的成就动机都能推动社会经济的发展。麦克利兰不仅强调了成就动机的作用,还指出成就动机是在一定的社会气氛下形成的。成就动机有个人取向的成就动机和社会取向的成就动机之分。个人取向的成就动机有这样的特点:成就目标和评价标准主要由个人自己来决定;选择什么样的行为来达到成就目标,也是由个人自己来做主;成就行为的效果也由个人自己来评价,评价标准也是由个人自己来制定;个人对成就的价值观念的内化程度比较高,成就的功能自主性比较强,即追求成就本身是一种目的。社会取向的成就动机的特点有:强调个人的成就目标和评价标准主要由他人或所属的团体来决定;选择什么样的行为来达到目标,也是由他人或团体来决定;成就行为的效果由他人或团体来评价,评价标准也是由他人或团体不定期制定;个人对成就的价值观念的内化程度比较弱,成就的社会工具性比较强,即追求成就是一种手段,是为了让他人或团体高兴。

这两种取向的成就动机各有长短。在社会生活中,如果一个人的成就动机过于偏向某个极端,可能就会产生一些不良后果。这时的成就动机就不一定会推动社会的发展,甚至会起反作用。研究发现,个人取向成就动机过高的人在组织中往往表现得并不很出色。由于强调个人取向,这些人用自己个人的业绩标准来衡量成就,也因为个人目标的实现而得到满足。因此,他们更愿意独立工作,因为这样做可以使得任务的完成完全取决于他们自己的努力。这一特点可能会降低这些人在团队中的工作表现。在组织中,非常需要能够妥协、顺应、将自己的成就需要与组织目标结合起来的人。一个组织如果个人取向成就动机的人占的比重太大,则这个组织肯定不能获得长足的发展。

(三) 成就需要理论的应用

麦克利兰研究证明,成就需要和经济发展密切相关。因此,成就需要理论对于企业家队伍建设、人力资源开发、提高组织的整体绩效,具有重要意义。一个企业拥有越多具有高成就需要的人,它的发展就越快,获利就越多;一个国家拥有这种人越多,就会越兴旺发达。其次,高成就需要可从教育培训获得。麦克利兰通过调查得出,一般人群中约有10%的人口有高成就的需要,但是通过培训教育后,成就需要就培养出来了。再者,成就需要还受组织管理的影响。如果把有高成就需要的管理人员放在有困难的工作岗位上,工作的挑战性就会引起成就的动机,接着这种动机又驱动致力于成就的行动。但是如果把高成就需要的人放在没有调整性的岗位上,则成就的动机就难以激发。在这种条件下,就没有理由期望他们很好地完成工作。

总之,鼓励全社会成员充分地调动和激发企业家的才能,拥有高成就动机的社会,将拥有更多的奋发有为的企业家,这些企业家又会反过来更快地推动经济增长。

激励具有成就需要的人做出更大的成就,为具有成就需要的人设置适中的目标,安排具有一定风险的活动和挑战性强的工作。确立追求卓越和完善的高标准,增强员工的成就感,对达到标准、做出成就的员工及时给予肯定、承认和奖励。

五、四种理论的比较

四种内容理论各自从略有不同的角度进行阐释。没有哪一种理论可能或者应该被管理者单独作为解释或推断动机的基础。尽管一些批评家存在怀疑,但人类却是拥有先天需求和习得性需求,从而工作因素会导致不同程度的满意程度。因此,每种理论都为管理者提供了对行为和表现的某种程度的理解。表8-3对四种理论进行了比较。

表8-3 比较四种内容激励理论

内容激励理论	理论假设	如何度量激励	实践应用价值	问题和局限
马斯洛需求层次理论	在指引行为追求高层次需求之前,个体试图先满足基本需求	马斯洛作为一个医生,向他的患者提问并倾听其回答。组织研究者依靠自我报告式的量表	使得管理者感知和了解激励是如何作用于他的员工的	没有考虑个体差异;较少研究支撑,没能指出需求的动态属性
奥德弗尔ERG理论	未能满足成长需求的个体会感到挫折、退回并重新关注于较低层次的需求	使用自我报告式量表评定三种需求类别	引起对需求满足时会发生什么问题的关注;挫折可能是绩效水平不能达标或停滞不前的主要原因	缺乏足够的相关研究;可用的研究都是自我报告式的,而这种方式增加了对该度量方法的质疑;另外就是个体是否只有三类需求
赫茨伯格双因素理论	只有某些工作因素和特征会影响激励。管理者关注的某些特性可能带来舒适的工作环境而不是对员工的激励	在访谈中要求员工描述最重要的工作事件	通过谈话增加管理者的理解。识别激励因素,从而管理者能够发展、调整、利用	假设每个工人都有相同的需求和偏好;未能发展出科学化的度量标准;未能及时更新以反映时代改变带来的对工作安全和工资需求态度的改变
麦克利兰成就需要理论	个人的需求是可以通过文化而习得的;因此,训练和教育能够加强和影响一个人的需求强度	主题统觉测验(TAT),一种投射技术,鼓励被测试者展现他们的需求	一旦个人的需求被评定了,管理者可以通过训练发展这个人与组织目标相关的需求的方式进行干预	解释TAT很困难;训练对需求改变的影响也尚未得到充分的证实

四种理论的比较,以马斯洛的需要层次论为前提,在此基础上研究它与其他三种理论的区别。

(一)ERG 理论是在需要层次论基础上的发展

(1)马斯洛的需要层次论是建立在"满足—上升"和"缺乏—主宰"规律的基础上的。也就是说一旦较低层次需要已经得到满足,人们将进到更高一级的需要上去,如果越缺少什么就越是要追求满足;而 ERG 论不仅体现"满足—上升"的方面,而且也提出了遇"挫折—倒退"这一方面。"挫折—倒退"规律说明较高的需要未满足或受到挫折的情况下,更着重或把更强烈的欲望放在一个较低层次的需要上。

(2)需要层次论认为,每一个时期只有一种突出的需要;而 ERG 论指出在任何一个时间内可以有一个或一个以上的需要发生作用。

(3)需要层次论认为,人的需要是严格地按由低到高逐级上升的,不存在越级,也不存在由高到低的下降;而 ERG 论则指出,人的需要并不一定严格按由低到高发展的顺序,而是可以越级的。

(4)需要层次论认为,人类有五种需要,它们是生来就有的,是内在的;而 ERG 论则认为,只有三种需要,其中有生来就有的,也有经过后天学习得到的。

(5)ERG 论在一定程度上修正了马斯洛的需要层次理论,弥补了需要层次理论的不足,更符合现实社会中人们的行为特点。

(二)成就激励论是在需要层次论基础上的升华

1. 着重点不同

需要层次论研究从低到高顺序的五种需要,而成就激励论不研究人的基本生理需要,主要研究在人的生理需要基本得到满足的前提条件下,人还有哪些需要。

2. 认识度不同

需要层次论认为五种需要都是生来就有的,是内在的;而成就激励论明确指出,通过教育和培训可以造就出具有高成就需要的人才。

3. 发展观不同

需要层次论认为,人的需要是严格地按由低到高逐级上升的;而成就激励论认为,不同的人对这三种基本需要的排列层次和所占比重是不同的,个人行为主要决定于其中被环境激活的那些需要。

(三)双因素论是在需要层次论基础上的补充

(1)双因素论中的激励因素或满意因素相当于马斯洛的较高层次的需要,这是激励人们去完成任务的因素,为激励人的行为提供了环境条件。

(2)双因素中的保健因素或不满意因素相当于马斯洛的生理的、安全的和社交的需要,它们基本上是预防性的因素,没有它会导致不满,但它本身的存在也不能挖掘人的内在潜力,激励人更好地工作。

(3)双因素论比马斯洛的需要层次论更进了一步。双因素论认为,并不是所有需要的满足都能激励职工的积极性,有的需要的满足只会使人感觉到外在的、有限的激励作用,而有些需要的满足则可以极大地激发人的工作动机,调动职工的积极性。

第二节　过程型激励理论

过程型激励理论是指着重研究人从动机产生到采取行动的心理过程，它的主要任务是找出对行为起决定作用的某些关键因素，弄清它们之间的相互关系，以预测和控制人的行为。内容性激励理论重点研究激发动机的诱因，过程激励理论的支持者认为内容型激励理论的主要不足在于缺乏对激励过程所达到的预期目标能否使激励对象得到满足方面的研究。过程型激励理论试图弄清人们对付出劳动、功效要求和奖酬价值的认识，即从外在的诱因入手研究激励问题。过程激励理论主要包括弗鲁姆的期望理论、洛克的目标设置理论及目标管理理论、亚当斯的公平理论和斯金纳的强化理论等。

一、期望理论

（一）主要内容

期望理论，又称效价—手段—期望理论，是美国著名心理学家和行为科学家维克托·弗鲁姆（Victor H. Vroom）于 1964 年在《工作与激励》中提出来的。期望理论建议，激励应该以个人对他们所能达到的工作表现的期望以及期望的奖励为基础。期望理论并不关心对几种需求的理解，而是关心人们通过什么样的思考过程来获得奖励。比如，大学生王海，他很希望在管理学考试得 90 分，王海学习的激励就是他对努力学习一定能得到 90 分的期望，如果王海认为自己不可能在考试中得 90 分，他就不会有如此努力学习的动力。期望理论用公式表示为：

$$M = \sum V \times E（激励力量＝目标效价×期望值）$$

M 表示激发力量，是指调动一个人的积极性，激发人内部潜力的强度。V 表示效价，是指达到目标对于满足个人需要的价值。E 是期望值，是人们根据过去经验判断自己达到某种目标或满足需要的可能性是大还是小，即能够达到目标的主观概率。

目标价值和期望概率的不同结合，会有不同的激励力量，所以，目标价值和期望概率的不同结合会产生不同的激励作用，其情况有以下五种：

（1）$M_{高} = E_{高} \times V_{高}$

（2）$M_{中} = E_{中} \times V_{中}$

（3）$M_{低} = E_{低} \times V_{低}$

（4）$M_{低} = E_{高} \times V_{低}$

（5）$M_{低} = E_{低} \times V_{高}$

由此可见，要使被激励的对象获得较大的激励力量，效价和期望值也必须高。只要效价和期望值中有一项的值很低时，这件事对被激励对象来说就是缺乏激励力量。

期望理论是以三个因素反映需要与目标之间的关系的，要激励员工，就必须让员工明确：首先，工作能提供给他们真正需要的东西；其次，他们欲求的东西是和绩效联系在一起的；最后，只要努力工作就能提高他们的绩效。这种需要与目标之间的关系用过程模式表示即：

个人努力──→个人成绩(绩效)──→组织奖励(报酬)──→个人需要

| 努力 ──→ 绩效的期望
努力 ──→ 绩效 | 努力工作会产生期望
的工作绩效吗? |

| 绩效 ──→ 结果的期望
工作绩效 ──→ 结果 | 好的工作绩效会产生
期望的结果吗? |

| 结果的价值
(工资、认同、其他的奖励) | 取得的结果有
价值吗? |

激励

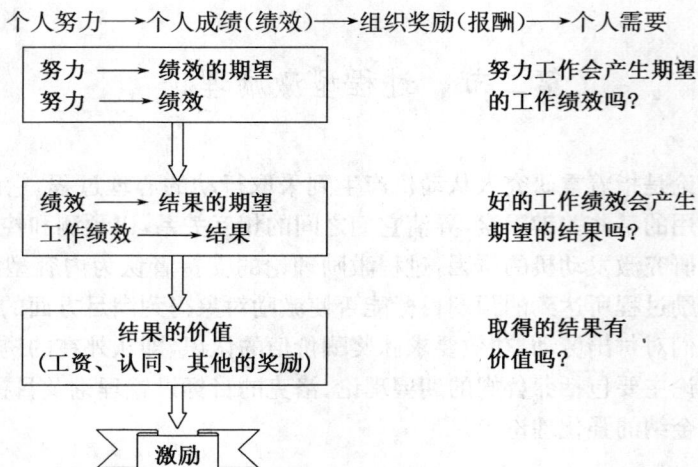

图 8－5　期望理论的基本要素

从图中可以看出,要应用好这个理论,必须明确过程中的四个因素和处理好三个关系。

(二)期望理论的应用

期望理论认为,一个人最佳动机的条件是:他认为他的努力极有可能导致很好的表现;很好的表现极可能导致一定的成果;这个成果带来的奖励对他有积极的吸引力。因此,应用期望理论对员工进行激励时,应当注意:

第一,管理者应该同时注意提高期望概率和效价。仅仅重视激励是片面的,应该注意提高工作人员的素质,包括提高他们的思想素质和业务能力,通过提高他们对自身的期望概率去提高激励水平,创造较高的绩效目标。

第二,确保绩效目标是可以达到的,否则员工可能不愿意付出努力。管理者应该提高对绩效与报酬关联性的认识,将绩效与报酬紧密结合起来。绩效与报酬的联系越紧密,拟实现的目标能够满足受激励者需要的程度相对提高,目标对受激励者的吸引力也就相对加大,激励的水平也就相对提高。

第三,管理者应该将物质奖励与精神奖励结合起来。期望理论表明,目标的吸引力与个人的需要有关。价值观的差异会产生需要的差异。因此,管理者应该了解自己的管理对象,在可能的情况下,有针对性地采取多元化的奖励形式,使组织的报酬在一定程度上与工作人员的愿望相吻合。

第四,确保奖励或报酬的差距或变化幅度是巨大的。小的奖励只会产生少量的努力和因此而增加的少量的绩效,大的奖励会产生较大的努力和因此增加的大量的绩效。这种报酬变化幅度与原有的基数有关。

(三)期望理论的评价

1. 期望理论的优点

(1)期望理论提出了目标设置与个人需求相统一的理论。期望理论假定,每个员工是有思想有理性的人,对于他们生活和事业的发展,他们有自己的见解和规划。因此,在分析激励员工的因素时,我们必须考虑员工希望从组织中得到什么以及他们怎样能够实现自己的期望。

(2)期望理论还非常重视定量分析。它通过对各种权变因素的分析,正确说明了人们在多种可能性中所做出的选择。也就是说人们的行为选择通常是效用最大的，或者说人们在现实中的行为是其激励力量最大的行为选择。这不仅是激励理论的重要发展，在实践中也更加具有可操作性。

（3）期望理论不仅是激励理论的重要发展。从某种意义上说，它还是对其他激励理论的一种整合。

2. 期望理论的不足

（1）期望理论忽视了努力-绩效关系中的个人能力因素和社会表现机会因素。在实践的过程中，绩效最少由两个因素即能力因素和激励因素来决定。如果只有激励因素而没有能力因素，绩效就不会很高。这种情况说明，虽然管理者采用的激励方法是合适的，但是由于员工的能力不够，所以绩效不会很高。同样，即使激励因素与能力因素都比较高，但没有表现机会或表现机会不充分，其绩效也不会很高。对此，期望理论没有给予很好的说明。

（2）这一理论适用范围具有局限性。期望理论是在需要确定、目标确定下的激励理论。所以很多需求与目标难以确定的情况就无法进行实施。比如在工作奖金等方面使用期望理论也许是有效的，但将它用于具有升职愿望而上级又不可能给予预先肯定答复的状况则又难以实施。尽管期望理论有明显的理论缺陷，但它的理论贡献和对实践的指导作用是不能低估的，完整理解和正确把握期望理论对提高管理决策水平有重要的影响作用。

二、公平理论

（一）主要内容

当你考完试后或完成了重要的学期论文之后，是否很想知道班上其他人的成绩如何？大多数人都想这么做。作为人，我们倾向于和他人进行比较。如果你大学刚毕业就有人给你提供一份年薪6万元的工作，你可能会兴奋不已，有积极的工作热情，随时准备迎接各种工作任务，当然你对自己的收入也十分满意。可是，假如工作了一个月后，你发现你的同事——另一位也是最近毕业、与你同龄、教育背景与工作经历都和你相当的同事，年薪却是7万元时，你会做何反应？你可能会很失望。虽然对于一个刚毕业的大学生来说，6万元的绝对收入已经相当可观（你自己也深知这一点），但突然间它的意义不大了。你现在关注的是相对收入以及你认为这样是否公平。公平这一概念指的是，与其他以类似方式做出行为的人相比，个体是否得到了同等对待。

亚当斯的公平理论又称社会比较理论，由美国心理学家约翰·斯塔希·亚当斯（John Stacey Adams）于1965年提出，该理论认为，对自己报酬的知觉和比较所引起的认知失调会导致当事人的心理失衡，即产生不公平感和心里紧张。为减轻或消除这种心理紧张，当事人会采取某种行动，以恢复心理平衡。如果对报酬感到公平，当事人就会获得满足感，从而激励当事人的行为。

该理论是研究人的动机和知觉关系的一种激励理论，在亚当斯的《工人关于工资不公平的内心冲突同其生产率的关系》（1962，与罗森鲍姆合写）、《工资不公平对工作质量的影响》（1964，与雅各布森合写）、《社会交换中的不公平》（1965）等著作中有所涉及，侧重于研究工资报酬分配的合理性、公平性及其对职工生产积极性的影响。其基本内容包括三个方面：

1. 公平是激励的动力

公平理论认为，人能否受到激励，不但以他们得到了什么而定，还要以他们所得与别人所得是否公平而定。

这种理论的心理学依据,就是人的知觉对于人的动机的影响关系很大。他们指出,一个人不仅关心自己所得所失本身,而且还关心与别人所得所失的关系。他们是以相对付出和相对报酬全面衡量自己的得失。如果得失比例和他人相比大致相当时,就会心理平静,认为公平合理,心情舒畅。比别人高则令其兴奋,是最有效的激励,但有时过高会带来心虚,不安全感激增。低于别人时,会产生不安全感,心理不平静,甚至满腹怨气,工作不努力、消极怠工。因此分配合理性常是激发人在组织中工作动机的因素和动力。大量证据表明,员工会将自己的付出与所得和他人的付出与所得进行比较,如果由此产生了不公平感,将影响到这个人以后付出努力的程度。

2. 公平理论的模式(即方程式)

$$Q_p/I_p = Q_o/I_o$$

公式中,Q_p 代表一个人对他所获报酬的感觉。I_p 代表一个人对他所做投入的感觉。Q_o 代表这个人对某比较对象所获报酬的感觉。I_o 代表这个人对比较对象所做投入的感觉。

表 8-4 公平理论

感知到的比率比较	员工的评价
$\dfrac{A所得}{A付出} < \dfrac{B所得}{B付出}$	不公平(报酬过低)
$\dfrac{A所得}{A付出} = \dfrac{B所得}{B付出}$	公平
$\dfrac{A所得}{A付出} > \dfrac{B所得}{B付出}$	不公平(报酬过高)

说明:A 代表某员工,B 代表相关的参照他人。

亚当斯的公平理论主要是指在报酬分配上的不公平,也包括过程或程序的不公平。不公平来自于对象比较的相对值,比较的范围除了个体与他人比较,还有与自己的以前或以后的投入产出的比较。

(二) 不公平的心理行为

当人们感到不公平待遇时,在心里会产生苦恼,呈现紧张不安,导致行为动机下降,工作效率下降,甚至出现逆反行为。

基于公平理论,当员工感到不公平时,可能会采取以下几种反应:① 曲解自己或他人的付出或所得。② 采取某种行为使他人的付出或所得发生改变。③ 采取某种行为改变自己的付出或所得。④ 选择其他的参照对象进行比较。⑤ 离职。员工的这些反应方式都得到了研究证据的支持。员工的工作积极性显著地受到相对报酬和绝对报酬的影响。无论任何时候,只要他们感觉到不公平,就会采取行动调整这种状态,其结果可能会提高也可能会降低生产率、产品质量、缺勤率、主动离职率。

(三) 公平理论的应用

亚当斯的公平理论可以用来解释组织中的现象,近年来部分学者从绩效考核、虚拟工作环境、压力、领导关系来考察亚当斯的公平理论的应用。在组织中,领导相对组织成员而言处于相对优势的地位。员工与领导的比较属于上行比较。亚当斯的公平理论中关于领导的主要理论有领导成员交换理论(leader-member exchange,LMX)和社会身份认同理论(Social identity theory,SIT)。

公平理论对我们的管理实践具有重要的指导作用。公平理论向我们揭示了这样一个现实：对于组织中的大多数员工来说，激励不仅受到他们自己绝对报酬多少的影响，同时也受到他们对相对报酬关注的影响，而且对于报酬过高所带来的不公平对员工的行为影响不大，人们倾向于使报酬过高合理化。公平理论对于更好地理解组织中的工作行为提供了很好的理论框架，也是管理者所应该了解的一种激励过程。

如何在企业管理中更好地应用公平理论，管理者要注意：

第一，最为重要的是管理者要尽可能公平地对待每一个员工。作为员工来说，他不仅关心自己所得到的绝对报酬，也关心自己的报酬的相对性。亚当斯(1965)的观点，当员工发现组织不公正时，会有以下六种主要的反应：改变自己的投入；改变自己的所得；扭曲对自己的认知；扭曲对他人的认知；改变参考对象；改变目前的工作。是否公平对员工的工作绩效有很大的影响。

第二，注意对有不公平感觉的员工进行心理疏导。一般来说，并不是所有的人都对公平很敏感，只有当人们将自己的投入和收益与他人进行比较以后，他们才开始关心公平。并且他们所选择的比较对象受主观影响较大，比如说，参照对象不是同一组织中的员工、两人所承担的工作任务的复杂程度不同，等等。作为管理者，在遇到这种情况时，由于不可能控制其他组织的报酬发放，因而对组织内部由此产生不公平感的员工就只能从心理上进行疏导，帮助他们树立正确的公平观，选择客观的公平标准，走出不公平感的阴影。

第三，管理者应该制定一个能够让员工感到公平并且乐于参与和保持的报酬分配制度。公平感与个人所持有的公平标准有关，而不同的人有着不同的公平标准。因此，在制定分配制度时，管理者应该尽可能了解组织中员工们所持有的公平标准是什么，是基于平均原则、贡献大小还是所承担的社会责任大小进行分配才最能够让员工产生公平感。在客观调查的基础上，选择在最大程度上能够让员工产生公平的分配原则。这样，才能让员工受到激励，并且产生良好的工作绩效。

（四）公平理论的评价

公平理论在理解员工激励问题上十分有效，但也并不是说毫无缺陷，这一理论中还有一些问题不够明了。例如，员工怎样界定自己的付出与所得？他们又是怎样把付出与所得的各个因素进行累加和分配权重的？这些因素是否随时间而变化？个体如何选择参照对象？不过，尽管仍然存在诸多问题，公平理论仍不失为一个颇具影响力而被众多研究证据所支持的理论，它为我们了解员工的激励问题提供了很多真知灼见。

三、强化理论

（一）强化理论的内容

强化理论(reinforcement theory)关注的是行为和结果的关系，主要通过适当的奖励或惩罚来改变或修正员工的工作行为。按照 B. F. 斯金纳的观点，强化理论对动机的解释是：当人们由于采取某种理想行为而受到奖励时，他们最可能重复这种行为。奖励紧跟在理想行为之后时最为有效。如果某种行为没有受到奖励或是受到了惩罚，行为重复的可能性则非常小。强化理论认为行为的原因来自外部，控制行为的因素是强化物(reinforcer)。如果行为之后紧接着给予一个积极的强化物，则会提高该行为重复的比率。强化理论的关键在于它不考虑诸如目标、期望、需要等因素，只关注个体采取某种行动后会带来什么后果。这种思想有助于解释这一现象：一些出版公司，如培生教育出版公司（Pearson Education），在与作者签订合同时，会包括一些激励性条款。每次作者交付完成的章节，公司便预先支付一笔未来工作的费用，以激励作者继续努力完成余下章节。

企业中，利用强化手段改造员工行为的方式一般有四种，如图 8-6 所示：

	令人愉快或所希望的事件	令人不愉快或不希望的事件
事件的出现	正强化 （行为变得更加可能发生）	惩罚 （行为变得更加不可能发生）
事件的取消	消退 （行为变得更加不可能发生）	负强化 （行为变得更加不可能发生）

图 8-6　强化的类型

第一，正强化是在行为之后管理部门给予的好的和奖励性的结果。如对员工按时上班或完成一些额外工作后予以立即的奖励。这种好的结果会增加这种好的工作行为再次出现的可能性。

第二，负强化是当行为一旦改变而产生不好效果时，立即制止。负强化有时可以看作回避性学习，意味着人们学会实施被期望的行为，避免不愉快的事态发生。

第三，惩罚是指将不好的结果强加于员工身上。惩罚一般跟随在不能令人满意的行为之后，如上层管理者因为员工错误地开展工作予以严厉的斥责。管理者希望这种负向结果可以作为一种惩罚，从而减少同样的行为再次出现的可能性。组织中惩罚的使用是有争议的，而且经常受到批评，因为它并不能指出正确的行为。

第四，消退有两种方式：一是对某种行为不予理睬，以表示对该行为的轻视或某种程度的否定，使其自然消退；二是对原来正强化建立起来的、认为是好的行为，由于疏忽或情况改变，不再给予正强化，使其出现的可能性下降，最终完全消失。

（二）强化理论的应用

强化理论对管理实践有重要的指导作用，在实际应用中要注意以下几方面：

1. 奖励与惩罚相结合

即对正确的行为，对有成绩的个人或群体给予适当的奖励；同时，对于不良行为，对于一切不利于组织工作的行为则要给予处罚。大量实践证明，奖惩结合的方法优于只奖不罚或只罚不奖的方法。

2. 奖为主，以罚为辅

强调奖励与惩罚并用，并不等于奖励与惩罚并重，而是应以奖为主，以罚为辅，因为过多运用惩罚的方法，会带来许多消极的作用，在运用时必须慎重。有的领导者很吝啬夸赞下属，显得严肃、冷峻，会给下属造成威严紧张的氛围。心理学已证明，在轻松愉快的环境中更能够激发人的思维和创造力。因此，在工作中要多用正强化。

3. 及时而正确强化

所谓及时强化是指让人们尽快知道其行为结果的好坏或进展情况，并尽量地予以相应的奖励，而正确强化就是要"赏罚分明"，即当出现良好行为时就给予适当的奖励，而出现不良行为时就给予适当的惩罚。及时强化能给人们以鼓励，使其增强信心并迅速地激发工作热情，但这种积极性的效果是以正确强化为前提的；相反，乱赏乱罚绝不会产生激励效果。

4. 奖人所需,形式多样

要使奖励成为真正强化因素,就必须因人制宜地进行奖励。每个人都有自己的特点和个性,其需要也各不相同,因而他们对具体奖励的反应也会大不一样。所以奖励应尽量不搞一刀切,应该奖人之所需,形式多样化,只有这样才能起到奖励的效果。

(三) 强化理论的评价

强化理论有助于对人们行为的理解和引导。管理人员的职责就在于通过正负强化手段去控制和影响职工的自愿行为。强化理论只讨论外部因素或环境刺激对行为的影响,忽略人的内在因素和主观能动性对环境的反作用。

根据强化理论,管理者可以通过强化他们认为理想的行为来影响员工。但要注意把重点放在积极强化而不是惩罚上,也就是说,管理者应当忽视而不是惩罚他们不认同的行为。原因在于,尽管惩罚措施消除不良行为的速度远快于忽视手段,但其效果经常只是暂时的,并且其后可能产生不良的副作用,例如工作场所中功能失调的行为,如冲突、缺勤或辞职等。研究表明强化对于工作行为无疑有着重大影响,但它并不是导致员工工作动机存在差异的唯一解释。工作目标、成就需要水平、工作设计、对于奖励是否公平的感知,以及期望等因素都会影响到员工的动机水平。

四、目标设置与目标管理理论

(一) 目标设置理论

美国马里兰大学管理学兼心理学教授洛克(E. A. Locke)1967年提出"目标设置理论"(Goal Setting Theory),认为目标本身就具有激励作用,目标能把人的需要转变为动机,使人们的行为朝着一定的方向努力,并将自己的行为结果与既定的目标相对照,及时进行调整和修正,从而能实现目标。这种使需要转化为动机,再由动机支配行动以达成目标的过程就是目标激励。目标激励的效果受目标本身的性质和周围变量的影响。洛克和莱瑟姆设计了一种个体目标设置与绩效的复杂模型。图8-7中给出了这一模型的简化版本。从该模型可以看出导致个体高绩效水平的变量及其关系。

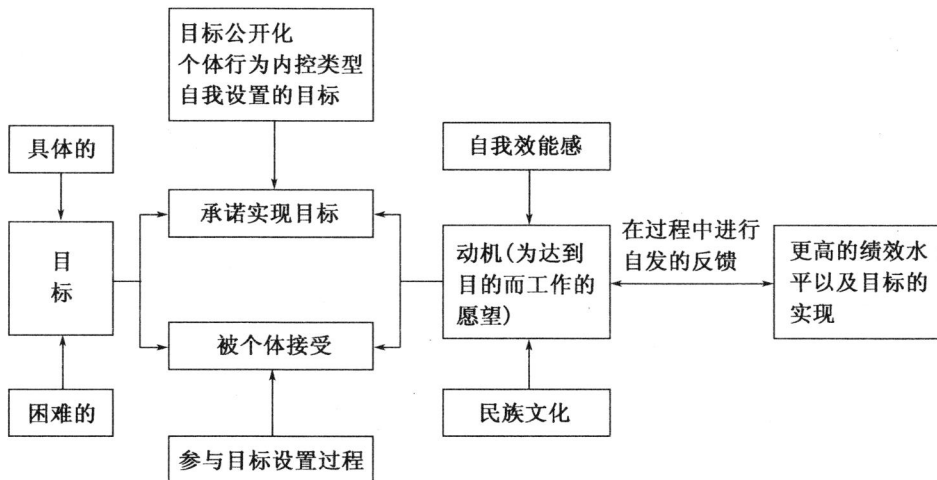

图8-7　目标设置理论模型

该模型的基本观点是把目标看作一种激励因素,因为它可以让人们对目前的绩效与期望达到的目标进行比较。从某种程度上说,人们一般会认为,如果他们目前的水平还达不到目标的要求,他们就不会感到满足。但只要他们相信,通过努力是可以达到目标的,他们就会努力工作并实现目标。制定了目标能够提高自己的绩效水平,因为目标可以使所期望的绩效类型和水平变得更加明确。图8-7总结了目标、激励、绩效之间的联系。

目标设置理论的总体结论是:愿望对具体而且困难目标的清晰阐述是一种有力的激励力量。在适当条件下,它会导致更高的工作业绩。但是,并无证据表明目标与工作满意感的提高有关。

要使目标能够影响组织成员的行为,目标必须具有三个重要标准。

(1)目标设置的具体性。目标必须能精确观察和测量,要规定实现目标的时间。

(2)目标设置的难度。目标难度与激励之间有着清楚的关系,目标难度越大,激励和绩效水平越高。

(3)目标设置的可接受性。设置的目标必须为个人所接受,被个人内在化。鼓励下属自己参与目标的设置,把管理者的目标变为下属自己的目标,让下属认同和关心。

(二)目标设置理论的评价

自洛克1967年提出目标设定理论,30年来的研究有力地证明了从目标设定的观点来研究激励是有效的。在这个领域已经取得了很多有意义的成果,这些理论成果也已应用到实际管理工作中去,给实际工作带来了很大帮助。但是,在目标设定理论中还存在很多问题需要进一步的研究。

1. 目标设定与内部动机之间的关系

一般认为,设定掌握目标(Mastery Goal)比绩效目标(Performance Goal)更能激起内部动机,但这个过程也受到很多其他中介因素的影响,如被试的成就动机的高低,等等。

2. 目标设定与满意感的关系

如前所述,目标设定与满意感之间呈现一种复杂的关系。困难目标比容易的目标激起更高的绩效,但它却可能导致更低的满意感。

3. 一般认为反馈可以促进绩效的提高

但不同的反馈方式对绩效的作用也不一样,因此需要研究清楚如何进行反馈是最有效的。

4. 目标设置难度大的负作用

照理论来说,目标设置的难度应该与职员的实际能力相适应,既不要过低又要有挑战性,但在实际运用中设定实施的往往都是难度较大的目标,而这就会造成单位内部的弄虚作假、恶性竞争、内部凝聚力的涣散等弊病。实践证明,这往往是目标设置与绩效考核过程中需要关注且极难解决的问题。

5. 目标设置困难

组织内许多目标难以定量化、具体化;许多团队工作在技术上不可分解;组织环境的可变因素越来越多,变化越来越快,组织的内部活动日益复杂,使组织活动的不确定性越来越大。这些都使得组织的许多活动制定数量化目标是很困难的。

6. 偏重短期目标

在目标管理方式的实施中,组织似乎常常强调短期目标的实现而对长期目标不关心。这种观念若深入组织所有成员的脑海中,对组织的长远发展是有害的。

7. 缺少灵活性

目标管理要取得成就，就必须保持其明确性和肯定性，目标一旦确定就不能轻易改变，这使得组织运作缺乏弹性，无法通过权变来适应变化多端的外部环境。

（三）目标管理理论

目标管理（MBO，Management by Objects）的概念是管理专家彼得·德鲁克（Peter Drucker）1954 年在其名著《管理实践》中最先提出的，其后他又提出"目标管理和自我控制"的主张。德鲁克认为，并不是有了工作才有目标，而是相反，有了目标才能确定每个人的工作。所以"企业的使命和任务，必须转化为目标"，如果一个领域没有目标，这个领域的工作必然被忽视。因此管理者应该通过目标对下级进行管理，当组织最高层管理者确定了组织目标后，必须对其进行有效分解，转变成各个部门以及各个人的分目标，管理者根据分目标的完成情况对下级进行考核、评价和奖惩。

目标管理提出以后，便在美国迅速流传。时值第二次世界大战后西方经济由恢复转向迅速发展的时期，企业急需采用新的方法调动员工积极性以提高竞争能力，目标管理的出现可谓应运而生，遂被广泛应用，并很快为日本、西欧国家的企业所仿效，在世界管理界大行其道。

目标管理的具体形式各种各样，但其基本内容是一样的。所谓目标管理乃是一种程序或过程，它使组织中的上级和下级一起协商，根据组织的使命确定一定时期内组织的总目标，由此决定上、下级的责任和分目标，并把这些目标作为组织经营、评估和奖励每个单位和个人贡献的标准。

目标管理指导思想上是以 Y 理论为基础的，即认为在目标明确的条件下，人们能够对自己负责。具体方法上是泰勒科学管理的进一步发展。它与传统管理方式相比有鲜明的特点，可概括为：

1. 重视人的因素

目标管理是一种参与的、民主的、自我控制的管理制度，也是一种把个人需求与组织目标结合起来的管理制度。在这一制度下，上级与下级的关系是平等、尊重、依赖、支持，下级在承诺目标和被授权之后是自觉、自主和自治的。

2. 建立目标锁链与目标体系

目标管理通过专门设计的过程，将组织的整体目标逐级分解，转换为各单位、各员工的分目标。从组织目标到经营单位目标，再到部门目标，最后到个人目标。在目标分解过程中，权、责、利三者已经明确，而且相互对称。这些目标方向一致，环环相扣，相互配合，形成协调统一的目标体系。只有每个人员完成了自己的分目标，整个企业的总目标才有完成的希望。

3. 重视成果

目标管理以制定目标为起点，以目标完成情况的考核为终结。工作成果是评定目标完成程度的标准，也是人事考核和奖评的依据，成为评价管理工作绩效的唯一标志。至于完成目标的具体过程、途径和方法，上级并不过多干预。所以，在目标管理制度下，监督的成分很少，而控制目标实现的能力却很强。

（四）目标管理的基本程序

目标管理的具体做法分三个阶段：第一阶段为目标的设置；第二阶段为实现目标过程的管理；第三阶段为测定与评价所取得的成果。

1. 目标的设置

这是目标管理最重要的阶段,第一阶段可以细分为四个步骤:

(1) 高层管理预定目标,这是一个暂时的、可以改变的目标预案。既可以上级提出,再同下级讨论;也可以由下级提出,上级批准。无论哪种方式,必须共同商量决定;其次,领导必须根据企业的使命和长远战略,估计客观环境带来的机会和挑战,对本企业的优劣有清醒的认识。对组织应该和能够完成的目标心中有数。

(2) 重新审议组织结构和职责分工。目标管理要求每一个分目标都有确定的责任主体。因此预定目标之后,需要重新审查现有组织结构,根据新的目标分解要求进行调整,明确目标责任者和协调关系。

(3) 确立下级的目标。首先下级明确组织的规划和目标,然后商定下级的分目标。在讨论中上级要尊重下级,平等待人,耐心倾听下级意见,帮助下级发展一致性和支持性目标。分目标要具体量化,便于考核;分清轻重缓急,以免顾此失彼;既要有挑战性,又要有实现的可能。每个员工和部门的分目标要和其他的分目标协调一致,支持本单位和组织目标的实现。

(4) 上级和下级就实现各项目标所需的条件以及实现目标后的奖惩事宜达成协议。分目标制定后,要授予下级相应的资源配置的权力,实现权责利的统一。由下级写成书面协议,编制目标记录卡片,整个组织汇总所有资料后,绘制出目标图。

2. 实现目标过程的管理

目标管理重视结果,强调自主、自治和自觉。但并不等于领导可以放手不管,相反,由于形成了目标体系,一环失误,就会牵动全局。因此领导在目标实施过程中的管理是不可缺少的。首先进行定期检查,利用双方经常接触的机会和信息反馈渠道自然地进行;其次要向下级通报进度,便于互相协调;再次要帮助下级解决工作中出现的困难问题,当出现意外、不可测事件严重影响组织目标实现时,也可以通过一定的手续,修改原定的目标。

3. 总结和评估

达到预定的期限后,下级首先进行自我评估,提交书面报告;然后上下级一起考核目标完成情况,决定奖惩;同时讨论下一阶段目标,开始新循环。如果目标没有完成,应分析原因、总结教训,切忌相互指责,以保持相互信任的气氛。

(五) 对目标管理的分析

目标管理在全世界产生很大影响,但实施中也出现许多问题。因此必须客观分析其优劣势,才能扬长避短,收到实效。

1. 目标管理的优点

(1) 目标管理对组织内易于度量和分解的目标会带来良好的绩效。对于那些在技术上具有可分性的工作,由于责任、任务明确目标管理常常会起到立竿见影的效果,而对于技术不可分的团队工作(TNE)则难以实施目标管理。

(2) 目标管理有助于改进组织结构的职责分工。由于组织目标的成果和责任力图划归一个职位或部门,容易发现授权不足与职责不清等缺陷。

(3) 目标管理启发了自觉,调动了职工的主动性、积极性、创造性。由于强调自我控制、自我调节,将个人利益和组织利益紧密联系起来,因而提高了士气。

(4) 目标管理促进了意见交流和相互了解,改善了人际关系。

2. 目标管理的缺点

在实际操作中,目标管理也存在许多明显的缺点,主要表现在:

(1)目标难以制定。组织内的许多目标难以定量化、具体化;许多团队工作在技术上不可解;组织环境的可变因素越来越多,变化越来越快,组织的内部活动日益复杂,使组织活动的不确定性越来越大。这些都使得组织的许多活动制定数量化目标是很困难的。

(2)目标管理的哲学假设不一定都存在。Y 理论对于人类的动机作了过分乐观的假设,实际中的是有"机会主义本性"的,尤其在监督不力的情况下。因此许多情况下,目标管理所要求的承诺、自觉、自治气氛难以形成。

(3)目标商定可能增加管理成本。目标商定要上下沟通、统一思想是很费时间的;每个单位、个人都关注自身目标的完成,很可能忽略了相互协作和组织目标的实现,滋长本位主义、临时观点和急功近利倾向。

(4)有时奖惩不一定都能和目标成果相配合,也很难保证公正性,从而削弱了目标管理的效果。

鉴于上述分析,在实际中推行目标管理时,除了掌握具体的方法以外,还要特别注意把握工作的性质,分析其分解和量化的可能;提高员工的职业道德水平,培养合作精神,建立健全各项规章制度,注意改进领导作风和工作方法,使目标管理的推行建立在一定的思想基础和科学管理基础上;要逐步推行,长期坚持,不断完善,从而使目标管理发挥预期的作用。

第三节 综合激励模型

上面所介绍的几种现代激励理论,都只涉及激励问题的某一侧重面。综合激励理论试图将各种激励理论连接起来,综合应用,来探讨激励的全过程。

一、综合激励的内容

综合激励是美国行为科学家爱德华·劳勒和莱曼·波特提出的一种激励理论。波特—劳勒期望激励理论是他们在 1968 年的《管理态度和成绩》一书中提出来的。模型如图 8-8 所示:

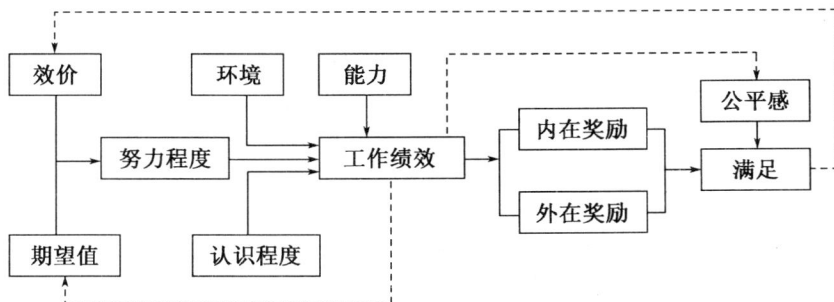

图 8-8 综合激励模型

这种模式的具体内容是,一个人在做出了成绩后,得到两类报酬。一是外在报酬,包括工资、地位、提升、安全感等。按照马斯洛需求层次理论,外在报酬往往满足的是一些低层次的需要。由于一个人的成绩,特别是非定量化的成绩往往难于精确衡量,而工资、地位、提升等报酬的取得也包含多种因素的考虑,不完全取决于个人成绩,所以在图中用了一条曲折的线把成绩与外在报酬联系起来,表示二者并非直接的、必然的因果关系。另一种报酬是内在报酬。即一个人由于工作成绩良好而给予自己的报酬,如感到对社会作出了贡献,对自我存在意义及能力的肯定,等等。它对应的是一些高层次的需要的满足,而且与工作成绩是直接相关的,是不是"内在报酬"与"外在报酬"就可以决定是否"满足"呢?答案是否定的。我们注意到,在其间必然要经过"所理解的公正报酬"来调节。也就是说,一个人要把自己所得到的报酬同自己认为应该得到的报酬相比较。如果他认为相符合,他就会感到满足,并激励他以后更好地努力。如果他认为自己得到的报酬低于"所理解的公正报酬",那么,即使事实上他得到的报酬量并不少,他也会感到不满足,甚至失落,从而影响他以后的努力。

波特—劳勒期望激励理论在20世纪60至70年代是非常有影响的激励理论,在今天看来仍有相当的现实意义。它告诉我们,不要以为设置了激励目标、采取了激励手段,就一定能获得所需的行动和努力,并使员工满意。要形成激励→努力→绩效→奖励→满足并从满足回馈努力这样的良性循环,取决于奖励内容、奖惩制度、组织分工、目标导向行动的设置、管理水平、考核的公正性、领导作风及个人心理期望等多种综合性因素。

波特和劳勒认为,在内容激励和过程性激励因素之外,从激励开始到工作绩效之间有三个因素非常重要。

第一,能力和素质。一个人的能力对完成任务起着巨大的作用,因此,作为管理者必须慧眼识才,把人才放在最能发挥其长处的岗位上,如果放错了岗位,不仅浪费了人才,还直接导致不良的工作效果。

第二,工作条件。选好人才后,还必须为其发挥才干创造必要的条件,配备必要的资源。

第三,角色感知。为了让职工做出优异的绩效,作为管理者必须帮助职工充分了解该角色、该岗位或者该项任务对他的具体要求,也就是说,让职工充分地把握好岗位的目的和要求。

二、综合激励模型的应用

根据波特劳勒综合激励模型,可以确定激励体系主要有这样几个激励因子:报酬、期望值、能力和对工作的认识。因此,我们可以得出一些员工的激励策略,包括报酬激励、精神激励和工作激励。不同的激励策略中又有各种激励方式,对员工真正有效的激励方法是从员工的特点出发,进行各种激励方式的有效选择及其组合。具体的激励措施有以下几个方面:

1. 报酬激励

(1)金钱激励。金钱需要始终是人类的第一需要,是人们从事一切社会活动的基本保证,所以,金钱激励是激励的主要形式,如采取发放鼓励性报酬、奖金、公司支付保险金,或在做出成绩时给予奖励。金钱激励必须公正,一个人对他所得的报酬是否满意不是只看其绝对值,而要进行社会比较或历史比较,通过相对比较,判断自己是否受到了公平对待,金钱激励是否公正会影响员工的情绪和工作态度。

(2)股权激励。股票期权是分配制度的一种创新,股权激励是最富成效的激励制度之一,而股票期权作为股权激励的典型方式在国外也已取得了很大的成功。员工只有在增加股东财富的前提下才可同时获得收益,从而与股东形成了利益共同体,这种"资本剩余索取权"驱动员工不断努力提高公司业绩,最终达到双赢的局面。股票期权计划对企业的员工具有两个方面的激励作用:"报酬激励"和"所有权激励"。股票期权的报酬激励是在员工购买企业股票之前发挥作用的,在股票期权计划下,如果公司经营得好,公司的股票价格就会上涨,员工就可以通过先前股票期权计划所赋予的权利,以既定的较低的价格购买既定数量的公司股票而获得可观收益。而如果经营得不好的话,公司股票价格就会下跌,知识型员工就会放弃期权以免遭受损失。

2. 推行弹性工作制

一些员工不愿受制于一些刻板的工作形式,如固定的工作时间和固定的工作场所,而更喜欢独自工作的自由和刺激,以及更具张力的工作安排,由于他们从事的是思维性的工作,固定的工作时间和工作场所可能会限制他们的创新能力,因此,应制定弹性工作制,在核心工作时间与工作地点之外,允许员工调整自己的工作时间及地点以把个人需要和工作要求之间的矛盾降至最小。事实上,现代信息技术的发展和办公手段的完善也正为弹性工作制的实施提供了有利条件。

3. 工作富有挑战性

员工一般并不满足于被动地完成一般性事务,而是尽力追求完美的结果,因此,他们更热衷于具有挑战性的工作,把克服难关看作一种乐趣,一种体现自我价值的方式,要使工作富有挑战性,除了下放决策权外,还可以通过工作轮换和工作丰富化来实现。联想集团就有"小马拉大车"的用人理论。

4. 为员工提供学习、培训机会

为员工提供学习培训的机会,重视员工的个体成长和事业发展。员工更关心自己的利益和员工价值,当生活有保障之后,他们会追求更高层次的自我超越和自我完善,所以,企业除为知识型员工提供一份与贡献相称的报酬外,还应立足长远,制订员工培训计划,为知识型员工提供受教育和不断提高自身技能的学习机会,使其永不落后。

5. 双重职业途径激励法

在员工当中,一部分人希望通过努力晋升为管理者,另一部分人却只想在专业上获得提升。因此,组织应该采用双重职业途径的方法,来满足不同价值观员工的需求,但必须使每个层次上的报酬都将是可比的。微软公司就有采用双重职业途径获得成功的典型案例。一方面,微软公司将技术过硬的技术人员推到管理者岗位上,另一方面,对于那些只想待在本专业最高位置而不愿担负管理责任的开发员、测试员和程序员,微软公司就在技术部门建立正规的技术升迁途径,设立起"技术级别",承认他们并给予他们相当于一般管理者的报酬。

重点提示

1. 内容型需要理论主要包括马斯洛需求层次理论、奥德尔福的 ERG 理论、赫茨伯格双因素理论和麦克利兰成就需要理论。马斯洛需求层次理论将人类需要大致可以分为生理需要、安全需要、社交需要、自尊需要及自我实现需要,它们是由低级到高级逐级形成和发展的。在应用中要把握:① 五种需要像阶梯一样从低到高,按层次逐级递升,但这样的次序不是完全固定的。② 一般来说,某一层次的需要相对满足了,就会向高一层次发展,追求更高一层次的需要就成为驱使行为的动力。③ 五种需要可以分为高低两级。④ 同一时期,一个人可能有几种需要,但每一时期总有一种需要占支配地位,对行为起决定作用。同时要避免其观点的局限性的影响。ERG 理论是对马斯洛需要理论的补充和发展。赫茨伯格双因素理论指出,激励因素包括工作本身、认可、成就和责任，这些因素涉及对工作的积极感情，又和工作本身的内容有关，这些因素是与满意有关的内在因素。保健因素是包括公司政策和管理、技术监督、薪水、工作条件以及人际关系等，这些因素是与不满意有关的外在因素。

2. 过程型激励理论是指着重研究人从动机产生到采取行动的心理过程，它的主要任务是找出对行为起决定作用的某些关键因素，弄清它们之间的相互关系，以预测和控制人的行为。主要介绍了弗鲁姆的期望理论、亚当斯的公平理论、斯金纳的强化理论、洛克的目标设置理论和德鲁克的目标管理理论。有人将强化理论称作调整型激励理论。

3. 综合激励理论试图将各种激励理论整合起来，来探讨激励的全过程，它用弗鲁姆的期望理论作为基础，将各种理论串联起来。这一模式说明了个人工作定势与行为结果之间的关系，也说明了满足与绩效的关系。

思考与练习

1. 作为一名未来的管理人员，你会选择本章中提到的哪一种理论作为你最常使用的激励员工的手段？说明原因。

2. 描述马斯洛需求层次理论和奥德弗尔 ERG 理论的主要区别。

3. 如何理解赫茨伯格双因素理论有助于解释在不同公司相同岗位上工作的个体会感受到不同的激励因素的激励？

4. 尽管马斯洛需求理论存在明显的缺陷，但其为何对实践中的管理者有如此直观的吸引力？

5. 期望理论的内容有哪些？

6. 基于公平理论，当员工感到不公平时，会有哪些反应？

7. 在激励员工方面，强化理论告诉了我们什么？

8. 谈谈如何运用目标设置理论解释员工的工作积极性。

9. 目标管理理论的内容和程序有哪些？

10. 综合激励模型的内容有哪些？

案例学习

案例 1 "表扬又不能当饭吃！"

（来源：黄雁芳、宋克勤：《管理学教程案例集》，上海财经大学出版社 2001 年版。）

施迪闻是富强油漆厂的供应科科长，厂里同事乃至外厂的同行们都知道他心直口快，为人热情，尤其对新主意、新发明、新理论感兴趣，自己也常在工作里搞点新名堂。

前一阶段，常听见施科长对人嚷嚷说："咱厂科室工作人员的那套奖金制度，是彻底的'大锅饭'平均主义，我看，到了非改不可的地步了。奖金总额不跟利润挂钩，每月按工资总额拿出 5% 当奖金，这 5% 是固定死了的，一共才那么一点钱。说是具体每人分多少，由各单位领导按每人每月工作表现去确定，要体现'多劳多得'原则，还要求搞什么'重赏重罚，承认差距'哩。可是谈何容易，'巧妇难为无米之炊'呀！总共就那么一点点，还玩得出什么花样？理论上是说要奖勤罚懒，干得好的多给，一般的少给，差的不给。可是你真的不给试试看？不给你造反才怪呢！结果实际上是大伙基本上拉平，皆大欢喜；要说有那么一点差距，确定分成三等，不过这差距也只是象征性的。照说这奖金也不多，有啥好计较的？可要是一个钱不给，他就认为这简直是侮辱,存心丢他的脸。唉,难办! 一个是咱厂穷,奖金拨得就少;二是咱中国人平均主义惯了,爱犯"红眼病'。"

最近,施科长却跟人们谈起了他的一段有趣的新经历。他说:"改革科室奖金制度,我琢磨好久了,可就是想不出啥好点子来。直到上个月,厂里派我去市管理干部学院参加一期中层管理干部培训班。有一天,他们不知打哪儿请来一位美国教授,听说还挺有名,他给咱们作了一次讲演。"

"那教授说,美国有位学者,叫什么来着? ……对,叫什么伯格,他提出一个新见解,说是企业对职工的管理,不能太依靠高工资和奖金。又说:钱并不能真正调动人的积极性。你说怪不? 什么都讲金钱万能的美国,这回倒说起钱不那么灵了。这倒要留心听听。"

"那教授继续说,能影响人积极性的因素很多,按其重要性,他列出了一长串单子。我记不太准了,好像是,最要紧的是'工作的挑战性'这个洋名词。照他解释,就是指工作不能太简单,轻而易举地就完成了;要艰巨点,得让人动点脑筋,花点力气,那活才有干头。再就是工作要有趣,要有些变化,多点花样,别老一套,太单调。他说,还要给自主权,给责任,要让人家感到自己有所成就,有所提高。还有什么表扬啦,跟同事们关系友好融洽啦,劳动条件要舒服安全啦什么的,我也记不准、记不全了。可有一条我是记准了:工资和奖金是摆在最后一位的,也就是说,最无关紧要。"

"你想想,钱是无关紧要的! 闻所未闻,乍一听都不敢相信。可是我细想想,觉得这话是有道理的,所有那些因素对人说来,可不都还是蛮重要的吗? 我于是对那奖金制度不那么担心了,还有别的更有效的法宝呢。"

"那教授还说,这理论也有人批评,说那位学者研究的对象全是工程师、会计师、医生这类高级知识分子,对其他类型的人未见得合适。他还讲了一大堆新鲜事。总之,我这回可是大开眼界啦。"

"短训班办完,回到科里,正赶上年末工作总结讲评,要发年终奖金了。这回我有了新主意。我那科里,论工作,就数小李子最突出:大学生,大小也算个知识分子,聪明能干,工作积极又能吃苦,还能动脑筋。于是我把他找来谈话。"

"别忘了我如今学过点现代管理理论了。我于是先强调了他这一年的贡献,特别表扬了他的成就,还细致讨论了明年怎么能使他的工作更有趣,责任更重,也更有挑战性……瞧,学来的新词儿,马上用上啦。我们甚至还确定了考核他明年成绩的具体指标,最后才谈到这最不要紧的事——奖金。我说,这回年终奖,你跟大伙儿一样,都是那么多。我心里挺得意:学的新理论,我马上就用到实际里来了。"

"可是,小李子竟发起火来了,真的火了。他蹦起来说:'什么? 就给我那一点? 说了那一大堆好话,到头来我就值那么一点? 得啦,您那套好听的请收回去送给别人吧,我不稀罕。表扬又不能当饭吃!'"

"这是怎么一回事? 美国教授和学者的理论听起来那么有道理,小李也是知识分子,怎么就不管用了呢? 把我搞糊涂了。"

资料来源:黄雁芳,宋克勤。管理学教程案例集,上海财经大学出版社,2001。

思考问题

1. 小李为什么会生气地说出"表扬又不能当饭吃"?
2. 施科长用什么理论方法激励小李的? 如何应用需要理论?

3. 如何解决富强油漆厂的问题？

案例2　李强的困惑

李强已经在智宏软件开发公司工作了6年。在这期间，他工作勤恳负责，技术能力强，多次受到公司的表扬，领导很赏识他，并赋予他更多的工作和责任，几年中他从普通的程序员晋升到了资深的系统分析员。虽然他的工资不是很高，住房也不宽敞，但他对自己所在的公司还是比较满意的，并经常被工作中的创造性要求所激励。公司经理经常在外来的客人面前赞扬他："李强是我们公司的技术骨干，是一个具有创新能力的人才……"去年7月份，公司有申报职称指标，李强属于有条件申报之列，但名额却给了一个学历比他低、工作业绩平平的老同志。他想问一下领导，谁知领导却先来找他："李强，你年轻，机会有的是。"最近李强在和同事们的聊天中了解到他所在的部门新聘用了一位刚从大学毕业的程序分析员，但工资仅比他少50元。尽管李强平时是个不太计较的人，但对此还是感到迷惑不解，甚至很生气，他觉得这里可能有什么问题。在这之后的一天下午，李强找到了人力资源部官主任，问他此事是不是真的，官主任说："李强，我们现在非常需要增加一名程序分析员，而程序分析员在人才市场上很紧俏，为使公司能吸引合格人才，我们不得不提供较高的起薪。为了公司的整体利益，请你理解。"李强问能否相应提高他的工资。官主任回答："你的工作表现很好，领导很赏识你，我相信到时会给你提薪的。"李强向官主任说了声"知道了！"便离开了他的办公室，开始为自己在公司的前途感到忧虑。

资料来源：豆丁网，http://www.docin.com/p-662502548.html

思考

1. 用双因素理论解释李强的忧虑、困惑。

2. 谈一谈企业应如何做才能更好地、有效地激励员工。

案例3　公司的"期望协议"

某公司的销售额在2006年是700万美元，到2012年上升到近4 000万美元，并建立了以人为本的企业文化。公司从当初的50人发展到215人。人员流动率约为行业标准的20%。这个公司的总裁认为：公司成功的根本在于公司和每位员工签订的"期望协议"。他说，"期望协议"的价值在于"换位思考"。在这个过程中，每一方都说出他的目标。然后由他人再次重复目标。进入公司的每一位员工都要签订一份"期望协议"，公司鼓励新员工提出所有的期望。这个过程让员工说出他们自己想要得到的东西。有些人想要上班时间灵活，方便处理家庭事务；有些人希望自己的职位得到提升，等等。每个人的需求都是不同的。在市场部工作的李先生说，与大多数这个公司的员工一样，他的"期望协议"既包括共同的目标也包括个人的目标。他个人期望获得公司支持，丰富软件市场的经历；希望找到一位导师帮助他变得更加专业；想要参加许多专业贸易协会，丰富自己的行业知识；他还想接触更多的经营活动，学习更多的业务知识，而不仅仅是营销。公司赞同李先生的这些个人目标，并在"期望协议"中给他设定了具体的工作目标，即公司和他的共同目标。比如公司让他及其下属在规定时间内重新设计和部署公司的网站；让他对目前的市场进行调研分析，做出一份详细的开拓新市场的策划方案；公司同时想让他参加某些行业会议，开拓新的市场。李先生说把协议写得如此详细，可以提醒自己。他说："这个协议有助于我制订计划，并在未来的一年内专注于这一计划。它可以让你反思你正在做的事情，同时也预期你应该做的事情。"

问题

1. 案例中公司激励方案的理论根据是什么？

2. "期望协议"激励方案的优点和实施难点有哪些？

激励别人的能力测验

想一想当你要激励其他人时或是你在领导角色中可能的行为,根据下面的尺度,描述你经常的行为或是在以下情境中你的思维方式:

VI＝非常罕见;I＝罕见;S＝有时;F＝经常;VF＝很普遍

	VI	I	S	F	VF
1. 我问别人希望在职位上达到什么目标。	1	2	3	4	5
2. 如果其他人有能力完成我所需要完成的工作,我试图指出。	1	2	3	4	5
3. 当其他人拖后腿时,经常意味着他是懒惰的。	1	2	3	4	5
4. 对那些我想激励的人,我会讲清楚我所想要的结果。	1	2	3	4	5
5. 我喜欢给予人奖励以激励他。	1	2	3	4	5
6. 当别人为我完成一项任务后,我给他很多回报。	1	2	3	4	5
7. 我试图通过鄙视来迫使他完成我所想做的事。	1	2	3	4	5
8. 我确信其他人能感觉到是被公平对待的。	1	2	3	4	5
9. 我认为如果我的笑容很美丽,我能使别人像我所想的那样努力工作。	1	2	3	4	5
10. 我试图通过一点一滴地将害怕灌输入其他人的意识中来使他完成工作。	1	2	3	4	5
11. 我详细指明所要完成的工作。	1	2	3	4	5
12. 我通常赞扬那些帮助我完成工作的人。	1	2	3	4	5
13. 好好地完成工作就是自我奖励,因此我将赞扬减少到最小。	1	2	3	4	5
14. 我要使人们知道他们在完成我所期望的任务时做得怎么样。	1	2	3	4	5
15. 为了公平,无论人们完成得怎么样,我都是没有区别地奖励他们。	1	2	3	4	5
16. 当为我工作的某人完成得很好时,我认为他完成任务迅速而敏捷。	1	2	3	4	5
17. 在给某人奖励之前,我试图发现此人的兴趣所在。	1	2	3	4	5
18. 我并不对完成任务获得报酬的人给予赞扬。	1	2	3	4	5
19. 如果人们不知道如何来完成任务,激励就会失败。	1	2	3	4	5
20. 如果安排适当,许多工作能实现自我奖励。	1	2	3	4	5

评分

将你的得分相加,得分为_____

结果分析:

你的得分表明,在现今的工作中,你对如何激励员工的知识和理解的程度。

90～100:对如何激励员工的知识和理解很深,但也要继续增强你的激励技能。

50～89:对如何激励员工的知识和理解一般,有着较好的基础,经过学习和时间,你能提高激励技能。

20～49:缺乏这方面的知识和理解。在没有更多的延伸你在激励理论方面的知识和技巧的情况下,你很难把工作做好。

第九章 群体与团队管理

群体行为并不等同于群体中个体行为的简单累加。为什么？因为个体在群体中的表现与他们独自一人时的表现十分不同。群体对于个体心理与行为的形成和发展，对于组织行为都具有重大的影响。研究群体行为心理，首先要从群体的含义、特征、类型入手。

第一节 群体的基本概念与分类

一、群体的定义

群体可以定义为：两个或两个以上相互作用、相互依赖的个体，为了实现特定的目标而组合在一起的集合体。

并不是任何一群人都可以称之为群体，如影剧院中的观众、互不相识的同车乘客等。这些人虽然也是一群人，但并非群体，因为他们不具有稳定的社会关系。只有具备以下四个特征的人群才是群体：

1. 群体成员交往活动具有社会性

它包括两个方面的含义：

一方面是说人类的群体活动是一种社会行为，而不是本能的行为。人类的群体活动是为适应外界环境生存的需要而产生的。处于原始状态下的人类为了抵御食肉动物的袭击，为了采获食物，就懂得了共同的群体生活的意义，他们只有相互合作，共同帮助，才能得以生存和发展。这种行为模式是人类群体活动经验的积累和选择的结晶。它通过人们的行为表现出来，又通过人们的言行和记忆传递下去，并随着人类社会的发展而不断改进。

另一方面，群体的社会性还表现在群体成员之间有明确的成员关系与角色，如一个正常家庭，通常由父亲、母亲、若干子女组成，父子关系、母子关系，夫妻关系、兄弟关系、姊妹关系都是确定的，不可随便混淆。他们各自的角色和角色所要求的行为都具有一定的标准。这就使群体内的成员与群体外的人可以通过某种标志或特征明显区别开来。

2. 群体成员的交往活动具有规范性

任何群体要维持其生存、发展和维持其成员间的关系，就需要有一定的规范来协调人们的行为，以保证群体的共同利益得以实现，这就是群体规范。通常我们所说的"家规"就是群体规范,工厂、公司、政府机关的各种规章制度也都是群体规范。只要深入观察我们所处的群体,很快就会发现,无论是家庭、邻里等简单的群体,还是工厂、机关等内部复杂的群体,都有自己的行为准则,只不过有着成文与不成文的区别罢了。群体的规范是群体成员必须遵守的,它使群体成员的共同活动得以协调进行,并使群体成员的共同目标与利益得以实现。

3. 群体成员对群体具有较强的归属感

这种群体归属感,又称群体意识,就是成员在很大程度上认为自己属于某个群体。一旦群体意识建立起来,群体成员就与群体之外的人有了明确的区别感。群体成员间进行交往活动就能在心理上发生共鸣,产生一定的情感和相互依赖的关系,发生相互影响,并能彼此相融,建立起共同的心理意识。

4. 群体成员的交往活动具有经常性和持续性

群体成员之间的关系不是临时性的,他们保持着经常性的交往关系。群体中的人际关系是以彼此了解并有着共同利益和感情关系为基础的。这些关系的形成与发展需要一定时间的交往。人们不可能在转眼之间彼此达到感情上的依恋、思想上的牵挂和利益上的一致。一般来说,群体成员相处的时间愈长,交往愈频繁,他们彼此了解愈深,感情愈牢固,关系愈密切。如夫妻之间的恩爱、师徒之间的情谊、同窗好友的感情以及乡亲邻里的关怀往往使人终身难忘。

二、群体的组成要素

社会心理学家霍曼斯通过对群体的剖析,发现在任何一个群体中,都存在着相互联系的三个要素:活动、相互作用、感情。

1. 活动

一个群体能够持续存在,必然会有各种各样的活动。群体只有通过一定的活动才能表明自己现实的存在。

2. 相互作用

群体成员在活动中,彼此交往,通过语言和非语言的相互之间的信息沟通,使彼此的行为发生相互影响、相互作用。

3. 感情

在相互作用的过程中,群体内的成员之间以及成员与群体之间,会形成一定的思想情绪和情感反应,而且这种情绪和情感又会反过来影响群体的活动和群体成员之间的相互作用。

构成群体的三个要素,它们之间是相互依赖、相互制约的。如图 9-1 所示。

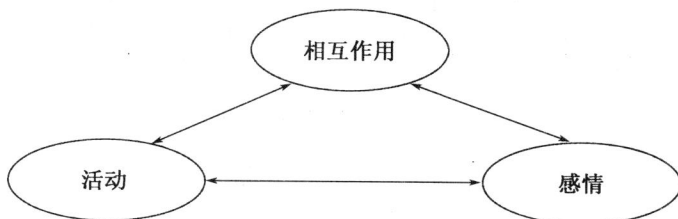

图 9-1　群体的组成要素

群体之所以产生和存在的原因表现在两个层次上：

第一，在个人层次上，群体是人进行社会化、人生存的必要条件。换句话说，个体只有在群体中进行相互作用，才能形成社会化的人；个体在很小的时候，社会就期望他参与群体，学习群体规范；等到个体产生了明确的自主意识，他就开始自觉地参与社会群体。个体在社会文化的影响下所产生的对群体生活的倾向是群体形成的原因之一。

第二，在群体的层次上，群体能够满足人类的某种需要。群体能使人们完成一件单个人所难以完成的事情。比如，单个运动员不能打赢一场足球赛。要取得足球比赛的胜利，必须组成一支能够互相配合的球队。群体比个人能更有效地实现某种目的。此外，人是一种有丰富感情的特殊动物，他们需要得到感情上的满足，这种情感上的满足与互慰也只有在群体中才能得以实现。出于这种原因，群体才应运而生。

由此看来，群体是人们追求需要的满足才结成的。

个人加入群体的原因

1. 满足共同的兴趣与爱好	3. 满足社会需要，如友谊、归属、爱等
2. 获得安全感	4. 满足自尊需要：成就感、地位、权利等

三、群体的类型

群体的分类就是根据一定的标准将现实社会中的群体划分为不同的类型。由于人们对群体的含义理解不同，以及研究的角度不同，因而对群体进行分类的方法也各不相同。常见的群体分类方法有以下几种：

（一）正式群体与非正式群体

这种划分方法最早是由美国心理学家梅奥在霍桑实验中提出的。

1. 正式群体

所谓正式群体，是指人们对成员的地位和角色、权利和义务都有明确并多是明文规定，有相对固定的成员及规模的、为实现某一特定任务而有意组织起来的群体。又称工作群体。如工厂中的车间、班组、科室等。正式群体是由组织建立的工作群体，它有着明确的工作分工和具体的工作任务。在正式群体中，什么是恰当的行为取决于组织的目标，这些行为直接指向组织目标。表 9-1 给出了当今组织中各类正式群体的一些例子。

表 9-1 正式群体的例子

类型	特征
命令群体	这是一种基础的和传统的工作群体，由正式权力关系所决定，并在组织章程中有明确描述。典型的命令群体包括一名管理者以及一些直接向其汇报工作的下属
交叉功能团队	它由来自不同工作领域的人员组成，因此这个群体中荟萃了不同的知识和技能，目的是共同解决工作中出现的各种问题。交叉功能团队还包括那种成员之间受过培训因而能够相互替代工作的群体
自我管理团队	这是一种基本上独立的群体。除了完成本职工作之外，还承担着一些传统意义上的管理职责，如人员招聘、计划安排、绩效评估等工作
特别行动小组	它是为了完成某一具体任务而临时组建起来的群体，一旦任务完成，这个小组也就解散了

2. 非正式群体

非正式群体之所以出现,在于它能满足人们的某些需要。与正式群体相对应,非正式群体则是社会性的,又称自然群体。所谓非正式群体,是指那些无正式规定的、自发产生的,成员的地位与角色、权利和义务都不明确,而是靠好恶或兴趣自然联系起来的群体。成员的相互关系带有明显的感情色彩。非正式群体中会产生"意见领袖",有自己约定俗成的"规则"制约成员的言行。如兴趣小组、同乡会等。

表9-2 非正式群体的例子

类型	特征
亲缘型	以亲属关系建立起来的群体
时空型	以时间和空间的接近而自然形成的群体,如同省、同地区、同学历等或工作中经常接触的人,如校友群体、同乡群体等
情感型	以相互了解、相互信任、有共同语言为基础而建立起来的群体
爱好型	以各种个性心理特性和兴趣爱好相近为基础而建立起来的群体,如足球爱好者群体等
信仰型	有共同的宗教信仰或以实现某种抱负为基础而建立起来的群体
利益型	由于某种利益或观点上的一致而形成的群体,如汽车共乘群体等

事实表明,当非正式群体的组织结构与正式群体一致时,或者当非正式群体的目标与正式群体的目标一致时,它就会促进正式群体的存在和发展。反之,则会引起两种群体间的冲突。一旦非正式群体拥有足够的力量,它会明显地阻碍正式群体的正常活动。

（二）成员群体与参照群体

这一分类法是美国的社会心理学家乔治·米德提出的。所谓成员群体是指个体为其正式成员的群体,也称为实际群体或实属群体。如个体所在的学校、班级、车间班组、足球队等。所谓参照群体是指个体自觉接受其规范准则并以此来指导自己行为的群体,也称假设群体或向往群体。需要指出的是,个体所参加的群体不一定是个人心目中的参照群体。生活中有这样的事情,一个人参加了某个群体,却把另一个群体作为自己的参照群体。如某人进工厂当了工人,但他一直喜欢搞文学创作,常常与一些作家交往,久而久之,他便把当作家作为自己的目标,并仿效作家的行为方式。作家群体便是此人的参照群体。

（三）假设群体和实际群体

从群体是否实际存在的角度可以把群体分为假设群体和实际群体。所谓假设群体又可以称为名义群体或统计群体,它是指那些名义上存在只是为了研究和分析的需要而认为的划分出来的群体。比如按职业划分,可以分为工人群体、农民群体、教师群体、士兵群体、商人群体等;按年龄划分,可分为儿童群体、少年群体、青年群体、中年群体、老年群体等。根据群体的定义,这些人群并不能称为严格意义上的群体,只是为了调查或统计上的方便而人为地归类的,例如我们常说要建立老、中、青三结合的干部队伍。而实际群体则是指现实生活中实际存在的群体,这类群体的成员之间有着面对面的、直接的或间接的相互作用、相互影响以及实际联系。

（四）内群体与外群体

这一划分是由美国社会学和人类学教授萨姆纳在其著作《民俗论》（1906 年）中首次提出来的。他认为,内群体就是某些人所属的群体,这些人经由群体获得自己的"利益"和"感情",

群体中的人们有着密切的利害关系和较强的同类意识。外群体就是人们所不属的群体,这些群体对于另外的人来说,没有与他们相关的密切的利害关系,因此,人们对这些群体往往抱以冷淡、怀疑、蔑视甚至敌视的态度。

(五)初级群体与次级群体

这一划分是美国社会学家库利在其著作《社会组织》(1909 年)中首次提出来的。所谓初级群体也称初级社会群体,它是人们通过直接的社会联系而结成的群体,其成员交往频率高,相互关系具有"直接性",具体形式有家庭、邻里和游戏娱乐群体等。次级群体就是人们通过间接的社会联系而结成的群体,其成员很少甚至没有直接交往,相互关系具有"匿名性",其具体形式有企业、社团、政党等。我们所说的社会组织就是次级群体。

四、非正式群体的管理

美国心理学家梅约通过霍桑实验就提出了非正式群体的问题,说明了非正式群体与正式群体的关系,指出要对非正式群体的作用加以引导和有效管理。

(一)非正式群体的成因

非正式群体的形成原因一般可归纳为以下几方面:

1. 共同的物质利益

组织中的正式群体虽然维系着群体每个成员的根本利益,但是不可能全面地照顾到每个人的物质利益。一些个人的利益要靠自己的努力和他人的帮助来获得。当一些需要在正式组织中不能得到满足时,一些能够互相帮助的、物质利益一致的成员容易在一起形成非正式群体。

2. 共同的兴趣爱好

人们常常会因为共同的境遇、经历过相同的坎坷而产生同病相怜的感情;亲朋好友、同学同乡比其他人更容易接触、有事先知、有难先助、关系密切、感情融洽;还有一些上班是同事,下班是邻居,这种近邻性使他们有很多交往机会,他们在一起可以满足自己的兴趣爱好,或自由地宣泄自己的不良情绪,从而形成了非正式群体。

3. 共同的信仰、理想和价值观

在群体中,由于共同的信仰、理想和价值观,会使人感到互相之间有共同的语言、共同的追求、意气相投,对某些问题的看法和观点一致,使人们寻求支持的自我需要得到满足,使双方的关系进一步加强,促进了非正式群体的形成。

表 9 - 3　正式群体与非正式群体的差异

维度	正式群体	非正式群体
(1)一般性质	官方	非官方
(2)主要概念	权威与责任	权力与政治
(3)初始关注	职位	个人
(4)领导权力来源	管理代表	群体给予
(5)行为指南	准则	规范
(6)控制来源	报酬与惩罚	约束

（二）非正式群体的类型

非正式群体虽然没有什么确定的组织形式,但按照不同的作用效果也可分为多种不同的类型,以下介绍常见的几种类型:

（1）积极型非正式群体。其目标与正式组织一致,服从组织统一协调,其活动不仅不会损害组织利益,而且有利于组织目标的实现,对组织工作起到辅助与补充的作用。如职工自发组织的技术革新小组、帮扶济贫小组等。

（2）中间型非正式群体。中间型非正式群体的目标与组织目标有时一致,有时不一致,他们有自己的利益。一般在其利益与组织目标无多大冲突时,没有多大害处;当其利益与组织目标发生冲突时,就可能放弃组织目标而维护自己的利益。如几个人常凑在一起打牌、钓鱼等。

（3）消极型非正式群体。消极型非正式群体的目标与组织目标是相背离的,它容易谋私利、扰乱组织秩序,同领导唱对台戏,对组织的工作起到损害和瓦解作用。

（三）非正式群体的作用

1. 非正式群体的积极作用有以下几点

第一,能够满足个人的一些正常心理需要。人们都需要得到周围的人的理解、信任和支持。在非正式群体的感情交往中能够使人们的这种需要得到满足,弥补了正式群体的不足,有利于人们的心理平衡和身心健康,使成员以稳定的情绪和愉悦的态度来从事组织和正式群体交给的工作。

第二,融洽员工的感情。非正式群体的特点之一是具有较高的凝聚力,经过积极引导,可以使这一特点成为增强正式群体凝聚力的因素。还可以协助组织和正式群体克服困难,解决难题。不少非正式群体有其独特的特长,同时,由于其内部关系一般比较融洽,凝聚力强,正确调动和激发其积极性,可以使其成为重要的突出力量。

第三,在促进转化工作上有特殊功效。因为非正式群体本身的特点,特别是其领袖人物的影响力,在做促进转化工作上,往往有正式群体达不到的功效。由于非正式群体内成员对其"领袖"都既尊重又信服,甚至有言必听,有令必行,那么,领导只要通过"领袖"人物而按组织的意图做工作,就能带动非正式群体内的其他成员,使其为组织目标而努力。

2. 非正式群体的消极作用有以下几点

第一,与群体利益或目标的冲突。当非正式群体的利益或目标与正式群体的利益或目标发生冲突时,非正式群体会对正式群体的利益和目标起破坏和干扰作用。

第二,与群体规范的冲突。非正式群体的规范与正式群体的规范发生冲突时,譬如,正式群体的规范要求群体成员都要严格遵守组织制定的规章制度,非正式群体的规范却是主张"以友情为重",在这种情况下,非正式群体的规范会对正式群体的规范起削弱作用。

第三,与群体活动的冲突。非正式群体所要进行的具体活动与正式群体要进行和正在进行的活动发生冲突时,非正式群体往往以自身利益为重,从而给正式群体的活动带来负面影响。

第四,与群体领导的冲突。当非正式群体的"领袖"人物与正式群体的领导发生冲突时,这种冲突可能是个人的成见或摩擦,也可能是工作上的分歧。这时,正式群体难以有凝聚力和团结一致,绩效也会下降。

（四）非正式群体的有效利用

非正式群体是一种客观存在,它是一种不可否认和不可忽视的现象。美国心理学家梅约早就指出：我们既不能忽视非正式群体对正式组织的影响，但也不必夸大其作用，应该正确认识，有效利用和积极诱导，施加适当的管理措施。

1. 正确对待

对待非正式群体不应采取全盘否定的态度，应实事求是地分析其性质和特点，正确对待。

首先，应加强对非正式群体的联系，尊重他们的集体性和独立性，关心他们的正当要求和有益活动。在感情上亲近非正式群体成员，密切同他们交往，了解他们，注意不断消除他们同正式群体之间的隔阂。

其次，应该正确区别不同类型的非正式群体。对于正面型的非正式群体，应利用他们积极向上的特点，使他们为群体作出更大成就；对于中间型的非正式群体应积极疏导；对于消极型的非正式群体，不应放弃、排斥他们，应用正确的方法教育、影响、改造他们。

2. 有效利用

首先要利用非正式渠道的通畅性及其独特的沟通作用，了解职工的思想状况，听取职工的建议和呼声，及时宣传组织目标和组织精神，起到正常渠道所起不到的作用。

其次，要利用非正式群体"核心人物"威信高、影响力大、说话灵的特点，适当授予其一定的权力和任务，把他们的才干运用到组织的生产工作上来，达到抓一人带一帮的目的。

最后要利用非正式群体能满足成员社会交往需要和归属感的特点，调节人际关系，增强凝聚力，提高士气。例如，利用非正式群体彼此关心、感情融洽的特点，引导他们相互学习，共同提高业务能力；利用他们相互信任、互相帮助、有共同语言的特点，引导他们开展批评与自我批评、发扬成绩，克服不足，共同进步。

3. 适当引导

首先要认真分析非正式群体的地位和作用，根据不同的情况采取措施，选择不同的疏导方式。例如，针对他们的不同爱好和兴趣，开展各种活动，寓教育于爱好和兴趣之中，因势利导，使他们的活动目标服从组织的大目标。

其次，要通过支持、肯定非正式群体的积极方面，否定其消极方面，为其提供行为准则，并不断用新的目标来要求他们，引导他们逐步向更高目标前进，使非正式群体成员能健康地发展，并且为他们创造各种机会和条件。

4. 积极改造

首先应该看到，非正式群体还存在某些人际内耗、嫉贤妒能、搬弄是非、传播谣言等不良倾向。这些消极因素严重影响组织的人际关系，造成非正式群体与正式群体之间的隔阂与摩擦。管理者要加强对其思想改造、目标改造和行为规范改造，用社会主义人际关系原则和道德观念改变其不良倾向。

其次是改变消极型非正式群体的不利环境。可以用掺沙子的办法使先进和后进互相搭配，对有的成员还可以进行必要的工作调动，减少消极型非正式群体成员的交往机会。

最后，对非正式群体的改造要注意方法。管理者要与非正式群体成员沟通感情、建立友谊、增进了解，使非正式群体成员产生"自己人效应"，然后施加影响力，能起到潜移默化的改造作用，使组织目标内化为非正式群体成员的奋斗方向。这样才能使非正式群体真正成为组织发展的生力军。

第二节　群体属性

所有的工作群体都有其群体属性,群体属性对群体内部的个体间的关系进行调节,从而进一步地影响和塑造群体成员的心理与行为。群体属性变量主要包括:角色、规范、地位、群体规模和群体成员结构等。

一、角色

戏剧大师莎士比亚曾经说过,世界就是一个大舞台,所有的男人和女人都是舞台上的演员。每个人在其所处的群体当中都扮演着一定的角色。所谓的角色(role)是指人们用以界定群体成员和群体内部各个岗位上所被期待的一系列行为模式规范。由于每个人都同时扮演着多重角色,比如一个人在公司的下级面前扮演着经理的角色,而他回到家里在孩子面前扮演的就是父亲的角色,因此,也可以说,不同的群体对个体的要求往往是不同的。

一般而言,在一个特定的群体中,我们可以观察到成员有三种比较典型的角色表现,这些不同的角色对群体的绩效会产生不同的影响,如图9-2所示。

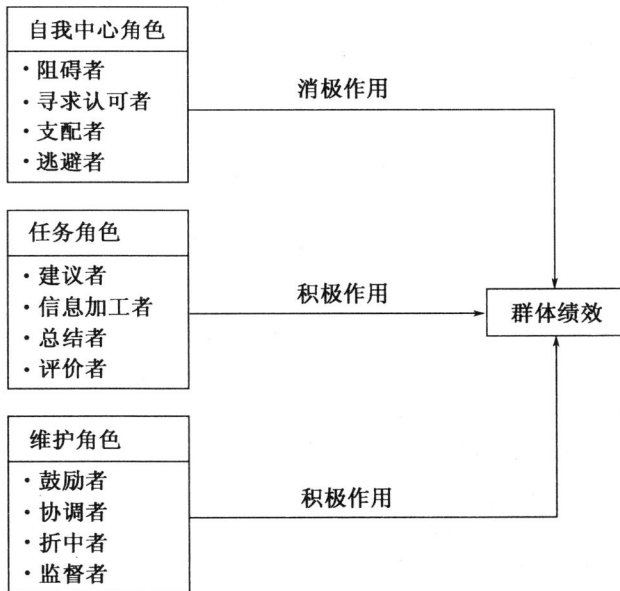

图9-2　群体成员角色

1. 自我中心角色

自我中心角色是指个体成员处处为自己着想,只关心自己。这类人包括:

(1) 阻碍者,指那些总是在群体通往目标的道路上设置障碍的人。

(2) 寻求认可者,这类人试图突出个人、出风头,而不顾对群体是否有利。

(3) 支配者,这类人试图驾驭别人,操纵所有事务,也不顾对群体有什么影响。

(4) 逃避者,这类人对群体漠不关心,似乎自己与群体毫无关系,不作贡献。

2. 任务角色

任务角色包括:

（一）建议者,指那些给群体提建议、出谋划策的人。

（2）信息加工者,指那些为群体搜集有用信息的人。

（3）总结者,指为群体整理、综合有关信息,为群体目标服务的人。

（4）评价者,指帮助群体检验有关方案、筛选最佳决策的人。

3. 维护角色

维护角色包括:

（一）鼓励者,指那些热心赞赏他人对群体贡献的人。

（2）协调者,解决群体内冲突的人。

（3）折中者,协调不同意见,帮助群体成员制定大家都能接受的中庸决策的人。

（4）监督者,这类人所起的作用是保证每人都有发表意见的机会,鼓动寡言的人,而压制支配者。

任务角色和维护角色都起积极作用。每个群体不仅要完成任务,而且要始终维持自己的整体,而个体成员的任务角色和维护角色的作用正是为了达到这两个目的。研究发现,在任务角色、维护角色和群体绩效之间有正相关关系。

人们对某一角色的期待或个体对这一角色的态度与个体实际扮演这一角色的行为的一致性被称为角色同一性。假如人们清楚地认识到环境条件需要他们做出重大变化时,他们就能迅速地变换自己所扮演的角色。这种角色同一性的现象源于角色知觉:一个人对于自己在某种环境中应该做出什么样的行为反应的认识。当角色发生变化时,角色知觉也同时发生变化,从而使得人们按照发生变化后的角色知觉做出相应的行为,因此表现出角色同一性。那么角色知觉是如何产生的呢?

角色知觉源于角色行为的认知,这种认知过程既可能是一种亲身经历,也可能是一种习得,即通过书本、电视、电影等渠道获得某一角色的认知。此外,角色知觉还受到角色期待的影响。角色期待是指别人认为你在一个特定的情境中应该做出什么样的行为反应,也就是说,我们做出某种行为反应,是以别人希望我们怎么做的解释为基础的。比如说警察巡逻时碰到抢劫,那么警察的行为就应该是奋不顾身地抓歹徒,而不是逃跑。当角色期待集中在一般的角色类别上时,就容易形成角色定式或角色刻板印象。心理契约是一个有助于我们更好地理解角色期待的概念。由于书面雇佣契约的不完全性,在雇主和雇员之间,必须存在一种不成文的约定。这种心理契约规定了双方的期待,即每个角色的行为期待。如果心理契约中蕴含的雇员对雇主的角色期待没有得到满足,结果可能是雇员被施以某种形式的纪律处罚,甚至被解雇。

当个体面临多种不同的角色期待时,就可能产生角色冲突。所有的人都经历过,而且还要继续经历角色冲突。而关键问题是,组织内部不同的角色期待所带来的角色冲突,是如何影响组织行为的。毫无疑问,角色冲突会增强个人内心的紧张感和挫败感。当面对角色冲突时,个体可以采取多种行为策略。比如,个体可以做出一种正规的、官僚式的反应。这样,角色冲突就可以依靠规章制度来解决。此外,个体还可以采取其他行为策略,比如退却、拖延、谈判等,也可以通过重新定义事实或情况,使多种角色期待趋于一致。

二、规范

所谓的规范(norm),是指群体所确立的每个成员都必须遵守的行为标准。群体规范可能是正式规定的,也可能是非正式的。前者是指在正式群体内,正式明文确定的规范,如公司的规章制度或学校的学生守则。后者是指非正式群体的规范,它没有用文字明确下来,而往往是在群体成员的彼此接近、相互作用下,在模仿、暗示和顺从的基础上自发形成的。现实生活中,存在更多的是非正式规范。

群体规范让群体成员知道自己在一定的环境条件下,应该做什么,不应该做什么,所以从个体的角度看,群体规范意味着在某种情境下群体对个体的行为方式的期望。工作群体的规范就像一个人的 DNA 一样独一无二,但是根据群体规范的具体内容还是可以把它们分成以下几类:

(1)绩效规范。群体通常会明确地告诉其成员为了完成群体的工作目标,达成群体的绩效目标,他们应该如何去完成自己的工作任务,应该达到什么样的产出水平,这类规范对员工个人的绩效有极其巨大的影响。

(2)形象规范。这一类规范是关于群体成员的着装和形象方面的,组织成员对于工作场合的着装问题,也有些心照不宣的标准。

(3)社交规范。这类规范一般来自非正式群体,用来约束和引导非正式群体内部成员的相互作用。

(4)分配规范。这类规范主要涉及员工的工作报酬、棘手任务的分配等。

一般而言,群体规范是在群体成员掌握使群体运作有效所必需的行为的过程中通过逐步强化渐渐形成的。大多数群体规范的形成主要是通过以下四种方式中的一种或几种:群体成员,尤其是领导所做的明确的陈述;群体历史上的关键事件;群体内部最初出现的行为模式;新成员所带来的其他群体的行为期望。

三、地位

地位(satiation)是指别人对群体中成员的位置或层次的一种社会性的界定。即使是很小的群体也有自己的角色、权力、仪式方面的规范,以便区别成员之间的差异。地位既可以是群体正式给予的,也可以是通过教育、年龄、性别、技能、经验等特征而非正式获得的,所以地位可分为正式地位和非正式地位。任何东西只要与群体间的等级地位联系在一起,它就具有地位价值。由于群体中的地位高低直接关系到个体成员在群体中行使的权力以及个体所能获得的相关经济利益,因此群体中的个体总是尽力去争取更高的地位,这样一来,地位就和群体的绩效紧密相关了。

许多研究表明,群体规范的效力对于处于群体当中不同地位的人来说是不一样的。往往是地位较高的群体成员具有较大的偏离群体规范的自由。如果一个群体成员对于该群体来说至关重要,而他又不在乎群体给予他的社会性报酬,那么在一定程度上,他就可以漠视群体的从众规范,从而较少地表现出从众行为。

此外,维持群体当中的地位公平感是非常重要的,相对应于正式地位的外在标志,如办公室的大小、工资报酬、福利待遇等,都是维持地位公平感的重要因素。如果群体成员认为群体中存在着地位不公平现象,那么他们就会采取各种各样的修正性行为以化解这种不公平感。

四、群体规模

影响群体整体行为的一个重要因素是群体规模。大量事实表明,小群体完成的速度比大群体快。但是,如果解决问题的过程采用的是群体参与的方式,则大群体会比小群体好一些。一般而言,12个人以上的大群体更善于吸收多种不同的观点,所以大群体适合于完成诸如调查事情的真相之类的工作目标。相反,小群体善于完成像生产性任务那样比较明确的工作目标,成员在7个人左右的群体在执行生产性任务时,将更为有效。

一项有关群体规模的发现令人颇感到失望:随着群体中人数的增加,每个个体的贡献水平却往往倾向于下降。群体内的责任扩散鼓励了个体的懒散。当群体结果无法归因于任何单独个体时,个人的投入与整体的产出之间的关系就不那么明朗了。这种情况下,个体倾向于成为一个"搭便车者"——乘机搭上群体努力的大车而不费自己的吹灰之力。换句话说,当个体发现自己对群体的贡献无法衡量时,活动的效率也往往随之降低。这些研究发现明确地告诉我们,管理者在运用工作团队方式时,应当同时提供可以测量个人努力程度的方法。

五、群体成员结构

群体成员结构是指群体成员的组成部分。群体成员结构可以分为年龄结构、能力结构、知识结构、专业结构、个性结构、价值观结构等。这些结构有机地组合起来对于群体绩效有很大的影响。

对于群体成员结构的研究主要集中在同质性群体结构和异质性群体结构方面。如果一个群体由共同特征的个体所组成,则为同质性群体;如果一个群体是由不同特征的个体所构成,则为异质性群体。那么,同质性群体与异质性群体相比,哪个群体的运行效率更高呢?大量研究指出,凡是不需要用多方面知识、信息和技能等才能完成的简单任务,同质性群体的效率更高。然而,随着群体活动的复杂程度的提高,群体的任务的完成更需要群体成员能够具备多种技术和知识,此时,异质性群体更可能拥有多种能力和信息,运行效率相对于同质性群体来说会更高一些。与此同时,多样性也激发了创造性,并提高了决策水平。许多事实证明,在执行任务时,那些经过一段时间相处能够磨合得比较好的异质性群体比同质性群体更有效。

群体的构成成分是预测群体成员的离职率的重要变量。人口统计学理论认为,像年龄和某个人加入某个特定群体或组织的时间这样一些特征能够帮助我们预测员工的离职率。需要注意的是,在那些经历不同、背景不同的人组成的群体中,由于群体成员之间的沟通往往会产生困难,因此这种群体中的员工离职率会比其他群体更高,也就是说,异质性群体比同质性群体的离职率更高。

最后,对于同质和异质的讨论必须注意以下两点:① 无论是完成简单任务,还是复杂任务,在对待重大问题的基本观点、基本信念方面,一个群体的全团体成员必须一致或者基本一致,这是群体顺利完成任务的前提条件。② 同质和异质都是对一个群体的精致分析,而实际上,人们在群体中的相互作用是一个动态的过程。成员之间的沟通交流会改变成员原有的个性、思维方式、知识面等,从而促进群体结构向更有利于群体绩效的方向转变。

第三节　群体心理和行为规律

个体各有个性及其心理和行为规律,在群体中由于受群体目标、任务和环境的不确定性、时间限制尤其是群体中其他成员的影响,往往会表现出不同于个体单独情境下的心理和行为特性。这种反应是群体压力下的产物,也是个体借以适应环境的方式。群体的互动中也会产生出不同于个体的行为特征。这些群体的心理与行为主要有:从众、去个性化、社会促进效应、社会惰性和社会标准化效应等现象。

一、群体心理效应

1. 从众(conformity)

社会心理学中,把在群体情境下,个人受到群体压力,而在知觉、判断与行为上,和群体中多数人趋于一致的倾向称为群体从众性。从众现象包括思想上的从众和行为上的从众。

从众带有不同程度的盲目性,表现为对多数人的盲从。例如有人看到很多人在排队买东西便不自觉地加入到队伍中去,不问自己是否需要,也跟着去买,常常造成一种商品被疯抢的局面。这就是典型的从众表现。

从众现象的产生与群体规范有密切的关系,一方面,群体规范对于成员的约束作用本身就构成一种压力,这迫使其个体成员的态度和行为与其他成员保持一致;另一方面,群体规范的维持,主要是依靠群体压力与成员行为的从众心理倾向的相互作用来实现的。在一个群体中,当一个人与群体中的大多数人的意见有分歧时,便会感到不自在,心理上不安稳,还会产生一种孤独感,这种自然而然产生的心理负担往往会使群体成员违背自己的意志,产生与多数人相同的行为。因此,从众行为的起因是个体不愿意标新立异、与众不同而陷于孤立。同时,群体压力与自上而下的命令不同,它不具有强制性。但是其改变个体行为的效果,有时甚至比权威的命令更明显。

群体压力与从众性的问题,由美国心理学家阿希(Solomon Asch)首次以实验的方式予以证实,他指出,当人们面临群体压力时,对于高度真实的事实,群体压力将会改变他们的意见。他让七八个人组成群体,坐在教室中,要他们比较实验者手中所持的卡片。其中,一张卡片上有一根线段,另一张卡片上有三根长短不同的线段,如图9-3所示。在有三根线段的卡片上的其中一根线段,和一根线段的卡片上的线段是完全相同的。在卡片上的线段长短差别是很明显的。在正常情况下,被实验者很少会出错。阿希的实验,就是要被实验者确定,三根线段卡片上的哪一根线段,是和一根线段卡片上的线段长度完全相同。在实验的群体中,只有一个是真正的被实验者,其余的人实际上都是实验者的同谋。实验者事先已和同谋者们串通,叫他们在一连串的视觉判断中,故意选择错误的答案,去欺骗那一位真正的被实验者。被实验者在"错误的群体一致性"引导下,做出了同样的判断,因此选择了错误的"C"线的答案,而否定了正确的"B"线。这个实验结果证明,群体成员明知是错的,还是要找出似是而非的解释,遵从群体规范,迫使自己趋向于从众行为。

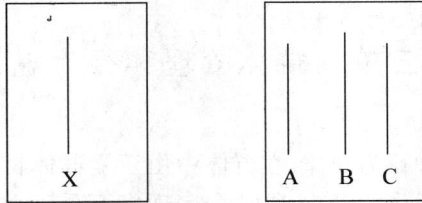

图 9 - 3　研究从众行为的卡片举例

阿希的从众实验揭示了从众的心理特点，即从众的类型：① 出于知觉的歪曲。② 出于判断的歪曲。③ 出于行为的歪曲。

心理学家对于从众现象分析指出，从众现象的表现行为和内心反应并不一定是一致的。如果从心理和行为表现的一致性上看，大致有以下四种情况：① 内心服从，表面也顺从，即"口服心服"。② 内心服从，表面不顺从，即"心服口不服"。③ 内心不服从，表面顺从，即"口服心不服"。④ 内心和表面都不顺从，即"心口皆不服"。从主观意愿来看，又有有意识从众与无意识从众之分。

在阿希试验之后，一些心理学家又进一步分析了导致顺从现象产生的因素。这些因素包括环境因素和个性因素。从环境因素来看，如果该群体是一个人的参照群体，群体的意见一贯比较一致，群体比较团结，那么，这个人就容易在群体压力之下产生顺从行为。从个性因素看，如果一个人的智力较差，情绪不稳定，缺乏自信心，则在群体中经常要依赖别人，比较容易产生从众行为。

苏联心理学家彼得罗夫斯基对群体压力和从众行为提出了不同的看法。他认为，把任何遵从群体意见的情况都看成是顺从行为是不正确的。一部分人接受意见可能是屈服于压力，怕被孤立，但另一部分人也许是为了实现群体的理想和信念而与群体保持一致。他把后一种情况称为"集体主义的自决"。彼得罗夫斯基也设计了实验。实验表明，具有"集体主义自决"品质的人只在非原则问题上表现出从众，目的是为了保持集体的团结一致。

所以研究从众行为有其管理上的意义。即从众既有积极的一面也有消极的一面，我们要根据其性质与组织的环境，因势利导发挥其积极的作用，设法改变其消极方面带来的不利影响。比如对一些良好的社会风气大力宣传，造成社会舆论，使人们感到一种无形的压力，从而发生从众行为，这就具有转变社会风气的积极作用；在组织中提倡一种尊重知识、热爱学习的氛围，有利于创造学习型的组织；从众还可以促进组织的团结和行动一致性，提高组织的凝聚力，调节人际关系等。

而从众的消极方面也是不容忽视的，比如从众会导致盲从，集体发生错误行动，会给组织或社会带来极大的损失；在组织中，由于从众会使成员表面上保持一致，但私下产生小团体，导致貌合神离的局面；从众会使个体不坚持真理、失去创造力、不负责任而随波逐流等。

2. 去个性化（deindividuation）

群体中还有一种经常出现的现象是去个性化，又叫去个体化。去个性化是指个人在群体压力或群体意识的影响下，会导致自我导向功能的削弱或责任感的丧失，产生一些个人单独活动时不会出现的行为。如集体起哄、相互打闹追逐，甚至成群结伙地故意破坏公物、打架斗殴、在集体宿舍楼乱倒污水垃圾等，都属于去个性化现象。

1969 年，心理学家津巴多通过实验试图研究，摆脱正常社会约束和从事极端负面行为的去个性化是如何产生的。为什么一些平时很老实的人，在一群疯狂的人当中也会变得疯狂。他做了一个有趣的电击实验。津巴多召集了一些女大学生作为被试，对她们说：实验要求对隔壁一个女大学生进行电击，不需要负任何道义上的责任，完全是为了科学实验的需要。通过镜子被试们可以看到那个被自己电击的女大学生。实际上这个女大学生是金巴尔多的助手，她并没有真正受到电击。但当被试按下电钮时，她假装大喊大叫，流泪求饶，以使那些作为被试的女大学生们相信，她真的非常痛苦。被试分为两组。第一组被试都穿上了带头罩的白大褂，每个人只露出了两只眼睛，因而彼此间谁也不认识。主持人请她们实施电击时也不叫她们的名字，整个实验在昏暗中进行。这种情景被金巴尔多称为"去个性化的条件"。第二组被试穿着平常的衣服，每个人胸前都有一张名片挂着。在实验时，主持人很有礼貌地叫着每个人的名字。房间里的照明很好，每个人彼此都能看得很清楚。这一情景称为"个性化"。津巴多预言说："去个性化条件下的被试比个性化条件下的被试在按电钮时将表现出较少的约束。"实验结果证实了他的预言。去个性化小组比个性化小组按电钮的次数多达两倍，并且每一次按下电钮的持续时间也较长。

此外，津巴多在一次实验前安排被试们听一段录音，内容是津巴多与两位将被"电击"的女大学生的谈话。这个谈话表明两者具有不同的人格特点，其中一个十分可爱、乐于助人，而另一个则很自私自利、让人厌恶。同样在去个性化条件和个性化条件两种情景下让被试实验电击，结果非常有趣。在去个性化条件下，不管面对的是可爱的人还是令人厌恶的人，被试都去按电钮。津巴多在实验报告中写道："这些可爱的、在正常情况下态度温柔的女学生，几乎在每次有机会时都会按一下电钮，而根本不管被电击的是一位可爱的或者可恶的人，而且她们一点也不为之感到紧张或内疚。相反，在个性化条件下，被试们就非常有鉴别力，他们按被电击者的人格决定自己按电钮的次数和时间长短。"

根据实验结果，津巴多认为，去个性化产生的环境具有两个特点：

一是匿名性，即个体意识到自己的所作所为是匿名的，没有人认识自己，所以个体毫无顾忌地违反社会规范与道德习俗甚至法律，做出一些平时自己一个人绝不会做出的行为。

二是责任模糊。当一个人成为某个集体的成员时，他就会发现，自己对于集体行动的责任是模糊的或者分散的。参加者人人有份，任何一个个体都不必为集体行为承担罪责，由于感到压力减少，觉得没有受惩罚的可能，没有内疚感，从而使行为更加粗野、放肆。有的成员甚至觉得他们的行动是被允许的或在道德上是正确的，因为集体作为一个整体参加了这一行动。

我们应该注意，首先，去个性化既可能导致反常的或消极的行为，也可能导致建设性的或创造性的行为，而不能仅把去个性化当作消极的现象对待；其次，去个性化的原因除了个体对道德责任的回避外，还有大量的因素也影响去个性化，如群体规模、情绪的激发水平、情景不明确时的新奇感、群体中的独特刺激如毒品或酒精等、参与群体活动的程度等因素。

3. 社会促进效应（social facilitation effect）

社会促进效应又称为社会助长。你是否曾注意到，当你在进行某项活动时，由于其他人的在场会给你带来一些积极的影响。比如运动员打破世界纪录的时候，几乎都是发生在有强劲的竞争对手，还有很多热情的观众的欢呼与期待下，激发出了他们在平常的训练中达不到的水平。社会促进效应是指当一个人与其他人一起工作时，由于他人的在场而激发了自己的工作动机，由此而引发的绩效水平提高的倾向。社会促进有以下两种效应：① 结伴效应是指在结伴活动中，个体会感到某种社会比较的压力，从而提高工作或活动效率。② 观众效应是指个体从事活动时,是否有观众在场,观众多少及观众的表现对其活动效率有明显影响。

那么社会促进效应怎样才能被观察到呢? 如果你发现活动者的工作效率与其工作绩效的变动方向一致,并且随着旁观者的增多而有所提高时,我们就说社会促进效应出现了。像演讲、艺术表演以及竞技运动等活动都具有很明显的社会促进效应,这些活动的结果与参与者的自身激情的大小之间具有强烈的正相关关系。社会促进效应就相当于 1＋1＞2 的效应。

社会促进效应是由于群体可以激发个体的竞争动机,推动个体产生被他人评价的意识。人们通常都有一种求成功的动机,希望把自己的才能发挥出来。当个体与群体成员共同工作时,求成动机表现为竞赛动机,希望自己表现得比别人更出色。这种动机能激励个体全力以赴,以获得好成绩。而单独工作时,缺乏竞争对手和观众,劲头自然不足。另外,个人只要和多数人一起活动,总认为他人有评价自己的可能性,不可避免地产生被他人评价的意识,这样的意识一旦出现,将对个人的行为有很大的促进作用。

4. 社会惰化(social loafing)

社会惰化也称为社会惰化作用或社会逍遥,是指个人与群体其他成员一起完成某种事情时,或个人活动时有他人在场,往往个人所付出的努力比单独时偏少,不如单干时出力多,个人的活动积极性与效率下降的现象。还有人称之为社会干扰、社会致弱、社会逍遥、社会懈怠。

你是否遇到过类似的事情,有一首歌曾经是你私下反复练习得非常出色的,但是在与朋友一起去卡拉 OK 时你却唱得结结巴巴。这种现象与社会促进效应正好相反,由于社会惰化作用,个体在群体中所取得的工作成效比其单独进行时要差得多。当活动者的绩效水平与工作激情的变动呈负相关关系时,我们就说社会惰化或社会致弱效应出现了。例如,医生动手术、科学家进行实验时就不宜有观众在场观看,因为在这种情景中,工作者可能会由于其他人的在场而刻意表现自己,从而分散了他所应该真正关注的问题方面的注意力。

5. 社会标准化效应(social standardization effect)

社会标准化效应是指成员在群体共同活动中对事物的知觉和判断,以及工作的速度和效率趋于统一化的倾向。社会标准化效应的出现是由于群体中的成员在相互作用和相互影响的过程中,产生模仿、感染、暗示和遵从等心理过程,从而形成群体的行为规范,并进一步形成群体的标准所导致的。这种行为标准一方面起到了引导各成员行为的作用,另一方面发挥着评价尺度的功能。标准化程度越高的群体,成员的心理和行为的一致性越强,比如在宗教组织或者在军队中,人们的价值观、审美观都高度一致,因而,他们的行为方式也相似。

二、群体凝聚力与士气

(一) 群体凝聚力

1. 群体凝聚力的概念

凭直觉,一般人都认为那种内部意见分歧、缺乏合作的群体,办事效率肯定要低于意见统一、互帮互助的群体。有关这一领域的研究关注于群体凝聚力(group cohesiveness),即群体成员相互吸引和共同参与群体目标的程度。

群体凝聚力还表现为群体成员之间结合上的协调性和整合性,表现为群体成员共同一致的合作行为。全体成员之间产生“相依为命”、“共生共存”的感觉。这种凝聚力不仅建立在共同参加的物质活动基础上的实在关系。群体凝聚力是维持群体存在和发展的必要条件,是群体中人际关系正常化的重要机制,同时还是增强群体动力、实现群体目标的基础。

2. **群体凝聚力与生产效率**

群体凝聚力与生产效率的关系怎样？是不是群体凝聚力越高，生产效率也越高；凝聚力越低，生产效率也越低？组织行为学家研究的结果表明：群体凝聚力与生产效率之间存在两种相反的关系，即凝聚高，可能提高生产效率，也可能降低生产效率。关键在于群体的规范水平，即群体共同制定的生产指标。如果这个群体的目标与组织不一致，它的生产指标水准规范偏低，则凝聚力与生产率之间成负相关；反之，群体与组织目标一致，其生产指标水准规范偏高，则两者成正相关。前者凝聚力越高，生产或工作效率就越低；后者凝聚力越高，则其生产或工作效率越高。

学者沙赫特通过实验研究了群体凝聚力与诱导关系对生产率的影响。他发现，群体自身凝聚力的高低和对群体施行不同的诱导，实际会产生四种情况，如图 9-4 所示。

群体凝聚力的情况

	高	低
诱导情况　积极	高凝聚力 积极影响	低凝聚力 积极影响
诱导情况　消极	高凝聚力 消极影响	低凝聚力 消极影响

图 9-4　群体凝聚力与诱导关系对生产率的影响

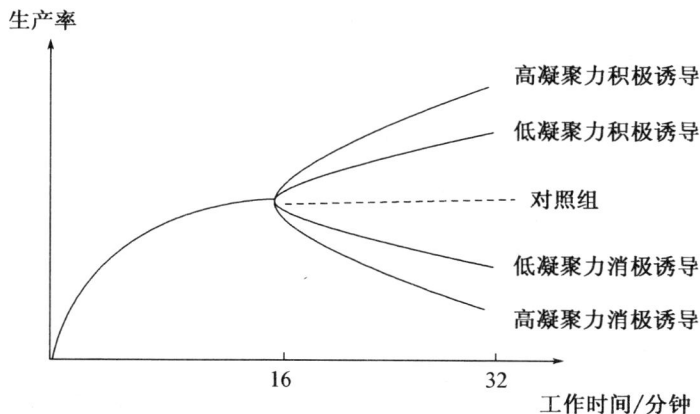

图 9-5　实验有关凝聚力与工作效率关系的结果

沙赫特的实验进行了 32 分钟，分为两个阶段。前 16 分钟不加诱导，从图 9-5 中可以看出参加实验的小组的生产都平衡发展。后 16 分钟加以诱导，从图中能够看出凝聚力不同及施以不同诱导小组的生产率发生了明显变化。诱导的方式是让不同小组的成员互相写条，积极诱导的字条内容是要求提高小组生产速度，消极诱导的字条内容是要求降低生产速度。实验结果表明，四种不同的条件，对生产率的影响不同：高凝聚力积极诱导组，生产率最高；低凝聚力积极诱导组次之；低凝聚力消极诱导组再次之；高凝聚力消极诱导组生产率最低。

从这个实验我们可以得出以下结沦：

第一，无论凝聚力高低，积极诱导都提高了生产率，而且凝聚力高的群体，生产率更高。消极诱导则明显地降低了生产率,而且高凝聚力的群体,生产率最低。这说明,高凝聚力条件比低凝聚力条件更易受到诱导因素的影响。

第二,凝聚力高的群体,其成员就更加遵循群体的规范和目标。因此,如果群体倾向于努力生产,争取高产,那么高凝聚力的群体生产率就会更高。倘若群体凝聚力很高,其规范生产标准很低,即倾向于限制更多的生产,甚至与其他群体闹摩擦,结果则会降低工作和生产的效率。这里起重要作用的因素是群体规范。

第三,对群体的教育和引导是十分关键的一环,管理者必须在提高凝聚力的同时,提高群体生产指标的规范水平,加强对群体成员的教育和指导,克服群体中可能出现的消极因素,使群体的凝聚力真正成为促进生产力发展的动力。

(二)群体士气

正如《左传》所记载的曹刿论战的故事那样,所谓"一鼓作气,再而衰,三而竭。彼竭我盈,故克之"。群体士气是指群体中存在的一种齐心协力、高效率地进行活动的精神状态。群体士气对于群体绩效水平的高低具有非常重要的影响。

在霍桑实验中,梅奥就指出:群体的士气对工作绩效有影响,他的研究得出士气来源于群体的人际关系、社会心理需要的满足,同时,还来源于和谐稳定的家庭生活。人们的心情好,不良情绪得到适当的释放,有利于士气的提高。

士气原用于军队里,表示作战时的集体精神,这里主要指群体的工作精神或服务精神。心理学家把士气解释为对某一群体或组织感到满足,乐意成为此群体的成员,并协助达成群体的目标的态度。因此,群体士气不仅代表个人需要满足的状态,而且也表明了群体成员对所在群体的认同感和归属感。因而,愿意为实现群体目标而努力。

心理学家克瑞奇(D. Krech)等人于1962年在《群体中的成员》一书中提出,士气高昂的群体应该具有以下7个特征:

(1)群体的团结来自内部的凝聚力,而不是来自外部的压力。

(2)群体成员中没有分裂为互相敌对的小团体倾向。

(3)群体本身具有适应外部变化的能力和处理内部冲突的能力。

(4)各成员间具有强烈的认同感与归属感。

(5)每一个成员都明确掌握群体的共同目标。

(6)各成员对群体的目标及领导者持肯定、支持的态度。

(7)各成员承认群体的存在价值,并具有维护此群体继续存在的倾向。

从理论上讲,一个群体如果完全符合士气高昂的7个特征,那么这个群体的工作效率必然会很高。很多人都认为,群体如果有高昂的士气,那么就能保持高水平的工作效率或生产效率。其实不然,与群体凝聚力相似,因为提高士气只是提高生产效率的必要条件之一,而不是充分条件。要提高生产效率,还需具备许多其他条件,如机械设备、原材料供给等物质条件和员工素质与调配等人力条件。

心理学家戴维斯(K. Davis)研究了生产效率与职工士气之间的关系,并提出了三种情况:一是士气高,效率低;二是士气和效率都高;三是士气低而效率高。

"士气高、效率低"反映出这样一个特点,即士气不是用在工作上,士气指向之处与群体目标不一致,"南辕北辙"这个成语反映的就是这样一种状态。"士气高、效率高"是一种理想的群体状态,是群体努力的方向。"士气低,效率高"的状态极有可能是因为群体在严格的管理和控制之下所获得的短时间的高生产效率,这种短期状态难以持久,不利于群体长期目标的实现。

对管理者来说,是从单纯提高群体士气出发还是从群体绩效出发,在现实中确实存在着这种矛盾的选择。正确的做法是,既关心提高群体绩效,又关心提高群体士气。就目前我们管理水平不高的情况下看,确实存在着一部分领导忽视群体士气的作用,只要求加强群体管理和一味提高工作绩效。这是急功近利、不顾长远的认识和做法。

第四节　群体发展

一般认为,群体的发展过程是从不熟悉到熟悉、从松散到紧密的一个过程,不仅受到组成群体成员的个性特征的影响,还受到来自文化的、习俗的影响。关于群体发展过程的研究成果如下。

一、群体发展五阶段模型

Tuckman 和 Jensen(1977)认为群体的发展要经过五个不同的阶段,这五个阶段是形成阶段、震荡阶段、规范化阶段、完成阶段和终止阶段。

(1)形成阶段。这是群体发展的初始阶段,其特征是群体的目的、结构、领导都不明确。当成员开始彼此熟悉并建立行为准则、开始确定群体的领导时,此阶段就结束了。

(2)震荡阶段。是群体内部的冲突阶段。群体成员常常抵制群体领导者的控制。在初步形成之后,群体必须面对一些十分重要的问题。首先,群体必须确定出其目标体系及各目标的优先次序。其次,应安排成员间进行相互交流,进行相互影响。这一阶段的核心问题是个人应扮演什么样的角色。

(3)规范化阶段。在规范化阶段,群体制定出一套规则和角色(含蓄或明晰的)以协调群体活动,同时促进群体目标的实现。这一阶段群体成员间的关系开始亲密起来,群体也表现出一定的凝聚力。

(4)执行任务阶段。在这一阶段,群体成员明白了群体的目标和各自的角色,并制定出用于指导工作的规则。群体开始把主要精力用于完成任务。

(5)终止阶段。因为并不是所有的群体都永远持续存在,此阶段群体被解散或自动消失。终止的原因可能是群体作用影响决策的时间期限已经到了,也可能是群体所关注的问题发生了急剧的改变,或者是群体运作无效及关键成员的离去,又或者是群体实现了其目标,已无继续存在下去的必要。在这个阶段中,群体开始做解散的准备,注意力放到了群体的收尾工作上,高绩效不再是大家关注的焦点,这时的群体成员的情绪差异极大,有乐观的,也有悲观的。

一般人们认为:群体从第一阶段发展到第四阶段,群体会变得越来越有效,群体的绩效水平会提高。原因是显而易见的,因为随着大家熟悉程度的提高,彼此之间的合作和协调会更有效率,但是使群体有效的因素远比这个模型所涉及的因素复杂。在某些条件下,高水平的冲突有可能会导致较高的群体绩效。所以我们也可能会发现群体在第三和第四阶段的绩效水平相对于第二阶段来说下降了。此外,群体并不总是明确地从上一个阶段发展到下一个阶段。在有些情况下,由于冲突,群体常常会在这些阶段来回移动,然后随着冲突的解决,群体又开始按照顺序向下一个阶段移动。因此,群体发展的各个阶段之间的界限并不是非常的严格和清晰可辨的。

二、间断—平衡模型

群体的发展并非都经历相同顺序的发展模型,不要忘了,群体并非都是独立存在、自生自灭的。正式群体是由组织所决定的,因此,组织所施加的影响往往对群体的发展起到决定的作用。

Gersick(1988)提出了群体发展的另一种理论模型:间断—平衡模型。该模型认为,群体发展当中的第一次聚会很重要,因为它能营造出群体的氛围,也能确定群体的领导;随后是一段均衡时期,群体投入正常的运作;然后变化突然发生,这一点称为群体发展阶段的中点;由于认识到任务必须尽快完成,这种平衡状态被打破,同时在群体的各项安排上出现了革命性的变化。这一理论得到了一些研究的支持。这些研究证明在群体的形成和变革运作方式的时间阶段上存在着高度一致性。整个过程如图所示。

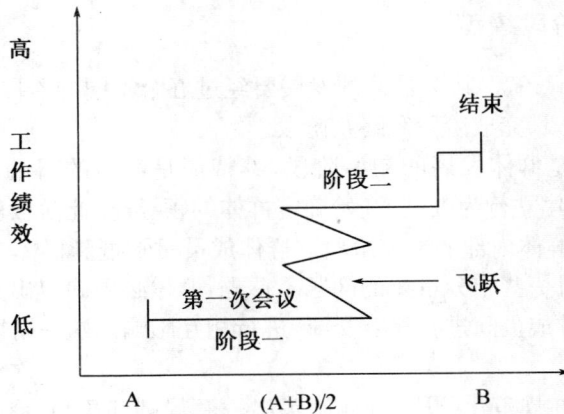

图 9－6　间断—平衡模型

群体成员完成其项目所要求的行为模式和假设的基本框架,以及群体发展方向都会在群体成员的第一次会议上被决定。当群体发展的方向和行为框架被固化下来,那么这些东西在群体寿命的前半阶段被重新修订的可能性就微乎其微了。因此前半阶段将会成为依惯性进行群体活动的阶段,也就是说,群体发展倾向于静止,或者被锁定在一种固定的活动上。即使有一些新创意对初始模式和假设进行挑战,群体也不可能在第一阶段实施这些创意。

另一个更有趣的发现是,尽管每个群体完成项目所花的时间并不一定相同,但是每个群体进行转变的时间点却惊人地相似,它们几乎都是在其生命周期的中间点上发生转变。这种现象似乎是在说明每个群体在其存在时间的中间阶段都要经历"中年危机"。这种危机信号促使群体成员认识到,完成任务的时间是有限的,时间紧迫,必须快速行动。

这个转变宣告了第一阶段的结束,从而群体进入了第二个阶段。这一转变过程的特征是集中于迅速的变革,对旧模式的扬弃,对新观点的采纳。第二阶段是一个新的平衡阶段,群体开始依照其转变时期创造出来的新计划按部就班地开展工作。而群体的最后一次会议的特点是以迅速的活动来结束工作任务。

总而言之,间断—平衡模型希望告诉大家的事实是:群体在其存在过程当中会有一个短暂的变革时期,而这种变革是由于群体成员意识到任务时间期限的紧迫性而引发的。由此可以看出,间断—平衡模型适用于描述临时性工作任务群体的发展变化,而不适合长期的工作群体和非任务性的群体。

<h1 style="text-align:center">第五节　群体决策</h1>

群体决策是由群体中多数人共同进行决策,它一般是由集体中的个人先提出方案,而后从若干方案中进行优选。参与群体决策的成员可能包括组织的领导者、有关专家和职工代表。不同国家习惯于不同的决策模式,如美国很少谈群体决策,而重视个人决策,日本是比较喜欢采用群体决策的国度,中国则介于两者中间。产生这种现象的原因在于每个国家的传统文化不同。

一、个体决策与群体决策的比较

"三个臭皮匠,顶个诸葛亮"这一中国家喻户晓的谚语道出的是群体决策相对于个体决策的优点。北美和其他国家法律体系的一个基础信念是:两人智慧胜一人,通过这些国家的陪审团制度可以从中观察到这一点。现在,这种观念已经拓展到一个新的领域:组织中的许多决策是由群体、团队和委员会做出的。那么,相对于个体决策而言,群体决策真的那么有效吗?

群体决策包括领导群体决策和群体参与决策两种。所谓的群体领导决策,是指领导不是作为个人,而是作为一个领导团队共同决策,也就是通常所说的最高管理层决策集团。群体参与决策则是较低层次的群体成员参与高层的决策情况,集中表现在群体成员参与领导决策的过程,能够对决策的最终形成起到一定的影响作用。

1. 群体决策的优点

群体决策相对于个体决策有其自身的优点:

(1)提供更全面的信息和知识。由于每个群体成员所掌握的信息不同,而且没有一个成员具备做出决策的完备信息,因此通过多名群体成员的参与可以提高决策信息的丰富程度,从而提高决策质量。

(2)产生更多的备选方案。由于群体中信息更多也更全面,因而能够比个体产生更多的备选方案。当群体成员来自不同的专业技术领域时,这种优势尤其明显。

(3)增加解决方案的可接受性。很多决策是做出最终选择之后失败的,因为人们根本不接受这种解决方案。但是,群体成员不愿意攻击或破坏在他们亲自帮助下做出的决策。

2. 群体决策的缺点

(1)花费时间多。在群体内做任何决策时,都需要花费时间把群体组织在一起。其结果导致群体在确定解决方案时,几乎总是花费更多的时间。

(2)少数人控制局面。群体成员永远不可能绝对地平等,他们在组织级别、过去经验、对问题的了解、对其他成员的影响力、言语表达技能、决断性等方面都有差异。这种差异制造了由一个或几个人更多控制其他人的机会。一群具有影响力且积极活跃的少数人通常对最终决策拥有强大的影响力。

(3)遵从压力。群体成员遵从压力会引发一种群体思维的现象,即群体成员为了达到表面上的统一一致而隐藏分歧意见或不受欢迎的观点。

（4）责任的推诿。由于群体决策的结果是由整个群体来负责的，因此会导致责任的不合理扩散，大家都认为结果不应该由自己来负责。那么一旦出现问题，责任的不清晰就会导致彼此相互推卸责任。

表9-4全面反映个体决策和群体决策在诸如速度、准确性、创造性、效率和风险性等决策特征方面的差异。

表9-4　个体决策和群体决策的决策特征

决策特征	个体决策	群体决策
速度	快	慢
准确性	较差	较好
创造性	较高，适合于工作结构不明确、需要创新的工作	较低，适用于工作结构明确、有固定程序的工作
效率	取决于决策任务的复杂程度，通常费时少，但代价高	从长远看，费时虽多，但代价低，效率高于个体决策
风险性	视个体素质、经历而定	若群体成员富有冒险性，则决策趋于更大的冒险性；反之，思想保守，则决策行为更趋于稳重

总的来看，群体决策更为准确，因此群体决策比个体决策的质量更高。但是，个体决策比群体决策所花费的时间要少，所以个体决策比群体决策更有效率。因此可以得出结论，在不同情况下要采用不同的决策方式。比如企业要考虑一项重大投资决策，这时采用群体决策方式能够提高决策的有效性，但是在处理突发事件时，往往个体决策更有效。

二、影响群体决策的群体因素

影响群体决策的群体因素主要有以下几个方面：

1. **群体多样性**

这一特征是指组成决策群体的个体间的差异，如职务、年龄、性别、种族、教育水平、任期、专业背景等。群体的多样性会导致更高水平的认知加工，会更仔细地分析及更准确地利用信息，从而提高群体决策的绩效。群体的多样性也会提升成员之间的人际冲突，增加交流难度，导致派系的产生。

2. **群体熟悉度**

成员的熟悉度多从成员间的相互了解程度（人际知识）和相互喜欢程度（人际吸引）两个方面来考察。人际知识是指成员对有关其他成员的技能、观点、风格等的知识，人际知识会促进成员间的合作，提高特定信息的利用度，也会减少成员的从众性，有利于不同方案和判断的形成。人际吸引则是指成员间的情绪情感的和谐程度。人际吸引对成员间的合作具有正反两方面的作用。成员间的情绪情感和谐程度高，对成员间的合作有促进作用；成员间的情绪情感和谐程度低，对成员间的合作起反作用。

3. 群体的认知能力

对于简单的、牵涉较少专业知识的决策任务,认知能力的差异不会导致决策绩效的显著不同;而在复杂的、需要处理较多信息的决策任务中,人体高水平的认知能力可以提高决策绩效。另外,认知能力也涉及信息在群体成员中的分布和信息利用方式,研究表明,不同的信息分布方式对群体决策的速度有一定影响,但是对决策的绩效没有显著影响。

4. 群体成员的决策能力

群体成员的决策能力是指群体成员做出正确判断的能力。当成员决策能力较强时,群体规模可以较小;当成员决策能力较弱时,群体规模应当较大。

5. 群体规模

群体决策的效果还受到群体规模的影响。一方面,群体越大则代表多元化的机会也越大。另一方面,群体越大就越需要更多的协作,群体成员在贡献自己想法的同时也要花费更多的时间,可见群体不应该太大。研究证据表明,实际上内容较少时 5 人规模就足够了,通常 7 人规模是最有效的。群体的人数为奇数有助于避免决策陷入僵局。另外,为了使成员避免角色和地位的影响,群体规模要足够大;为了使比较安静的成员也能积极参与讨论,群体规模又要足够小。

6. 参与决策的平等性

参与决策的平等性主要是指决策成员获取有关信息的机会是均等的,在讨论中具有同等的地位,对决策结果负有同样重要的责任,决策者之间是平等合作的关系。参与决策的平等性可以增进决策者之间有效的交流过程,促使其从多角度考察问题;可以增加成员自主发现其价值的机会,促进新知识的产生。

7. 群体决策规则

群体决策中经常使用多数规则和一致规则。不同的决策规则对知识构建的作用是不同的。一致规则比多数规则需要更多的讨论,能促进成员全面思考所有成员的观点;而多数原则会相对较快地完成决策任务,也可能会忽略成员的意见及其讨论。

三、群体思维和群体转移

在群体决策过程中,常常有两种现象值得管理者注意,一种被称为群体思维,另一种被称为群体转移。这两种现象可能会影响决策的客观性和有效性。

1. 群体思维

群体思维是指由于从众的压力使群体对不寻常的、少数人的或不受欢迎的观点得不出客观的评价的现象。经常表现出的情况是,在群体就某一问题或事宜的提议发表意见时,有时会长时间处于集体沉默状态,没有人发表见解,而后人们又会一致通过。通常是组织内那些拥有权威、说话自信、喜欢发表意见的主要成员的想法更容易被接受,但其实大多数人并不赞成这一提议。这种现象一般发生在群体成员都追求群体意见一致性的情况下,少数人的和新颖的与众不同的想法就难以充分地表达出来。这种群体思维的现象与阿希比较线段的实验结论几乎一致。当个人的观点与其他群体成员的观点不一致时,在群体压力的作用下,他就可能退缩或妥协,修正自己的真实想法,从而避免与其他人不同。这种保持一致的倾向,常常会阻碍群体决策的水平的改善。对于如何提高群体决策的质量,研究者们把注意力放在三个中介变量上,即群体凝聚力、群体领导者的行为、与外部人员的隔离,并得出值得管理者重视的结论:

（1）当群体凝聚力强的群体内部讨论较多时，能够带来更多的信息。

（2）如果群体领导公正无私，鼓励群体成员提出自己的意见，那么群体成员会提出更多的解决问题的方法，并进行更多的讨论。

（3）群体领导在讨论初期，应避免表现出对某种方案的偏爱，否则会限制群体成员对该方案的批判性意见。

（4）群体与外界的隔离，会使得群体内部可选择和可评价的方案减少。

2. 群体转移

群体转移是指群体决策跟群体内部成员个人决策相比，更多出现更极端的决策倾向的现象。群体讨论会使得群体成员的观点朝着更极端的方向转移，这个方向是讨论前他们已经倾向的方向，从而使得保守的决策更加保守，激进的决策更加激进。也就是说，群体讨论往往进一步夸大群体的最初观点。一般认为影响群体转移的因素有：

（1）决策责任分散。群体决策使得参与决策者责任分散，风险共担，即使决策失败也不会由一个人单独承担，加之权责往往不够分明，所以群体决策不如个体决策谨慎，具有更大的冒险性。

（2）群体气氛。群体成员的关系越融洽，认识越一致，则决策时就缺乏冲突的力量，越可能发生群体转移。

（3）领导的作用。群体决策往往受到领导的影响，而这些人的冒险性或保守性会影响到群体转移倾向。

（4）文化价值观的影响。群体成员所具有的社会文化背景和信奉的价值观会被反映在群体决策中。例如：美国社会崇尚冒险，敬慕敢于冒险而成功的人士，所以其群体决策更富于冒险性。

四、群体决策技术

群体决策最常见的形式发生在面对面的互动群体中。但我们在讨论群体思维时已经指出，互动群体会对群体成员个人形成压力，迫使他们达成从众的意见。头脑风暴法、名义群体法、德尔菲法以及电子会议法是一些能够减少传统的互动群体法固有问题的有效方法。

1. 头脑风暴法

头脑风暴法是为了克服互动群体中产生的妨碍创造性方案形成的从众压力。其方法是，利用产生观念的过程，创造一种进行决策的程序，在这个程序中，群体成员只管畅所欲言，不许别人对这些观点加以评论。

在典型的头脑风暴法讨论中，6～12个人围坐在一个桌子旁，群体领导用清楚明了的方式把问题说明白，让每个人都了解。然后，在给定的时间内，大家可以自由发言，尽可能地想出各种解决问题的方案。在这段时间，无论是受到别人启发的观点或稀奇古怪的观点，任何人都不得对发言者加以评价。所有方案都记录在案，直到没有新的方案出现才允许群体成员来分析这些建议和方案。需要注意的是，头脑风暴法仅仅只是创造观念的一种程序。最后方案的达成还需要借助于其他方法。

2. 名义群体法

名义群体法是指在决策过程中对群体成员的讨论或人际沟通加以限制的一种决策方法。像召开传统会议一样，群体成员都出席会议，但群体成员首先进行个体决策。其具体方法是：

① 成员集合成一个群体,但在进行任何讨论之前,每个成员独立地写下他对问题的看法。② 每个成员将自己的想法向大家说明,直到每个人的想法都表达完并记录下来为止,所有的想法都记录下来之前不进行讨论。③ 群体现在开始讨论,以便把每个想法搞清楚,并做出评价。④ 每一个群体成员独立地把各种想法排出次序,最后的决策是综合排序最高的想法。

名义群体法的主要优点是,允许群体成员正式地聚集在一起,但是又不像互动群体那样限制个体的思维。

3. 德尔菲法

德尔菲法是一种更为复杂、更费时间的方法,又称专家意见法。是由主持人邀请多位专家,在互相不见面、背对背的情况下做决策。把每个人的决策意见整理、总结,再反馈给大家,经过多次反馈,最终做出大家统一的决策。德尔菲法的工作步骤是:

(1) 在问题明确之后,主持人要求群体成员通过填写精心设计的问卷,来提出能解决问题的方案。

(2) 每个群体成员匿名并独立地完成第一份问卷。

(3) 主持人把第一次问卷调查的结果整理出来。

(4) 把整理和调整的结果匿名分发给每位专家。

(5) 在专家成员看完整理结果之后,要求他们再次各自提出解决问题的方案,结果通常是启发出新的解决方法,或是原有方案得到改善。

(6) 在没有形成最终方案之前重复步骤(4)和步骤(5),直到找到大家意见一致的解决方法为止。

德尔菲法是种经典的专家集体主观决策方法。它的最大优点就是能够保证群体成员免于他人的不利影响,避免了群体思维。因为德尔菲法不需要群体成员相互见面,它可以使地理位置分散的群体成员参与到同一个决策当中,让专家们能够看到他人的观点,再独立做判断,经过多个回合,最终达成统一的方案。当然,德尔菲法也有其不足之处,因为这种方法要占用大量的时间,虽然可能能够最终形成比较完善的方案,但是极有可能已经失去了解决问题的最佳时期。

4. 电子会议法

一种比较新颖的群体决策方法是名义群体法与复杂的计算机技术的混合,我们称为电子会议法。它的具体操作步骤是:参与决策的人员坐在互联网的计算机终端前;问题通过计算机屏幕呈现给参与者,要求他们把自己的意见输入面前的计算机终端;个人意见和投票都显示在会议室中的投影屏幕上或者是传递到其他人的电脑屏幕上。

电子会议法的主要优点是:匿名、可靠、迅速。与会者可以采取匿名形式把自己想表达的任何想法表达出来,而不用担心受到惩罚。参与者一旦输入自己的想法,所有人都可以在屏幕上看到。而且这种决策方法决策迅速,因为没有闲聊,讨论不会偏离主题。

但是这一方法也不是完美无缺的,比如那些打字速度快的人相对于表达能力强但打字速度慢的人来说,能够更好地表达自己的观点,还有那些想出最好建议的人无法得到自己应有的奖励,而且这样做得到的信息也不如面对面的沟通所能得到的信息丰富。

表9-5对各种群体决策方法进行了对比,这样可以帮助我们在适当的问题上选择适当的决策技术。

表 9 - 5　群体决策方法的优缺点

效果标准	互动群体法	头脑风暴法	名义群体法	德尔菲法	电子会议法
观点的数量	低	中等	高	高	高
观点的质量	低	中等	高	高	高
社会压力	高	低	中等	低	低
财务成本	低	低	低	低	高
决策速度	中等	中等	中等	低	高
任务导向	低	高	高	高	高
潜在的人际冲突	高	低	中等	低	低
成就感	从高到低	高	高	中等	高
对决策成果的承诺	高	不适用	中等	低	中
群体凝聚力	高	高	中等	低	低

第六节　工作团队管理

一、团队的基本概念

1. 团队的定义

团队这种工作组织形式起源于 20 世纪 50 年代的工作设计与社会技术理论。斯蒂芬·罗宾斯(1994 年)对团队做了定义,团队是指一种为了实现某一目标而由相互协作的个体所组成的正式群体。这一定义突出了团队与群体不同,所有的团队都是群体,但只有正式群体才能是团队。

2. 团队与群体的区别

罗宾斯对团队与普通群体的区别做了深入研究,得出四个结论:一是群体强调信息共享,团队则强调集体绩效;二是群体的作用是中性的(有时是消极的),而团队的作用往往是积极的;三是群体责任个体化,而团队的责任既可能是个体的,也可能是共同的;四是群体的技能是随机的或不同的,而团队的技能是相互补充的。

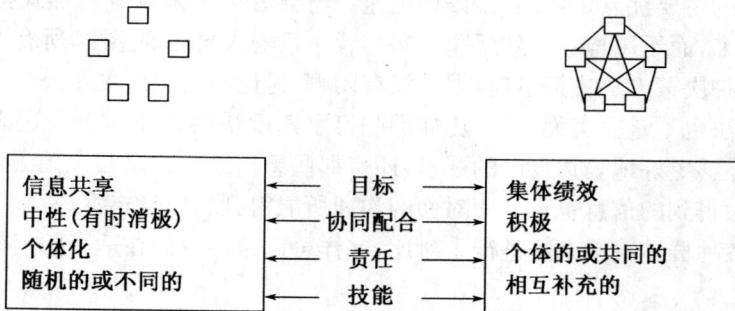

信息共享	← 目标 →	集体绩效
中性(有时消极)	← 协同配合 →	积极
个体化	← 责任 →	个体的或共同的
随机的或不同的	← 技能 →	相互补充的

图 9 - 7　工作群体与工作团队

3. 团队的类型

有四种最常见的团队类型:职能型团队、自我管理团队、虚拟工作团队、跨职能团队。

(1) 职能型团队。职能型团队由一名管理者及来自特定职能领域的若干下属组成。由于在同一职能领域中,因此职权、决策、领导以及交互作用这些问题相对来说简单明了。职能型团队经常在他们的特定职能领域中进行着改进工作活动或解决具体问题的努力。

(2) 自我管理团队。自我管理团队这种正式的员工群体中没有一个管理者负责整个的或局部的工作流程。自我管理团队负责完成工作,并进行自我管理。具体而言包括:进行工作计划与日程安排,给各成员分派任务,共同监控工作进度,做出操作性决策,针对问题采取行动。

(3) 虚拟工作团队。虚拟团队指的是那些利用计算机技术把实际上分散的成员联系起来以实现共同目标的工作团队。在虚拟团队中,成员通过宽带网、可视电话会议系统、传真、电子邮件,甚至互联网上的在线会议进行沟通与联系。虚拟工作团队可以完成其他团队能够完成的所有工作——分享信息、做出决策、完成任务,但是,他们缺少了通常面对面进行的"说与听的互换式"讨论。正因为这种缺失,虚拟团队更倾向于任务取向,尤其是当团队成员素未谋面时。

(4) 跨职能团队。跨职能团队是由来自不同领域的专家组成的一个混合体,目的是并肩作战完成各种各样的任务。很多组织都在使用跨职能团队。

二、团队建设理论

1. 人性假设与团队建设

基于"人性假设"的团队建设理论主要是建立在对人性理解的基础上。关于以人性为基础的西方组织管理理论中主要有四次重大变革。一是泰勒提出的"科学管理"理论,即人是"经济人"的假设,这种观点认为,人的动机是由经济利益引发的,并以追求最大的经济利益为目的。二是梅奥提出的"人群关系"理论,即人是"社会人"的假设。其认为引起人的行为的主要动机不是经济利益,而是社会交际或人际关系,必须从社会关系中满足人们的需要,重视培养工人的归属感、团体感。三是麦格雷戈的人是"自我实现人"的假设,即认为实现目标的报酬中获得个人的自我满足、自我实现的需要是最大的报酬。四是人是"复杂人"的假设,认为由于人的个性、年龄、职位、需要、知识、人际关系等不同,因而认为需要、动机也是复杂的,体现在管理方式上要因人、因地、因时而异,主张管理方式的多样性。这是其合理性的一面,但其缺陷是忽视了人的共性和共同本质。以上无论是"社会人",还是"自我实现人"和"复杂人"的假设,他们的理论依据都是马斯洛的需要层次论。管理理论开始从过去的"以人去适应物"转向"以人为中心"、"以人为本"、"让物来适应人",由注重层层控制式的管理,转而注重调动工人参与决策的积极性,出现了一种"参与管理"的新型管理模式。员工在这种参与模式下,感到自己被重视,体验到自我价值的归属,促进了群体凝聚力,从而提高了生产效益。"人际关系理论"和"行为科学管理理论"的演变和发展就是今天流行的"团队管理理论"。

2. 合作竞争理论与团队建设

合作竞争理论认为人们如果各自为战,认为双方目标没有关系,就会漠视他人福利或困难,对之袖手旁观,组织也会一盘散沙,士气低落。如果人们处于竞争关系,相互之间就会封锁信息和资源,甚至相互攻击和破坏。因此,一个组织应当形成共同目标和合作气氛,在共同目标下合作，人们会相互尊重，共享信息和资源，互相交流，取长补短。团队成员合作强调的团队管理工作中的大局观念、合作意识和协调发展的意识，其意义在于破除以"我"为中心的思维定势。强调在团队中学会移情体验和换位思考，谋求谅解、协作与共同发展。

3. 贝尔宾团队角色理论与团队建设

贝尔宾博士和他的同事们经过多年在澳洲和英国的研究与实践，提出了著名的贝尔宾团队角色理论，即一支结构合理的团队应该由八种人组成，这八种团队角色分别为：实干家、协调员、推进者、智多星、外交家、监督员、凝聚者、完美主义者。贝尔宾团队角色和建设团队可以放在一起进行比较，但贝尔宾团队角色代表的是一种对任务和活动实施自我管理所表现出的个人行为特征，而非个性类型或思维类型。依据贝尔宾团队角色理论，在建设团队时首先应角色齐全。尽管有各种测试帮助个体确定理想团队角色，但并不代表在实践中个体不能够担当其他角色。

三、高效团队的建设与管理

（一）高效团队的特征

团队的形式并不能自动地提高生产力，它也可以使管理者失望。近来一些研究提出了高绩效团队的一些主要特征。总结如下：

1. 相关的技能

高绩效团队是由一群有能力的成员组成的。他们具备实现理想目标所必需的技能和能力，而且相互之间有能够良好合作的个性品质，从而能出色地完成任务。后者常常被人们所忽视，却尤其重要。有精湛技术的人并不一定就有合作技巧，高绩效团队的成员往往必须兼而有之。

2. 相互信任的氛围

通过团队学习而形成的组织文化和管理层的行为塑造，对形成相互信任的群体内氛围很有影响。如果组织崇尚开放、诚实、协作的办事原则，同时鼓励员工的参与和自主性，它就比较容易形成信任的环境，从而能帮助管理者建立和维持信任的行为。

3. 良好的沟通

团队成员通过畅通的渠道交流信息，管理层和团队成员之间有健康的信息反馈机制，并经常进行以获取超过个人水平的简介为目的的"深度会谈"，鼓励成员将他们认为最困难、最复杂、最具冲突性的问题放到团队中来讨论，自由地表达各自的观点并加以验证，使彼此真诚相对，让每个人以真实的想法在交流中碰出火花。

4. 不断的探索和调整

以个体为基础进行工作设计时，员工的角色由工作说明、工作程序、工作纪律以及其他一些正式文件明确规定。但是对于高绩效的团队来说，其成员角色具有灵活多变性，总在不断地进行调整。这要求成员有充分的准备，持续面对和应付团队中市场变换的问题和关系。

（二）高效团队的塑造

塑造高效团队，除了要具备以上的高效团队的特征外，还需要从以下几个方面着手：

1. 建立具体目标

成功的团队会把他们共同的愿景转变成为具体的、可以衡量的、现实可行的绩效目标。目标会使个体提高绩效水平，目标也能使群体充满动力。具体的目标可以促进明确的沟通，还有助于团队把自己的精力放在达成有效的结果上。

2. 合适的团队规模

最好的工作团队规模一般比较小。如果团队成员多于 12 人,他们就很难顺利开展工作。他们在相互交流时会遇到许多障碍,也很难在讨论问题时达成一致。一般来说,如果团队成员过多,就会损害团队凝聚力、忠诚感和相互信赖感,而这些却是高绩效团队不可缺少的。所以,管理人员要塑造有效的团队,就应该把团队成员人数控制在 12 人以内。如果一个自然工作单位本身就大,而你又希望达到团队的效果,那么可以考虑把工作群体分化成几个小工作团队。

3. 适宜的团队结构

从团队层次的角度来看,团队可分为团队领导和普通团队成员。团队应选择合适的领导和结构来协调团队成员的不同意见并解决团队中的日常问题,例如,如何安排工作日程,如何解决内部冲突,如何分配具体的工作任务使之与团队成员的个人能力相匹配,如何做出和修改决策以及如何获取外部资源等。

在挑选普通团队成员时,首先要考虑成员的能力、性格、角色的合理搭配,实现个人能力的优化组合,达到团队系统功用最大化。一个团队一般需要三种不同技能类型的人:具有技术专长的成员;具有发现问题、解决问题和决策技能的成员;善于聆听、反馈、拥有解决冲突及调和人际关系技能的成员。

其次,要考察个人的价值观是否与团队相同,以减少和避免录用后"搭便车"行为的出现。

再次,要求团队成员有良好的个人教育培训背景、技术能力以及与人沟通的能力。

最后,要对不合格的人员设立灵敏的检测和淘汰机制,并准备充足的合格人员"蓄水池",以保证人员的可获得性。

4. 适当的绩效评估和奖励机制

为了使团队成员在集体和个人两个层面上都具有责任心,传统的以个人导向为基础的评估与奖酬体系必须改变,才能合理充分地衡量团队绩效。个人绩效评估、固定的小时工资、个别激励等突出个人激励的方式与高绩效团队都是不一致的。因此除了根据个体的贡献进行评估和奖励外,管理人员还应该考虑以群体为基础进行绩效评估、利润分享、小群体激励及其他方面的变革,来强化团队的奋进精神与承诺。

5. 恰当的领导

合格的领导能够让团队成员跟随自己共同度过最艰难的时期,因为他能为团队指明前途所在。他向成员阐明变革的可能性,鼓舞成员的自信心,帮助他们更充分地了解自己的潜力。高绩效团队的领导者往往担任的是交流和后盾的角色,对团队提供指导和支持,但并不试图去控制它。对于那些习惯于传统的管理者来说,这种从上司到后盾的角色转换,即从发号施令到为团队服务,实在是一种困难的转变。现在,许多管理者已经发现了这种新型的权力共享的方式的好处,或通过领导培训逐渐意识到它的益处。

6. 内部支持和外部支持

从内部条件来看,高绩效的团队应该拥有一个合理的基础结构,包括适当的培训,一套公平合理的用以评估员工绩效的测量系统,以及一个起支持作用的人力资源系统。从外部条件看,管理层应该给团队提供完成工作所必需的各种资源。

重点提示

群体的概念、特征;群体的类型、非正式群体及其管理;群体的属性与心理效应;群体绩效;

群体决策的障碍与技术;团队的特点、思考如何打造高绩效的团队。

思考与练习

1. 什么是非正式群体? 它对组织有哪些影响?
2. 简述群体凝聚力与劳动生产率的关系。
3. 群体决策的优缺点有哪些?
4. 影响群体决策的群体因素有哪些?
5. 工作群体与团队有哪些区别?
6. 描述职能型、自我管理型、虚拟型和跨职能团队的特点。
7. 高效工作团队表现出什么样的特点?

案例学习

山东××蛋白公司(以下简称山东公司)是目前国内大豆蛋白的主要生产厂家之一,主要生产浓缩蛋白系列产品,由于自身开发力量有限,几年来一直没有增加新的蛋白品种,产品结构和市场结构始终难以改善。尤其是近两年杜邦等跨国巨头在国内市场的重组进入,市场竞争愈加激烈。山东公司审时度势,积极联合北京××食品研究所与美国XX蛋白科研机构,三方共同磋商,建立动态联盟,共同组成虚拟团队,希望通过虚拟团队的运作开发出新型针剂蛋白系列产品。虚拟团队最后由 7 名科研人员组成,山东公司派出 2 名人员,并在项目开发期间长驻北京,与北京所 2 名科研人员共同工作。其中一名人员负责整个项目的协调沟通。团队综合利用信息技术手段建立了自己的沟通平台,在整个产品开发周期内,美国机构的 3 名科研人员与国内 4 名科研人员共有四次面对面的沟通,其他时间均通过团队建立的沟通网络进行信息传递与分享,沟通与决策。整个项目为期 192 天,开发出 5 种新型针剂蛋白产品,各项指标均达到世界先进水平,开发费用比预期的节约 12%。

资料来源:道客巴巴,http://www.doc88.com/p-093202991316.html

问题

1. 虚拟团队有哪些特点?
2. 总结案例中公司的成功经验。

贝尔宾团队角色测验

贝尔宾团队角色测验共有七个问题。针对每个问题,请将 10 分分布在认为能精确地描述你在工作中行为的选项(a～h)上。10 分的总分可能分布在几个不同的选项中。不必面面俱到,只需将分数分布在你认为与你自己工作实际相关的选项中。每一选项分数的多少根据每一选项多大程度反映了你自己的工作行为而定。一个极端的例子是 10 分可能分布在每一问题的所有选项中,你也可以将其中一个选定为 10 分。将你对选项分配的分数填在提供的答案纸上。每一道题没有标准答案,也无所谓好坏,请根据你自己的实际情况作答。这个问卷调查能帮助你了解你在团队中的角色。本测验约需 80 分钟。

1. 我认为我能为团队作出的贡献:
( )a. 我能够迅速发现并抓住新的机遇。
( )b. 我能够与团队中各种类型的人合作共事。
( )c. 我生来就爱出主意。

（　　）d. 我的能力在于，一旦发现有能够对团队目标有价值的成员，我就能够推举他们。

（　　）e. 我能把事情办成，这主要靠我个人的实力。

（　　）f. 只要最后能取得有价值的结果，我乐意面对暂时的冷遇。

（　　）g. 在我熟悉的情形中，我很快就能意识到哪些方法管用。

（　　）h. 我能够客观地对备选的做法提供充分的理由。

2. 在团队工作中如果我有缺点，它可能是：

（　　）a. 除非会议组织、控制并开得很好，否则我会感到不安。

（　　）b. 我容易对那些有高见但没有适当表达出来的人过于宽容。

（　　）c. 一旦集体讨论新观点，我总喜欢说得太多。

（　　）d. 我客观的看法使我很难与同事们打成一片。

（　　）e. 在需要办成某件事的情况下，我有时使人感到很强硬和专断。

（　　）f. 也许是我对团队气氛过分敏感，我发现自己很难与众不同。

（　　）g. 我容易沉浸在自己突来的想象之中，以致忘了正在发生的事情。

（　　）h. 我的同事认为我过分注意细节，总有不必要的担心，怕把事情搞糟。

3. 在与他人一起做一个团队项目时：

（　　）a. 我有不给别人施压就能影响他们的能力。

（　　）b. 我随时防止粗心的错误和疏漏。

（　　）c. 我愿意施加压力以换取行动，以确保会议不会浪费时间或离题太远。

（　　）d. 在提出独到见解方面，我是数一数二的。

（　　）e. 我总是乐于支持与共同利益有关的积极建议。

（　　）f. 我热切寻求新的想法和新的发展。

（　　）g. 我相信别人会欣赏我冷静的判断力。

（　　）h. 大家信赖我能够将最基础的工作组织得井井有条。

4. 我在团队工作中的特点就是：

（　　）a. 我有兴趣更多地了解我的同事。

（　　）b. 我经常挑战别人的观点或独自坚持自己的意见。

（　　）c. 我常常能够找到一连串的论据驳倒不甚有理的主张。

（　　）d. 一旦计划必须付诸实施，我认为我有能力使工作运转起来。

（　　）e. 我能够避开显而易见的想法，而提出出人意料的想法。

（　　）f. 对承担的任何团队工作，我都有一点完美的倾向。

（　　）g. 我乐于利用团队以外的关系资源。

（　　）h. 尽管我对所有的观点都感兴趣，但一旦需要做出决定，我还是会毫不犹豫地拿定主意。

5. 我在工作中获得满足是因为：

（　　）a. 我喜欢分析情况，评价和权衡各种可能的选择。

（　　）b. 我对寻找解决问题的可行方案感兴趣。

（　　）c. 我感到，我在促进良好的工作关系。

（　　）d. 我能够对决策有很强的影响力。

（　　）e. 我能够遇到那些有新意的人。

（　　）f. 我能够使大家在某项必要的行动上达成共识。

（　　）g. 我感到我能够全身心地投入工作中。

（　　）h. 我很高兴能够找到一个可以发挥我想象力的天地。

6. 如果我突然接到一个艰巨的任务,而这个任务必须在有限的时间里和不熟悉的人一起完成:

（　　）a. 在找到解决办法之前,我宁愿躲在角落里,拟定一个解脱困境的方案。

（　　）b. 我愿意与提出了最好解决方案的同事共同应对难题,无论他有多难相处。

（　　）c. 我会设想通过用人所长的方法来减轻工作负担。

（　　）d. 我天生的紧迫感将帮助我们不会落后在计划后面。

（　　）e. 我相信自己能够保持冷静,富有条理地思考问题。

（　　）f. 尽管困难重重,我也能保持目标始终如一。

（　　）g. 如果团队工作没有进展,我将采取积极措施加以推动。

（　　）h. 我乐意广泛开展讨论,以激发新的想法,推动工作的开展。

7. 关于在团队工作中我常碰到的问题:

（　　）a. 我很容易对阻碍工作进展的人表现出不耐烦。

（　　）b. 别人可能批评我太重分析和缺少直觉。

（　　）c. 我为确保工作有序地开展的愿望通常阻碍了工作进程。

（　　）d. 我常常容易产生厌烦感,需要一两个有激情的队员使我振作起来。

（　　）e. 除非目标明确,否则我很难着手解决问题。

（　　）f. 有时我很难把复杂的观点澄清和解释清楚。

（　　）g. 对我自己不能做的事情,我有意识地求助别人。

（　　）h. 当遇到反对意见时,我会犹豫是否让自己的观点获得通过。

解释:

(1) 团队角色

共分协调者、监督者、推进者、创新者、完善者、信息者、实干者、凝聚者等八种角色。

(2) 角色分数

完成问卷调查表后,你将获得每一团队角色的分数。

(3) 答题卡

将每一选项分配的分数填在表1的方框内。检查每一行的分数之和是否为10分。

表1　分数表

题目/选项	a	b	c	d	e	f	g	h
1								
2								
3								
4								
5								
6								
7								

　　然后将上面每一方格的分数对应填入下面表 2 的方格内。将每一列的分数加起来得出八种风格中每一种风格的分数。

表 2　分析表

协调者		推进者		完善者		实干者		监督者		创新者		信息者		凝聚者	
1d		1f		1e		1g		1h		1c		1a		1b	
2b		2e		2h		2a		2d		2g		2c		2f	
3a		3c		3b		3h		3g		3d		3f		3e	
4h		4b		4f		4d		4c		4e		4g		4a	
5f		5d		5g		5b		5a		5h		5e		5c	
6c		6g		6d		6f		6e		6a		6h		6b	
7g		7a		7c		7e		7b		7f		7d		7h	
小计		小计		小计		小计		小计		小计		小计		小计	

　　将你的得分与表 3 中的常模进行对比。

表 3　与常模比较

	协调者	推进者	完善者	实干者	监督者	创新者	信息者	凝聚者
很低	0～3	0～3	0～1	0～5	0～2	0～1	0～2	0～3
低	4～5	4～6	2～3	6～8	3～4	2～3	3	4～5
中等	6～9	7～14	4～8	9～12	5～9	4～7	4～7	6～10
高	10～13	15～18	9～10	13～15	10～11	8～9	8～9	11～13
很高	14+	19+	11+	16+	12+	10+	10+	14+

　　根据上面表 3 的标准,比较你在团队中每一类的得分(按列累加的分数),记下你团队角色每一类行为的得分是高、中,还是低。填入表 4 中,两组最高的分数符合你主要的团队角色类型。

表 4　团队角色类型

分数	很高	高	中等	低	很低
角色类型					

　　解释如表 5 所示。

表 5　团队角色特征解释

特征角色	主要优点	主要缺点	团队功能
协调者	沉稳,自信,自控力强,令人尊敬的领导者,目标清楚、明确,宽容,授权,非权力影响,和事佬,求助	缺乏创造力,有时会被认为善于利用别人,过多地下放权力以致失去控制,缺乏原则	控制向目标前进,确保每个成员潜力得到发挥,擅长将不同的观点、技能和风格放在一起

特征角色	主要优点	主要缺点	团队功能
推进者	有潜力,适应压力,以结果为导向,有影响力,行动表率,排除障碍和反对意见,独立,固执	急躁,爱发火,缺乏耐心,敌对,伤人感情	影响甚至左右团队的目标和工作方法,促进团队按时完成任务,有魄力做出判断
完善者	讲效率和秩序,认真,警惕,完美主义,避免错误和缺点,按时交付,守时,踏实	为小事担心,好钻牛角尖,不愿承担责任,反应迟钝	使团队免于错误和遗漏,搜寻需要特别注意的工作,保持团队的紧迫性,促使团队按时完成任务
实干者	实际,实用,保守,条理,固执,有组织能力,勤奋刻苦,守纪律,稳定	缺乏灵活性,对新观点、想法反应不积极,缺乏创造性和随意性,刻板	将概念和计划转化为实际工作程序,系统有效地执行大家一致的意见,按需要和要求工作
监督者	理性,冷静,逻辑分析,好判断和争辩,思考,不冲动,能看到各种机遇,有判断力	缺乏灵感,枯燥乏味,呆板,无激情,过于批判,不能调动他人的积极性	协助团队分析问题,评估建议和想法,权衡做出决策
创新者	创意,幻想,理想化,灵活,创造,非程序决策,想象力丰富,独立思考,直观,好奇,个人主义,非正统,聪明,有点子	有时脱离现实,不太注意繁文缛节,有时会孤芳自赏或被孤立,喜新厌旧	发展新的想法和战略,寻找解决问题的方法
信息者	热情,好奇,表达能力强,探索机遇,发展新的关系,关注动态,重视利用团队外的关系资源	过于乐观,喜新厌旧	探索和汇报想法,发展组织外资源和保持与外界的联系和磋商
凝聚者	温柔,敏感,合作,善于交往,聆听,感觉敏锐,友好,支持,理解,合作,有时服从和妥协,避免摩擦,提倡团队精神	有时过分妥协而失去原则,容易受到他人影响	支持和鼓励团队成员,提高沟通技巧,培养团队精神,是推进者角色的重要伙伴

第十章 人际沟通及有效管理

第一节 沟通的原理

一、沟通的含义与层次

（一）沟通的含义

沟通（communication）一词的出现最早始于《左传》中，本义指挖沟使两水相通。现沟通被广泛使用并理解，据美国学者 F. 丹斯统计，人们关于沟通的定义多达上百种之多。

在通信科学领域中，沟通就是"人与人之间通过视觉、符号、电话、电视等其他工具媒介，彼此交换各自的信息"。

在工程心理学中，沟通是"文字或消息的交通，即思想或意见的交换"。

在社会心理学中，将沟通理解为"一种程序，组织中的成员借此程序将其意见传送给其他成员"。

从管理学的角度出发，沟通发生在组织与组织、组织与个人、个人与个人之间，沟通是指信息凭借着一定的符号载体，在个人或群体间有意识或无意识地从发送者到接收者，并得以理解的过程。沟通首先是有信息或意义的传递，其次是选择什么方式进行传递，最后沟通的成功在于传递出的信息或意义被接收者所理解，才是较完美的沟通。因此简单地说就是从不沟不通，达到沟而能通，沟通就是理解的交换。

中国古代君王的纳谏、西方管理者的透明办公室，这些也是沟通的表现形式。沟通被视为个人事业成功的关键，调查研究表明，人们除了睡眠以外，70％的时间都用在沟通上，剩下 30％的时间用于分析和处理相关事物，可以说沟通无时不有、无处不在。人总是在不同的时间、不同的环境面对不同层次的沟通。

（二）沟通的六个层次

沟通的过程中，根据沟通者、信息、媒介、接收者以及效果的不同，将沟通划分为六个层次，分别为个人内部沟通、人际沟通、群体沟通、公众沟通、大众沟通以及跨文化沟通。

1. 个人内部沟通

是指自己与自身的无声对话。包括认识自我、反思自我、提升自我、自我控制、自我激励、情绪管理、压力管理等一系列内容。

个人内部沟通包括：

(1) 认识自我。不仅包括物质自我的认知、社会自我的认知、精神自我的认知的内容,还应有自己社会各类角色、责任、目标等的分析和定位与反思,这样才不容易被他人的评价所左右。

(2) 提升自我。是不断地提升认识事物的本领,在面对变革时自我意识和激励,做一个积极的倾听者,持续自我情绪与压力上的监督。

(3) 超越自我。实现自我控制与自我激励,实现自我管理能力和观念上的进步。

2. 人际沟通

两个人或数人间的信息传递和理解过程。是人们在共同活动中,面对的各种观念、思想和感情彼此交流的过程。这类交流主要是通过语言、表情、手势、体态以及社会距离等来表示。

3. 群体沟通

是指基于各自的群体特定目标而组成的集合体内,两个或两个以上相互依赖、相互作用的个体,进行成员间的意义分享和目标整合过程。

现实中群体的沟通不是单一渠道或单一形式的沟通,而是把各种沟通方式组合起来,形成了沟通网络。一般包括正式沟通网络和非正式沟通网络。

4. 公共沟通

是指利用个人公共关系权利,说服影响公众的过程。对于一个组织来说,与公众特别是与相关利益者进行有效沟通是最基本的要求。

在公共沟通中,信息的发送者(演说者)向听众发送某种信息(发表演说),演说者通常在正式的环境中,传送一种高度结构化的信息,尽管利用的沟通渠道与人际沟通和团队沟通相同,但影响面更为扩大。因为听众人数增多,所以声音要更高,手势幅度要更大。一般地说,在公共沟通中,听众可以做出非语言的反馈,但语言反馈的机会却受到限制。

5. 大众沟通

是指特定社会集团利用报纸、杂志、书籍、广播、电影、电视等大众媒介向社会大多数成员传送消息、知识的过程。这一定义仅指传播的单向过程,没有包括反馈。1945 年 11 月在伦敦发表的联合国科教文宪章中首先使用大众沟通的概念。随着大众媒介的发展,大众传播将可能成为双向过程。

6. 跨文化沟通

是指不同文化背景的成员间的信息传递和意义分享的过程。越来越多的外资企业进入中国,也有越来越多的中国企业开始国际化战略,只要企业进行跨国经营,就必然要面对这个问题。由于文化的根植性的特点,跨文化沟通其实质是用一种解码去理解不同的编码系统,很容易存在沟而不通的状态。

二、沟通的过程与要素

(一) 沟通的一般过程模式

1948 年美国学者 H. 拉道威尔在《传播在社会中的结构和功能》中首次提出沟通过程模

式,认为沟通的一般过程会有以下五个过程性环节。即 5w:沟通者是谁(Who);他或她准备传递什么信息或观点(Say What);应该选择什么样的媒体或渠道(In Which Channel);这些信息的接收者是谁(To Whom);将会取得什么样的效果与反馈(With What Effect)。

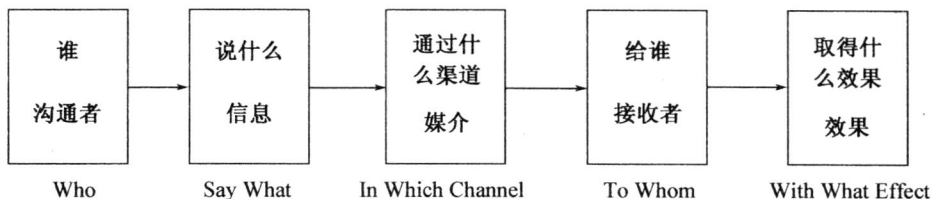

图 10－1　沟通的过程模式

(二) 沟通过程的八大要素

沟通过程就是将信息通过选定的渠道传递给接受者的过程。沟通过程的细节包括以下八大要素:

1. 沟通者

沟通中首先要回答"谁正在发起行动沟通","信息从哪里发出的","为什么要信任他"等问题。发起沟通者的动机、态度及其可靠性对沟通效果有重要作用(可参看态度改变中的相应章节的内容)。

2. 接收者

信息接收者即听众。要考虑的问题是什么促使接收者去接收和理解这些信息。他们对沟通者的建议态度是积极的还是消极的,或者是不冷不热的。有没有关键的听众,那些会受到沟通者信息影响的次要听众是谁,有没有还没考虑到的听众。

3. 编码和解码

编码是沟通者将信息译成可以传递的符号形式的过程。信息纳入一定的形式中才能传达,例如使用口头语言或书面语言,并借助于一定的非语言沟通的形式。沟通者的词汇和知识在这里起着重要的作用,但还要考虑接收者的文化背景、生活习惯,这样才能尽量减少信息传递的扭曲。专业化的信息可以用专业术语传递,也可以用任何人都能理解的形式传递。

解码是信息接收者根据自己的经验和参考的框架进行解释的过程,也是信息接收者的思维过程。其一,接收者最好要处于准备的状态,才可能接收传来的信息;其二,接收者得到的信息与沟通者的本意可能相似,也可能不同;其三,沟通者应明白,不管自己的期望如何,在接收者头脑中所进行的解码只反映了接收者自己的情况。

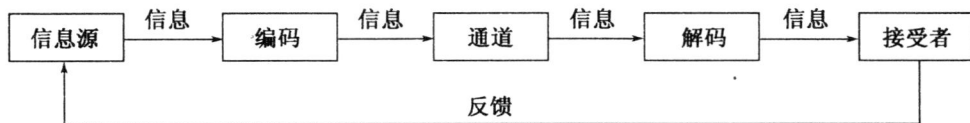

图 10－2　信息传递过程

4. 通道与媒介

沟通者把信息传递到接收者那里所借助的手段。哪种媒体能把信息最有效地传递给每个重要听众,是选择面谈、电话、会议、计算机网络、政策条例、计划、工作日程等,还是写信、发电子邮件,还是召开会议、发传真、做录像,或是举行记者招待会。

常见书面语言的方式有以下几种：书信、备忘录、报告、合同、标书、电子邮件、电子公告板。口头语言的方式有以下几种：交谈、电话、演讲、闲聊、小道消息。现从沟通媒介的信息传递能力和信息类型两个方面对常见的口头与书面沟通进行比较(见表10-1)。

表10-1 常见的口头与书面沟通媒介的比较

选择的沟通媒介	影响因素	
	沟通媒介的信息传递能力	信息类型
面对面的交谈		
电话	强	非常规的信息
电子邮件	↓	↓
备忘录、信件	弱	常规的明确的信息
广告、公告、一般文件		

"媒介本身就是信息"，在做出媒介选择时实际上就已经在传递着相应的信息。例如，你送给办公室同事一份备忘录，可能表示你不愿与他面对面交谈。在参加面谈时，通过整齐的职业装、自信的目光和尊重的语气等非语言信号，也会发送出比求职信更为丰富的信息。

5. 反馈

这是沟通者和接受者间的双向过程的反应，形成一个动态循环过程。如果没有反馈，沟通效果难以保证，还会降低人们从沟通中获得的满足感、社会归属感。

禅宗有言：林中树倒，无人知晓，谓有声乎？无声也。也就是说，林子里的树倒了，要有人听见，才是真正的"有声音"。比如你的同事向你诉说一件倒霉事，你会安慰他几句。你批评下属工作质量下降时，他竭力为自己争辩，这些都是反馈。由于反馈能让沟通主体参与了解信息是否按他们预计的方式发送和接收、信息是否得到分享，所以它对沟通效果的好坏是至关重要的。反馈意味着沟通的每一个阶段都要寻求听众的支持，一个信息引起一个反应，而这个反应又成为一个信息。要给他们回应的机会，只有这样，你才会知道你的听众在想什么，才有可能相应调整你发布的信息，使他们有可能感觉到，并参与这个过程，对你的目标做出承诺。

两个人面对面的沟通使沟通主体有最大的反馈机会，而在一个礼堂或报告厅里所进行的演说，不论演说者还是听众，其反馈都十分有限。总之，交流中包含的人越少，反馈的机会就越大。

实际的沟通中，单向沟通虽然反馈较少，但对以下情况单向沟通也有其适用性：如果问题简单，时间紧迫；下级倾向于接收解决问题的方案；下级不能在短时间充分了解信息，反馈可能造成混乱；上级倾向于单向沟通或缺乏负反馈的能力时。双向沟通则比较适合以下几种情况：时间充足，问题复杂；下级对解决方案的接受程度至关重要；下级有能力提出建设性的意见；上级倾向于双向沟通，并且具有负反馈的能力。

6. 噪音

噪音是影响接收、理解和准确解释信息的障碍。根据噪音的来源，可将它分成外部噪音、内部噪音和语义噪音三种形式：

(1)外部噪音源于环境，它阻碍人们听到及理解信息。最常见的噪音如谈话中其他声音的干扰、车间里机器的轰鸣声、课堂外的喊叫声、隔壁邻居家装修房子的声音，等等。不过这里所说的噪音并不单纯指声音,它还可能是刺眼的光线、过冷或过热环境。有时在组织中,人们之间不太友好的关系,过于强调等级和地位的组织文化等也是沟通的噪音。

(2)内部噪音发生在沟通主体身上,比如接收者注意力分散或存在某些信念和偏见等。

(3)语义噪音是由人们对词语情感上的拒绝反应引起的,如许多人讨厌听带有亵渎语言的讲话,因为这些词语是对他们的冒犯。

7.背景或环境

背景或环境是指沟通发生的时间和地点时空背景。人们的任何活动都不是发生在真空中的,环境或背景对沟通效果能产生重大影响。沟通在不同的地方进行,本身意味着沟通各要素的重置。

正式的场合与背景就适合于正式的沟通。非正式的场合与背景,人们的言语交谈则要随意得多。很多情况下,当环境变化时,沟通也要随之变化。由于大公司和小公司结构和规模上的差异,组织沟通的方式和风格也大相径庭。一个组织处于稳定发展阶段时的信息沟通,与处于变革时期的信息沟通,不论在内容和手段上也都会有很大的区别。

8.目标

沟通者必须明晰信息传递目的或者是通过沟通想寻求的结果。一般是基于特定的工作目标,明确了工作的目标,才能确认沟通的目的,也就是要回答"怎样才算沟通成功"的问题。

第二节　沟通的渠道

一、沟通渠道的分类

沟通从不同的维度进行划分可以有许多不同的分类,主要的分类有三种,在沟通的范围和环境层面上的组织内部沟通与组织外部沟通,组织沟通渠道层面上的正式信息沟通与非正式信息沟通,沟通媒介不同而区分的语言沟通与非语言沟通。

(一)组织内部沟通和组织外部沟通

按沟通的范围和环境可把组织的沟通管理划分为组织内部沟通与组织外部沟通。

1.组织内部沟通

组织内部沟通是指发生在组织内的沟通,包括组织内的人际沟通、组织内的团体沟通、团体与个人的复杂沟通等方式。一般来说,在一个组织内这几种沟通方式也不能截然分开,组织内部的日常沟通过程就是一个多种沟通方式交织的过程。这种"混合式"沟通的流程,也使得沟通流程的控制变得较为复杂。

2.组织外部沟通

组织外部沟通是指组织与外部环境互动的过程,也是与外部环境进行信息互换和沟通的过程,包括协调组织关系、创立和维护组织形象、提供服务三个方面。

(1)协调组织关系。组织外部沟通形成信息流,伴随信息流的是物质流和资金流、人才流。根据发展和维持组织间合作关系的模式,一般协调组织间的沟通关系包括协调阶段、承诺阶段和执行阶段三个阶段。

(2)创立和维护组织形象。塑造良好的组织形象,从经济学角度来看,可以减少企业合作中的搜寻信息成本和保障的成本。通过对企业生产经营总体成本的降低,达到市场的有效资源配置。这种环境的改造常常包括创立和维护组织形象、建立积极有益的组织形象,这对改善企业与供应商、合作企业、顾客、政府、会员的关系都有积极作用。理念、目标、文化的信息透露出去,也减少了企业与外界的信息不对称。

(3)提供服务。组织最普遍也是最重要的外部沟通功能就是为组织的客户提供服务。对于企业组织来说竞争激烈的市场必与顾客关联,而与顾客的关联则离不开沟通。特别如咨询、诊断、指导等服务型企业,只有与顾客沟通良好才可能赢得市场。

(二)正式信息沟通和非正式信息沟通

1. 正式信息沟通

正式沟通是指通过组织的正式结构或层次系统进行的沟通渠道,如组织中上级的命令、批示向下传达,下级的情况向上汇报,还包括组织内部规定的会议、汇报、请示、报告制度等。正式信息沟通按信息传递的路线划分沟通渠道为:下行沟通、上行沟通、平行沟通、斜向沟通四种形式。如表 10-2 和图 10-3。

(1)下行沟通。指自上而下的沟通。上级向下级发布命令和指示,传达组织的目标、计划、方针、措施。

(2)上行沟通。指自下而上的沟通。即群体成员和某层管理人员与管理决策层进行的信息沟通。

(3)平行沟通。指处于同一级别上的单位和个人之间的沟通。

(4)斜向沟通。是指信息在不同层次的不同部门间的流动性沟通,斜向沟通可以是由下而上的交叉,也可以是由上而下的交叉。交叉沟通的信息内容包括各部门的工作情况、各自团体目标、两个团体共同利益的问题、团体间的冲突解决,等等,这也是组织内部加强部门联系沟通的主要传递形式。

表 10-2 正式信息沟通方式比较

类别	使用频率	表现形式	优点	缺点
下行沟通	主要	命令、指示、政策、计划、规划、员工手册、年终报告表、广播系统	了解组织目标和领导意图,增加职工对所在群体的向心力和归属感	上级易居高临下、蛮横及下属心理抵触
上行沟通	主要	正式的书面或口头报告、意见箱或建议系统、员工座谈会、申诉委屈程序、特别会议	了解被接受和执行的情况,提高管理效能	层层过渡,逐级上传,易信息失真
平行沟通	辅助	备忘录、传真、会议	增进部门之间和职工之间的了解和谅解,培养相互之间的感情和友谊,提高效率	发牢骚、传播小道消息
斜向沟通	辅助	会议、传真、口头交流	在其他沟通渠道失效,时间和成本上很有效	不能经常使用

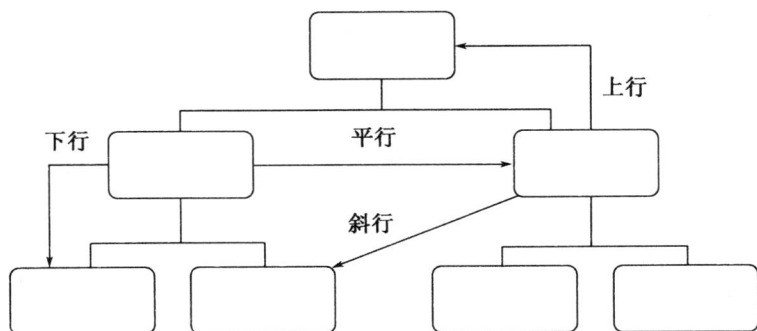

图 10 - 3　正式信息沟通方式示意图

2. 非正式信息沟通

非正式信息沟通是指以一定的社会关系为基础与组织内部明确的规章制度无关的沟通方式,它的沟通对象、时间及内容等各方面都是未经计划与难以辨别的。在一个组织系统中,无论它的正式沟通渠道是多么的健全,总会存在非正式沟通渠道以补充其不足。相对于正式信息沟通而言,非正式信息沟通渠道具有以下特点:

(1)随意性、灵活性和松散性。由于其渠道无定型,因而产生的信息沟通的模式和方法也是不固定的,自由开放的。

(2)效率高、速度快、比较灵活。正式信息沟通主要依赖于组织的层级原则建立起来,这就决定了其沟通方式单调、信息传播缓慢。非正式信息沟通往往超越了部门、单位以及层级,沟通者之间交往频繁,因此,信息沟通的速度大大加快,效率更高。

(3)情感性强。非正式信息沟通有助于增进沟通者之间的感情。其情感的沟通有别于单纯的上行或下行沟通,情感沟通的方式是平行或交叉的,非正式信息沟通的特点在于人与人之间打破原有组织中的等级差异,是沟通者对沟通心理需求的一种体现。

(4)非组织目标性和个人目的性。非组织目标性是指非正式信息沟通的内容不一定与组织的整体目标相关,有时只是参与者出于个人利益的考虑而与他人进行信息交流,也即个人目的性。

(三) 语言沟通和非语言沟通

据沟通的媒介可将沟通渠道分为语言沟通与非语言沟通。语言沟通又可分为口头沟通与书面沟通。非语言沟通包括身体语言和副语言沟通(见表 10 - 3、图 10 - 4)。

表 10 - 3　沟通媒介分类表

语言沟通		非语言沟通					
		身体语言沟通			副语言沟通		
口头沟通	书面沟通	身体动作姿态	服饰仪态	空间位置	声调	表情	重音

有声的　　　　无声的

有声的
语言符号
（说的字词）　　无声的
语言符号
（书写的字词）　　语言的

有声的非语言
符号(尖叫、
呻吟等)　　无声的非语言
符号（姿势、
手势等）　　非语言的

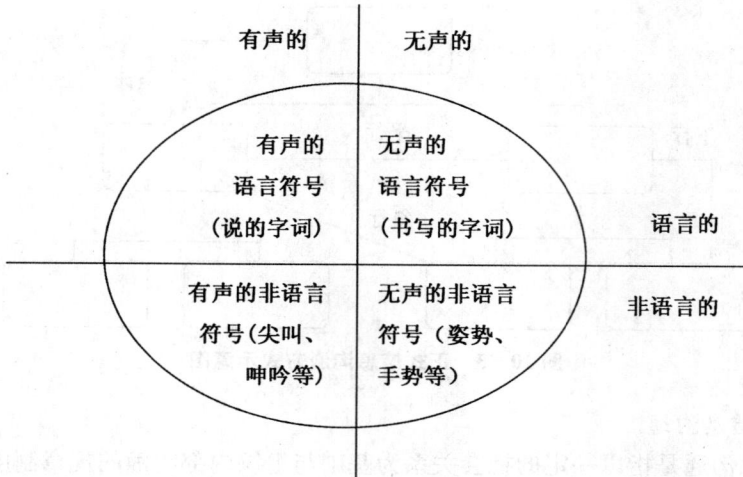

图 10 - 4　沟通媒介分类辅助理解图

1. 语言沟通

（1）口头语言。在组织内面对面的访谈交流,包括各种会议、讨论会、授课、演讲、电话联系等。口头沟通的优点是有亲切感,可以用表情、语调,还可以马上获得对方的反应,具有双向沟通的好处,这样会增加沟通的效果。但每个人都会倾向于用自己的方式去解释,经过组织层次,可能面目全非,也不便于保存或记忆,传递中可能存在失真的可能(见表 10 - 4)。

（2）书面沟通。以书面文字的形式进行的沟通,包括组织中的文件、布告、备忘录、公报、职工手册、发布的新闻等。书面信息可以长时间保存,不易在传达过程中歪曲,效率低,但具有高权威性、正确性。显然,书面沟通不能及时提供沟通的反馈,时间也较慢(见表 10 - 4)。

表 10 - 4　书面与口头沟通效果的比较

比较内容	书面沟通	口头沟通
权威性	较高	较低
信息正确性	高	低
信息保存时间	长	短
信息内容	较深刻	较简单
促进沟通双方的关系	较不利	较有利
促进双向沟通	不利	有利
弹性	较差	较强
效率	较低	较高
应用	较复杂	较简单
受各方面的制约	较多	较少
借助其他渠道	较难	较易

2. 非语言沟通

非语言沟通指的是除言语沟通以外的各种人际沟通方式。它包括形体语言、副语言、空间利用及沟通环境等涉及人们面对面沟通中的诸多方面。非语言的沟通往往是一种下意识的行为，但有时候人们也可以有意识地运用非言语沟通技巧。

根据有关研究表明，在人们的实际沟通过程中，非言语信息量占人们所接受的总信息的60％以上。心理学家对语言沟通与非语言沟通在沟通中使用的比率进行过研究表明存在以下公式：信息的传递100％＝7％语言＋38％语音＋55％态势。显然，非言语沟通所包含的信息远远超出言语所提供的信息，正所谓"此时无声胜有声"。非言语沟通在实际沟通活动中起着非常重要的作用，甚至比通过言语表达的信息更为重要。

（1）身体语言沟通。

① 身体动作。身体动作也称为态势语言，是表达沟通时个体心理和状态的重要来源。甚至姿势不同的坐姿和站姿也传达着不同的沟通信息。例如，面试时应试者弓着背坐着，两臂僵硬地紧夹着上身，两腿和两只脚紧靠在一起，就好像对面试者说"我很紧张"。同样，如果应试者懒散地、四脚撒开地坐着，表明他过分自信或随便，令人不舒服。一般来讲，无论是站着还是坐着，当一个人放松或休闲的时候，身体往往处于比较舒展的状态，而当一个人不舒服、紧张、害怕时，整个身体都是绷得紧紧的，手臂和两腿紧靠在一起。甚至头部、手臂、手指、脚，还有眼睛，都在起着传递沟通的功能。

② 服饰仪态。服饰也是种静止无声语言，无时无地不在向他人展示主人的形象与风度，也反映出一个人的文化素质及审美情趣。

服饰最重要的是自然得体，协调大方。不仅要遵守某种约定俗成的规范或原则，也要与自己的具体条件相适应，还要符合客观环境、场合的要求。即着装时要优先考虑时间、地点、目的三大要素并与之协调一致。仪表服饰的修饰原则主要体现在适体性、整体性、适度性。

③ 空间位置。在沟通中，通过控制交际双方的空间距离，也会表达出不同的含义，这称为空间沟通。必须承认我们的空间受到友好协作的需要和保留隐私的需要这两种互相竞争的需要的影响。大体上来说，通过形体上的接近可以表达我们想发展更密切关系的愿望。因此，形体上的接近在人际交往中扮演着十分重要的角色。相反，我们通过与他人保持距离以满足自己保留隐私的需要，这时常常寻求形体方式来确认这种距离的存在。例如，使用肘部以防止他人靠得太近。我们对他人使用空间方式的反应，也会给他人留下友好、亲密、霸道、诚实以及同情等印象。

（2）副语言沟通。副语言沟通往往是伴随着口头沟通进行的。例如面部的表情，说话的速度、声调、重音被加入后，就会发生修正口头沟通语义的效果。

① 面部表情的解释。面部是最常用也是最有效的交往区域。人们在接触时，是微笑、是憎恨、是厌恶、是冷漠，等等，都很容易从面部表露出来。阿盖尔曾说"面部是情绪沟通的主要区域，人们在互动过程中注视着这一区域，它清晰明了地标志着一个人的情绪状态，具有某种固有的情绪模式"。

② 语言的速率解释。说话时的速度也会影响到接收信息的方式与效果。研究表明普通人说话为每分钟120～261字间。说话者速率较快时，易被认为更有能力。但说得太快，注意力不集中的人们容易跟不上。因而一个人要较好地控制说话的速率，否则容易留下没有耐心或缺乏风度的印象。人们趋向于信任那些说话速率适中、音量中等的人士。

③ 声调的解释。声调决定一种声音听起来是否悦耳。过于高声,不管内容如何,容易让人感到不舒服或让人紧张,听着更像训斥,而不像谈话。研究发现,如果沟通者使用较高和有变化的音调,则被视为更有能力。

④ 音量的解释。音量不仅为语言添色,同时也可观察出对方的性格。一般认为,声音洪亮往往被认为是个外向的人,相反内向的人音量会低很多。有时说话人很关注某件事时音量也会变高。而柔和的声音能起到稳定人心的作用,也能体现出相应的素质。

⑤ 重音的解释。重音是调节语义的重要工具之一。下面通过一个例句来说明重音的位置,造成语义被调整的效果。

我会给你涨工资。(隐含义:"别的主管是不会的",或"我才有权决定你的工资涨落"。)

我会给你涨工资。(隐含义:"它不是你挣得的"或"好吧,你赢了"或"我也是刚刚才决定给你涨工资的"。)

我会给你涨工资。(隐含义:"本部门没有其他人能得到这种待遇,只是给你一个人涨"。)

我会给你涨工资。(隐含义:"你就不再可能得到提拔或其他想要的东西了"。)

我会给你涨工资。(隐含义:"这是你应该得到的"。)

(3)非语言沟通中的性别差异

一般而言,男性大脑的语言和视觉结构似乎联系较少,女性则具有较强的整合视觉和语言的能力。有研究显示男性擅长于集中精力处理个别事情,而女性则更能通观全局。两性在非语言沟通上的差异一直受到关注。一些研究表明,男性在脑内控制侵略性的区域较活跃,而女性控制情感的区域影响力较大。这些结构联系上的差异也影响着性别间沟通的差别。现将性别在非语言沟通上的差异进行简要的对比(见表 10-5)。

表 10-5 非语言沟通中的性别差异分析表

非语言沟通	男性	女性
身体位置与姿势	放松,双脚分开站或坐、双手放身体两侧	拘束,双手交叉抱于胸前
距离	坐得较远	坐得近
手势	手势少,较女性弱	手势多,敏感

二、沟通渠道的表现形式与比较

(一)正式沟通渠道(网络)的方式与比较

正式沟通是以正式的职位关系为基础,企业组织所设计的管理者和员工之间规范的沟通方式。它在组织中最为常见,在信息沟通中发挥主渠道作用。

1965 年管理心理学家巴维拉斯(A. Bavelas)和列维特(H. Leavitt)曾研究过人际交流信息应该采取哪种沟通网络的通道最为合适。他们的研究结果表明,信息沟通的效率与它的结构形式具有一定的关系。一个群体本身的结构怎样,将决定其成员间传递信息是否容易和有效。并以五人为例,提出了五种不同的沟通网络(见表 10-6)。

表 10-6 正式沟通渠道(网络)的方式与比较表

类型	图例	主要特色	成员士气	工作绩效	领导方面	存在的可能性	适用性
链式		易形成成员层次节制体系,速度快	处于中心地位成员较具有满足感	沟通有一定结构,程序解决问题较具有时效	有明显领袖出现	大	组织系统庞大,需要实行授权管理
轮式		秩序的群体,准确	群体领导者最具有满足感,其他成员满足感降低	解决问题最具有时效,但易出错	有强有力的领袖	大	工作任务急
Y式		群体成员形成一定的结构体系	处于中心地位成员满足感高,边缘地位成员地位和士气低	解决问题比较具有时效,有时信息筛选或失真	有明显的功能性领袖	大	任务繁多
环式		群体成员只与两位成员进行沟通	所有成员士气相当,满足感相同	决策迂回、缓慢	没有明显的领袖出现	小	企业决策层
全通道式		群体成员均能与其他成员进行沟通	所有成员士气相当	决策缓慢	没有明显的领袖出现	小	解决复杂问题,需要高度合作

(二) 非正式沟通渠道(网络)的方式与比较

在一个组织结构中,无论设立多么精巧、严密的沟通系统,也总存在着非正式的沟通网络来补充其不足。人际间非正式沟通又称之为传言,传言是不按组织结构中正式的沟通系统来传递消息,而是消息在组织结构内任意流通。传言大都是口头传播,传播速度快,但也易消散,没有永久性的结构与成员组成。

1953 年,戴维斯在《管理传达和小道新闻》中发表了他对小道新闻的研究成果。他在一个小制造商行里对 67 名管理人员调查了沟通模型,采用顺藤摸瓜的方法跟踪小道新闻的来源,发现只有 10% 的人是"小道新闻"的传播者。他根据研究结果提出了四种非正式沟通网络:

(1) 单串型。通过一连串的传递,最终把信息传给接受对象。

(2) 饶舌型。也称流言型,信息由 A 主动地传递给所有他遇到的人。

(3) 几率型。由 A 将信息偶然地传给某些人,这些人又随意将信息传给另一些人。

(4) 集聚型。由 A 将信息传给某些特定的人,这些人又将信息再次传递给另一部分特定的人(见图 10-5)。

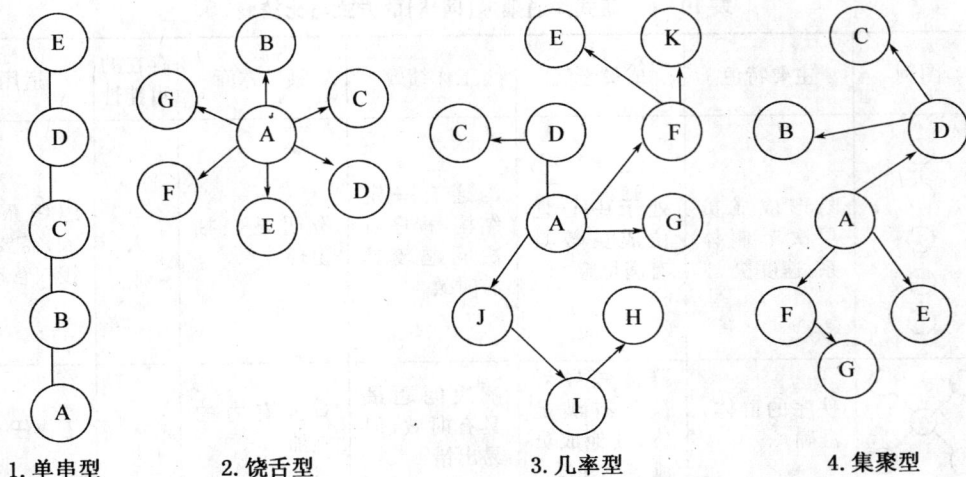

图 10-5　非正式沟通渠道(网络)示意图

戴维斯指出传言具有以下特征:新闻越新鲜,人们谈论得越多;对人们工作有影响的,人们也倾向于谈论;最为人们所熟悉的人,人们更乐于谈论;人与人在工作上有关系者,最可能牵涉同一传言中;人与人在工作中常有接触者,最容易涉入同一谣传中。传言也具有两种性质,一是积极的传言,一是消极的传言。对于积极的传言应该充分利用,为了了解下属,领导者需要通过沟通网络来反映情况。对于消极的、恶意的传言,应该善于加以处理,改善的办法是使正式沟通渠道畅通,用正式消息驱除小道消息。

第三节　人际沟通的风格、规律及存在的障碍

一、人际沟通的风格与心理

(一) 人际沟通的风格

人们在沟通时的风格千差万别,我们将用周哈利窗模型来描述个体沟通的基本风格以及每种风格的可能效果。周哈利窗模型(Johari Window)是对沟通风格进行评估与分类时最常用的模型,它将人在交流时的心理,即交流时人对信息的"表露"和"反馈"的多少分成四扇窗户,每一扇窗户都代表了一种与沟通有关的人格特征。"表露"指的是个体在沟通中坦率公开自己的情感、经历和信息的程度;"反馈"指的是个体成功地从别人那里了解自己的程度。

	自知	自禾知
他知	开放区	盲区
他未知	隐藏区	未知区

图 10-6　周哈利窗模型示意图

1. 开放区

包含了自己和别人都知道的信息。个体也可以较好地与他人分享这些信息。如个人的身高、肤色、婚姻等。对这部分信息沟通顺畅无障碍。

2. 隐藏区

自己知道而别人不知道的信息。人们不想让别人知道这些信息，是自我防卫的心理。

3. 盲区

是指对方知道但自己却不知道的信息，这种状况是由于别人没有告诉你或由于自己拒绝接受所造成的。

4. 未知区

包括了那些自己和对方都不知道的信息。这是一种双盲式，一般情况下沟通无法进行。

社会心理学的研究表明，最浅层的自我暴露水平是人们的兴趣、爱好等。第二层次的自我暴露主要是态度。第三层次的自我暴露直接涉及自我的人际关系和自我概念状况，这部分内容的自我暴露是以充分的信任和被信任为基础的。自我最深层次的暴露是隐私，如自己的某些不能为社会或一般观念所接受的经验、念头、行为等。如果别人向你暴露一些深层次方面的内容，一方面说明别人对你有了超乎寻常的信任和依赖，同时也说明当事人内心承受的东西到了非要发泄不可的程度。依据这种分析，可以把个体的沟通风格划分成四种类型。

第一，自我克制型。这种人既不暴露也不反馈，他们居于双盲式的位置，自己不扩大信息的领域，也不希望对方扩大。他们表现出焦虑与敌意，对他人不理睬，很冷漠。有这种风格的管理者表现出独裁者的个性，其领导下的群体，人际交往低效，个体缺乏创造性。

第二，自我保护型。这种类型的人在给他人反馈方面偏高，但在对他人暴露方面偏低。他们喜欢探究他人，进行反馈是用以防卫自己。有这种风格的管理者只使用反馈，而没有自我暴露，是假面式的沟通。由于不能打开自己的心灵将意图和情感告诉大家，下属或许会不相信他们。

第三，自我暴露型。这种类型的人多有暴露而少有反馈，认为自己的观点有价值，而他人的观点一无是处。此种风格的管理者兴趣不在交流，而在于自己说个没完。因此，他的下属就常常是敌意的、不安或愤怒的，他们知道自己的领导根本不关心下属，而只是想巩固自己的地位和威信。

第四，自我实现型。这种类型的人平衡地使用暴露和反馈的方法，达到最有效的人际沟通。他们提供有关自己的适量的信息，寻求反馈，以建设性的和非防御性的态度提供反馈。这种风格的管理者会自由地暴露自己的信息并收集他人的反馈，这种行为越多，沟通的开放区就越大，交流也就越有效。

由此可见，沟通风格与人的个性有关。健康的个性，是我们通过真实的或者诚实的方式来表现出来。个性不太健康、经常受到折磨或长期处于绝境中的人，也常是一些说谎话的人。他们言不由衷，暴露自己的目的往往是伪装多于真实。由于长期说谎，言行只是为了装门面，结果就与真实的本性脱离了。

（二）人际沟通的心理

沟通中当事人的心理状态的动态变化也是影响沟通效果的一个重要的因素。人格结构的PAC相互作用分析理论正是分析人际交往所处状态的一个工具。

PAC相互作用分析理论最早是由加拿大柏恩博士（E. Berne）提出的。他出生于1910年，原为加拿大蒙特利尔精神科医生,后受到弗治伊德精神分析学派的训练,同弗洛伊德学说有着密切的关系。所以我们先要从弗洛伊德学说的基本观点出发,弗洛伊德学说关于人格的分析主要包括本我、自我、超我三个层次。

1964 年柏恩在其《人们玩的游戏》一书中,在弗洛伊德学说的基础上,较详尽地分析了一个人体的个性是由三种心理状态构成的,PAC 是来自三种心理状态首字母组成的缩写。这三种状态汇成一个人的人格,而蕴藏在人的潜意识中,在一定的条件下反映出来。

1. PAC 理论的人格结构心理状态

C(Child ego state)是指儿童自我状态。泛指一切从婴儿地位的冲动而言的状态。表现为一时逗人喜爱、一时乱发脾气,也表现为服从与个人独立。行为常表现为:无主见,遇事退缩,感情用事、易激怒。口气常是"我猜想……"、"我不知道……"。

A(Adult ego state)是指成人自我状态。注意事实根据和理智分析的一种状态,能在客观的立场上面对实际、冷静地、合逻辑地分析。行为常表现为:接人待物冷静、慎思明辨、尊重别人。口气常是"我个人的想法是……"、"情况是这样的……"。

P(Parent ego state)是指父母自我状态。像父母对待儿女而言的态度和行为。常以优越感自居,统治、责骂、专制的作风表现。行为通常为:凭主观印象办事、独断专行、滥用权威。如"你必须……"、"你可以……"、"你不能……"。

2. PAC 理论的人际相互作用类型

(1) 平行沟通:是一种互应交流问通,符合正常的人际关系,也是一种人们所预期的反应(以上下级间为例,见图 10 - 7)。

P(下级)—P(上级)。双方的行为表现都是比较武断。

A(上级)—A(下级)。双方都是以理智的态度对待对方。

C(下级)—C(上级)。双方都容易诉之于感情。

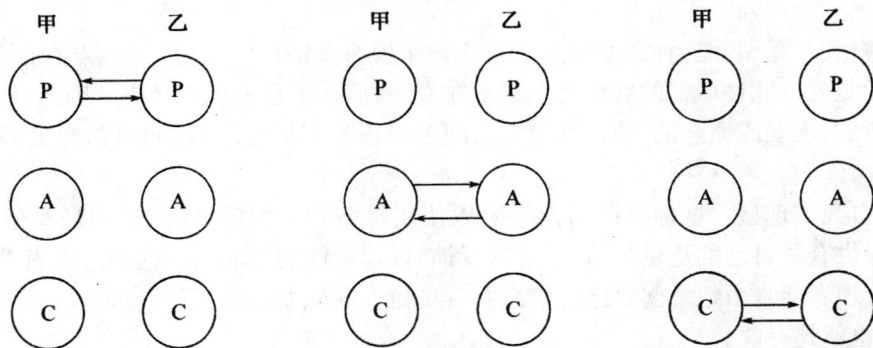

图 10 - 7　平等沟通示意图

(2) 互补型沟通(见图 10 - 8)。

P—C(父母—儿童)。甲乙双方表现出权威和服从的行为,乙方以长者权威自居,甲方亦能顺从服贴。

P—A(成人—父母)。甲方表现为有理智,但又担心自己控制不住自己。故要求乙担任 P 的角色,起到对甲的监督和防范作用。

C—A(儿童—成人)。甲方表现小孩子脾气,而乙方表现出理智的行为。

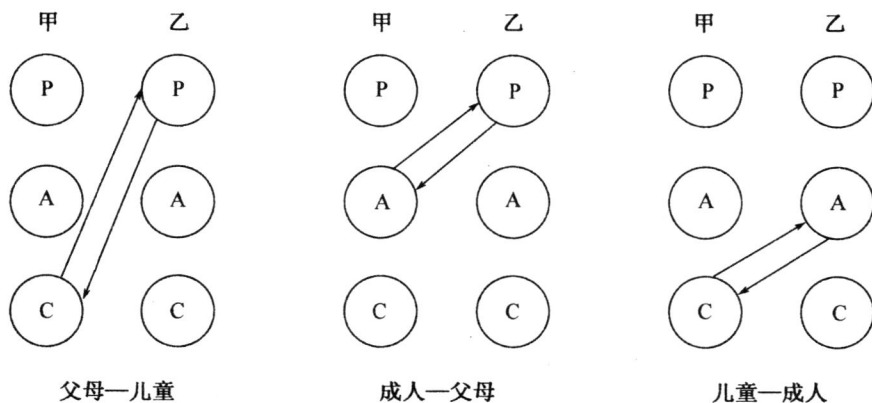

| 父母—儿童 | 成人—父母 | 儿童—成人 |

图 10-8　互补型沟通示意图

（3）交叉沟通（见图 10-9）。

交叉沟通实际在沟通中往往不能得到适当的反应或预期，这样交往沟通就会中止。可以看出以下几种交叉沟通，也是一种恶性的沟通方式，将阻止沟通的继续。

AA—PC。甲要求乙以理智态度对他，但是乙以高压方式对待甲。本来都应是平等的成人状态的交流，结果一方反应强硬，成为交叉型。

AA—CP。甲是讲理智的，而乙则易耍性子、感情用事。本来都应是平等的成人状态的交流，结果一方反应情绪化，成为交叉型。

PC—PC。一方是高压、命令、指责。另一方不服，也以同样方式回敬。

CP—CP。双方都喜欢夸大、自傲，耍脾气。

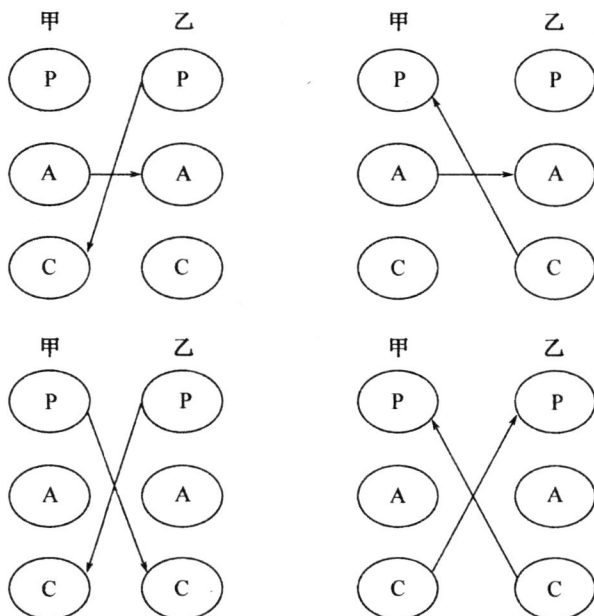

图 10-9　交叉型沟通示意图

3. PAC 相互作用分析理论的启示

首先,互应交流沟通是一种在符合正常人际关系的自然状态下的反应,也是为人所预期的反应。这时的相互作用是平行的。如父母对父母、儿童对儿童、成人对成人,或者是互补的,都可使对话继续下去;其次,尽量避免发生交叉性交流沟通。在人际交往中有意识地觉察自己和对方所处的自我状态,做出适当的反应。

二、人际沟通与人际关系过程

(一) 人际关系的过程

人们通过沟通进行交往,进而产生人际关系。人际关系更是复杂多变,但就其发展变化而言,还是有规律可循的。一般的人际关系由产生到结束大致经历以下几个阶段:

1. 形成阶段

(1) 注意。人际交往往始于对交往对象的注意,然后才表现出对交往对象的兴趣与关注。人们都是根据自己的需要、兴趣、价值观来进行筛选与选择。

(2) 认同。由于对交往对象的了解的深入,而产生好感,就会驱使对交往对象的信息的关心,达到心理上的某种认同。

(3) 相容。达到心理上的认同后,彼此间就可形成强烈的吸引,不断捕捉对方的信息,产生敬佩、向往和接近的需要。

2. 发展阶段

交往双方由于互相的吸引后,便会进行适当交往。在交往中双方都会尽力约束自己,调整自己的个性与行为以适应对方,证明自己的愿意性。促进联系水平的提高,联系也会愈加频繁。

3. 稳定阶段

随着交往的深入,交往对象也会从中获得相应的物质或精神的利益。双方的关系不仅能给对方带来心理上的稳定感和思想上的寄托感,而且都没有使对方感到负担或至少有最低限度的一致性。

4. 恶化阶段

是指在交往持续的过程中,可能会出现一方感到强烈的负担感,或是在利益得失的矛盾前互不相让,就会导致双方或一方的漠视和疏远,最后双方都感到心灰意冷,终止交往,最终分离。

(二) 人际吸引的基本规律

人际关系首先是建立在人际交往的基础上,而掌握人际吸引的基本规律不仅有利于管理者的认识行为、预测行为、引导行为,也会提高自己的人际吸引力和交往能力。

1. 接近吸引律

指交往的双方存在着诸多的接近点,这些接近点能够缩小相互之间的时空距离和心理距离,并继而成为知己。常见人际吸引的接近点包括时空接近、兴趣态度接近、职业和背景接近等。比如我们常说近水楼台先得月就是这个道理。

2. 互惠吸引律

交往的双方能够给对方带来收益酬偿,就能增加相互的吸引。收益酬偿包括知识上的(目标互促、思想的交流),生理上的(感情互慰、人格尊重、过失互谅),政治上的(权力、地位)。

3. 对等吸引律

指人们都喜欢那些同样喜欢自己的人,喜欢对等规律是按照得失原则变化而发展的。即我们最喜欢那些对自己喜欢不断增加的人,讨厌对自己喜欢在不断减少的人。因为在人际交往中应掌握得失的原则,人际交往中不要忽冷忽热,在对一个人的充分认识的基础上建立良好的关系,且要留有进步与发展的空间。

4. 诱发吸引律

由自然的或人为的环境的某一因素而引发的吸引力。诱发的因素包括由人的外貌、气质、风度等自然因素的诱发;也有有意识地设置某些刺激因素,以引起对方的注意和兴趣的蓄意诱发;通过真诚的关怀、帮助信任等产生的情感诱发。

5. 互补吸引律

当双方的个性或需要及满足需要的途径正好成互补关系时,也会产生强烈的吸引力。有时会发生在地位不等、角色不等的上下级关系和家庭关系中,体现为互补吸引体,互相补偿的范围包括能力特长、人格特征、需要利益、思想观念;在地位完全平等或角色作用相同时,则是相似体的吸引体。

6. 光环吸引体

一个人在能力、特长、品质等某方面比较突出,或社会知名度较高,这些积极的特征就像光环一样使人产生晕轮效应,感到他一切的品质特点都富有魅力,愿意与他接近交往。一般最突出体现在:能力吸引、品质、热情等吸引人的核心品质上。

7. 异性吸引律

性别上个体间能相补相悦,也易相互吸引。形成吸引包括以下三因素:性别相悦、个性互补、寻求肯定等。但要区分情爱和友爱。

8. 强迫吸引律

指人们迫于某种需要或条件,不得不与之交往。可能在于利害关系所驱使或是条件所限,别无他择。

三、人际沟通存在的障碍及调整技巧

人际沟通中不总是畅通无阻的,常常因沟通渠道选择不当、沟通网络结构不合理、个体的知觉偏见等而形成沟通障碍(见图 10-10),对这些障碍如不及时排除,就会使沟通难以进行。

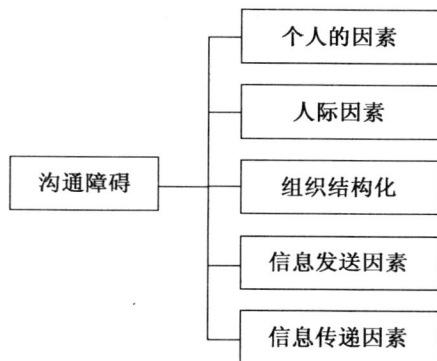

图 10-10　沟通障碍来源示意图

(一) 个人因素的障碍

1. 认知偏见障碍及调整技巧

(1) 社会知觉偏见障碍。社会知觉偏见障碍如首因效应、光环效应、晕轮效应等。其特点是以偏概全、一成不变。由于这种认知的障碍，不仅正常的信息沟通出现了很大的麻烦，也影响了人们之间的认识和了解。

(2) 知觉选择偏见障碍。人们在接收信息时，总是根据自己的兴趣、爱好、需要、价值观等对信息进行选择。这种知觉的选择性偏差，也容易形成沟通障碍。如在接收信息时，自己喜爱的，与自己有切身利害关系的，很容易听进去，否则，听不进去。如此等等，都会导致信息歪曲，影响信息沟通的顺利进行。

2. 认知偏见障碍的调整技巧

对于认知偏见障碍，要想排除，需要注意以下几个方面。第一，在进行人际沟通时，无论是什么方式的沟通，都要做到既不漫不经心，又不贬低他人、伤害对方的自尊心。需要诚恳的待人态度，不管对待什么交往对象，都应以平等的态度，显得诚恳而坦率，不俯仰讨好位尊者，也不藐视冷落位卑者。交往是不卑不亢，端正而不过于矜持，谦虚而不矫揉造作，充分显示出自己的诚挚内心。第二，要客观地对待对方传递的信息，不要过早地对信息做出评论。努力克服认知偏见，尽可能使我们对人的主观印象与客观实际相符，才能正确对待他人，唤起对方的积极反应，保证人际交往的顺利进行。

因此，交往者良好的个性品质能唤起交往对象积极的同类反应，能使彼此间随着交往频度和深度的增进而建立起越来越亲密融洽的人际关系。

(二) 人际因素

人际因素中最大的沟通障碍在于，其一，沟通的双方是否能取得对方的信任与理解；其二，信息真实及其可靠性。人际因素障碍的调整技巧可从以下几点入手。

第一，可根据周哈利窗，从增加自我暴露的程度，缩小隐藏区，扩大开放区，让对方了解自己更多些，诚实坦率地与对方分享信息。有研究表明，自我揭示也促使对方更为友善。同时，提高他人对自己的反馈程度，缩小盲区，扩大开放区。

第二，可根据 PAC 相互作用分析，可尽量保持平行的交流方式，避免交叉的方式，并以成人的自我状态控制自己，用成人的语调和姿态对待别人，同时也要鼓励和引导对方进入成人自我状态来回应，从而增加人际交往的有效性。

第三，沟通者要有能力用最客观的信息，考虑选择被沟通方易于理解的载体进行。

第四，运用合适的非语言沟通工具，包括面部表情的真诚的微笑、眼神的专注、视线的接触、适当的手势、适宜的距离，等等，让沟通的双方产生社交归属感。

第五，以"角色互换"式思考，克服角色自我中心的缺陷。学会角色互换，也就是设身处地从对方的角度，把作为主体的自我当作客体的自我来审视和评价，这样就能较为公正地理解别人的想法，也较客观地看待自己的行为得失了。交往中的角色互换可包括两个方面，一方面是设身处地替对方着想，这样就能通情达理地谅解对方的行为和态度。比如，你向一位朋友借用一架他新买的照相机，他有点舍不得。你就会想："这么小气，不够朋友"。但若互换角色想一想：假如你的朋友向你提出这样的要求，你是否就一定大方得毫无难色地一口答应呢？将心比心，入同此理。意识到别人的难处，你就容易宽容和理解别人了。另一方面，通过角色互换，以对待"客观之我"的方式来对待他人，就能采取较为适当的行为，即所谓"己所不欲，勿施于人"。

你不希望别人在背后议论你,那你就先不要在背后说别人的坏话,也不要轻信他人在背后拨弄是非。你愿意别人怎样对你,你就应该怎样地去对待人。当你对别人做出某种行为或表示某种态度时,应当首先考虑到对方可能会产生什么样的感受和反应,并由此考虑调整或改变自己的行为,避免给对方造成伤害或带来痛苦。角色互换能使人体验到别人在此情此景中的感受,适时并恰当地做出反应,减少不必要的误会和不愉快的冲突,使人际交往得到和谐发展。

(三)组织结构化的因素

组织结构化的因素主要包括地位上的差别、信息传递链、组织规模、空间约束等方面。

1. 地位上的障碍与调整技巧

在人际沟通中,地位上的障碍有时也使得沟通难以进行。所谓地位上的障碍,是指由于组织内分工不同而造成各种职务、职位上的差异而引起的障碍。例如过滤就是沟通在组织化的障碍最直接的体现之一。过滤是指发送者有意操纵信息,以使信息对接受者更为有利。例如:下级向上级反映情况往往有打埋伏的现象,报喜不报忧、夸大成绩等。还如上级向下级传达指示,下级往往不是如实地理解这些指示,而要猜测这些指示的"言外之意"、"弦外之音"等,以便"上有政策,下有对策"。管理者要消除这种障碍,可以注意下面一些方法与技巧。

第一,管理者要了解环境,也要了解交流对象的素质,兼顾时间、空间的因素。并因人、因事、因地制宜。例如,对从小成长环境比较特殊的人,要多培养其自信心,建立其健康的心态。

第二,管理者要真诚,对下级平易近人,适当自我批评,不能过于自满,要在组织内倡导民主气氛,培养职工的民主意识,不但要允许下级发表意见,更要鼓励职工自由交换意见。

第三,管理者在做决策之前,要广泛地征求下级的意见,使他们充分发表自己的见解。并采纳下级的合理建议。

2. 其他组织结构化的障碍与调整技巧

其他组织化结构化的障碍主要在于,第一,信息通过的等级越多,信息失真的比率越大。特别是当组织规模扩大时,人际交流也相应变得复杂,存在一些信息过滤的情况。第二,组织关系不清晰,内部成员对信息传递的方式不明确。例如,在有些组织内部连最基本的职位说明都没有,员工对传递什么信息、向谁传递、什么时间传送、采用什么方式传递等认识不清,也将导致障碍。第三,在企业中往往由于分工与部门的不同,不同的员工一般都在固定地点上班或流水线地操作,这些空间上的约束也不利于员工间的沟通。

在组织中就要注意双向沟通、及时反馈制度的建立。例如建立总经理接待日,鼓励员工反映问题、组织内部网站或设立有问必答栏,有效地消除员工的疑虑,降低沟通的失真与障碍。

(四)信息发送与传递过程

1. 信息发出者的语言障碍

语言是人际沟通的主要工具,常见的是信息的发出者吐字不清,声音不大,方言土语多,逻辑混乱,就会使接收者产生反感和抗拒心理,使沟通无法进行。另外,同样的词汇让不同的人来意会有不同解读,年龄、教育和文化背景是影响一个人使用或解释语义的界定。

2. 语言接收者的心理趋向的障碍

在人际沟通中,同样的语言,接收者的心理状态不同,理解和接收信息的程度也下一样。例如,一个人刚受到上司的无理批评,感到非常恼火。这时,他的同事过来说:"还是你行,看领导对你多关心,经常有聆听教诲的机会!"对方听了这话,会以为在取笑他,非发火不行。问题常在于语言接收者并不知道与自己对话者的言语风格的不同,以为自己与发送者使用的语汇或术语相同,这种假定往往被人所忽略。

3. 信息发送与传递过程中调整技巧

第一,要做到向别人发出信息时,清楚、规范、声音适度、逻辑严密,使对方能轻易地接收,发出信息时,要揣摩当时对方的心态,有的放矢。

第二,不同的信息需要通过不同的沟通媒介进行传递,要根据信息的常规化程度选择不同的沟通媒介。对于比较复杂的信息,必须当面沟通,消除曲解。

第三,要养成倾听的习惯与技能。西方有一句谚语:上帝给我们两只眼睛、两只耳朵,但只有一张嘴巴,为什么? 就是要我们多听、多看,少说。要专注,不要分心;不能存在心理反驳,这样实际是遗漏信息;调整好情绪,不能让情绪左右自己的理解与判断;在证实前,先要假设有差异;重视描述,而不仅解释与评价;要根据文化因素调整自己的角度,细心观察。

重点提示

1. 沟通的一般一般过程参见图 11-1。沟通的要素:沟通过程有八大要素,沟通者、接收者、编码和解码、通道与媒介、反馈、噪音、背景或环境、目标。

2. 周哈利窗模型:周哈利窗模型是对沟通风格进行评估与分类时最常用的模型,它将人在交流时的心理,即交流时人对信息的"表露"和"反馈"的多少分成四扇窗户,每一扇窗户都代表了一种与沟通有关的人格特征。

3. 正式沟通网络与非正式沟通网络的常见方式:参见表 11-6。

4. 了解沟通的主要障碍来源:主要包括个人的因素、人际因素、组织结构化、信息发送因素、信息传递因素。

5. 理解 PAC 理论及其应用:C(Child ego state)是指儿童自我状态,泛指一切从婴儿地位的冲动而言的状态,表现为一时逗人喜爱、一时乱发脾气、也表现为服从与个人独立。A(Adult ego state)是指成人自我状态,注意事实根据和理智分析的一种状态,能在客观的立场上面对实际、冷静地、合逻辑地分析。P(Parent ego state)是指父母自我状态,像父母对待儿女而言的态度和行为。

6. 掌握沟通者常见的改善不良的人际关系的方法。

思考与练习

1. 解释沟通和沟通过程。

2. 什么是非语言沟通? 它会促进还是阻碍语言沟通?

3. 非正式沟通网络与正式沟通网络相比较有哪些积极作用? 有哪些消极作用?

4. 根据你的亲身经历,举例说明人际交往沟通的常见障碍,你认为应如何进行有效沟通?

5. 用生活中的自己或别人的经历,说明常见的人际关系的规律。

心理测验

你的倾听能力如何?

回答下面的问题,回答"是"或"否",并记下自己的答案。

1. 我常常试图同时听几个人的交谈。

2. 我喜欢别人只给我提供事实,让我自己做出解释。

3. 我有时假装自己在认真听别人说话。

4. 我认为自己是非言语沟通的好手。

5. 我常常在别人说话之前就知道他要说什么。

6. 如果我没有兴趣和别人交谈,我常常通过注意力不集中的方式结束谈话。

7. 我常常用点头、皱眉的方式让说话人了解我对他所说内容的感觉。

8. 常常听别人刚说完,我就紧接着谈自己的看法。

9. 别人说话的同时,我也在评价他的内容。

10. 别人说话的同时,我常常在思考接下来我要说的内容。

11. 说话人的谈话风格常常影响我对内容的倾听。

12. 为了弄清对方所说的内容,我常常采取提问方法,而不是进行猜测。

13. 为了理解对方的观点,我总会很下工夫。

14. 我常常听到自己希望听到的内容,而不是别人表达的内容。

15. 当我和别人意见不一致时,大多数人认为我理解了他们的观点和想法。

计算得分

- 4,12,13,15 题为"是",其余为"否"。
- 计算与上面答案不同的题目个数,乘以 7,然后用 105 相减,得最后得分。
- 91～105,有良好的倾听习惯。
- 77～90,还能提高很多。
- 低于 76,倾听能力较差,要多下工夫。

案例学习

PAC 相互作用理论案例——航空公司的售票员

情景:某航空公司售票处,一位女售票员正在忙碌地工作着。窗外正排着长长的购票队伍。她在接待两位外地男旅客,向他们介绍车次,因而放慢了售票的速度。后面一位女旅客等得不耐烦了,就挤到售票口训斥这位女售票员:"你是在售票还是在谈情说爱?"后面的旅客也不分清红皂白地轰起来了。

面对这种情景,这位女售票员不是针锋相对,也不是反唇相讥,而是谦和地说:"非常抱歉,让你久等了"。接着她还简要地向这位旅客解释了放慢售票速度的原因。这一说,女旅客平心静气地回到自己的列位上,售票工作又正常地进行了。

资料来源:新浪爱问,http://iask.sina.com.cn/b/9042492.html

问题

1. 这个案例涉及人际关系的什么理论? 简要地阐述这个理论。

2. 这位女售票员为什么能顺利地处理这场口角?

第十一章　领导心理与领导行为有效性理论

任何一个组织,无论是企业、学校、政府,领导的作用都是十分重要的。组织的成效很大程度上取决于领导者的素质与水平,及不同情境下如何有效率地开展领导活动。

第一节　领导与领导体制

一、领导与管理

(一) 领导的内涵

过去几十年,有关领导的定义出现过几百种之多,但几乎每种定义均能诠释出一些与领导本质有关的东西。

纵观国外学者给领导的定义,管理大师彼得·德鲁克认为,有效的领导应能完成管理的职能,即计划、组织、指导和控制。斯蒂芬·罗宾斯认为,领导就是影响一个群体实现目标的能力。

国内学者戴淑芬对领导的定义是激励、引导和影响个人或组织,在一定条件下,实现组织目标的行动过程。周三多则认为领导就是指挥、带领、引导和鼓励部下为实现目标而努力的过程。

由于各位学者的研究视角不同,以及所处时代主流领导理论的影响,必然导致最终定义的倾向与差异。每种观点均是从某一个侧面对该概念进行了诠释,只是侧重点不同而已,从领导定义的演化进程可明显地看出这一点。现拟从几种不同视角,系统地对已有的领导定义进行分析与评价,为读者多角度理解领导的内涵,构建一个较全面的思维架构。

1. 基于权力视角

领导是权力影响的作用过程。领导是管理中高层次的活动,它是由职权与非职权组成的权力的影响力过程(参看本节领导的影响力的相关阐述)。

2. 基于情感视角

领导是对群体内的个人施加社会影响(心理)的过程。从情感上看,领导是以思想和行为影响他人,使其追随自己完成某一目标,是一种相当复杂的社会影响过程,在这个视角着重关注领导对群体中的个体的人际技能在处理具体事务中的应用。

现以卡特莱特提出的社会影响的四种模式,阐明领导与其他社会影响关系的联系与区别。某人给予其他个人的社会影响过程是人际关系。群体给予某个人的社会影响过程是谐调,例如个体在群体的影响下的从众心理、顺从行为等。某个人给予群体的影响就是领导。领导的好坏会对群体和组织的成败带来很大的影响,必须把具有良好素质的人放到领导岗位上,才能保证群体的效能。

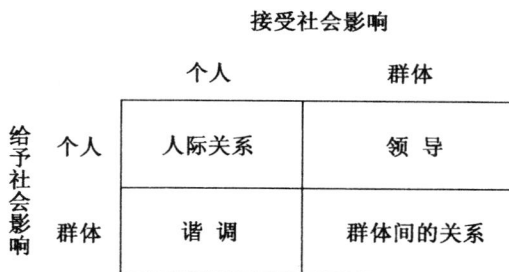

接受社会影响

	个人	群体
个人	人际关系	领 导
群体	谐 调	群体间的关系

给予社会影响

图 11-1 社会影响的四种模式

3. 基于组织视角

领导是在人际关系与组织关系中,实现组织目标的过程。组织一方面存在组织的既定的组织目标,另一方面组织中总存在着一些核心人物,他们依靠个人的特殊魅力影响着组织的其余成员,他们是具有权力的,但是这种权力并非来自于组织的授予,因为组织根本不存在正规的权力授予机制,而是来自于组织成员对他的认可与推崇,"非正式组织"中的这些人物也应被称之为领导。由"正式组织"向"非正式组织"扩展,使其范畴更广、更加全面。

4. 主体行为导向视角

领导是领导者使组织与环境保持一致的过程。一般认为,领导由三要素构成,即领导者、被领导者和环境,其中领导者是领导活动的主体,是最重要的因素,因此,领导者的行为决定着领导活动的最终效能。

行为学家勒温认为:领导是一个十分复杂的管理过程和心理过程。领导的效能是领导者、被领导者、环境互相作用的函数,不仅仅是领导个人的行为过程。

领导效能函数:

领导效能＝F(领导者·被领导者·环境的特征)

这个函数公式告诉我们,尽管领导行为在组织的健康发展中起决定性作用,但其与被领导者和环境之间仍有着内在联系。

综上所述,本书从心理过程学的角度给领导的定义是:领导是指引和影响个人或组织,在一定条件下实现某种目标的行为过程。而致力于实现这一过程的人,即领导者。

(二) 领导与管理的区别

领导与管理是不能绝对区分开来的概念。两者之间有重合的部分,也有区别的地方。有些管理者可能是好的领导者,因为管理者也要承担领导的职责,但不是所有好的领导者都是管理者。领导与组织正式同意的授权无关。领导者和管理者之间一个主要的区别在于他们权力的来源。因为管理者的权力是通过组织结构正式同意授权的,它的力量着重于稳定性、命令和在已有的组织结构和体系中解决问题。而领导者的权力却主要是未投入组织的个人来源。对于领导与管理的区别,也可以从个人素质及其职责行为两个方面来看。首先,领导者与管理者的个人素质的区别见表 11-1 所示。

表 11-1　领导者和管理者的素质

领导者	管理者
有远见的	理性的
充满热情的	顾问资格的
创造性的	持久稳固的
灵活的	问题求解的
鼓舞人心的	意志坚强的
有勇气的	分析性的
以实验为根据的	有条理的
发动变革	深思熟虑的
个人力量	职位力量

其次,领导者与一般的管理者不同,其行为导向有显著的特点:

(1)领导者应具有开放与动态的思维过程。以敏锐的眼光和超常的智慧寻找发展的机遇,判定风险所带来的效益,希望通过有挑战性的努力获得更大的收益。

(2)领导者的决策与指导组织的行为是战略导向的。注重组织长期和宏观目标的实现,从战略高度对组织的方向、目标、方针等重大问题进行谋划,制定出高瞻远瞩、统筹全局的决策,并对组织中的人和事进行宏观统驭。

(3)领导者行为的执行模式是未来导向,创造变革。主要引导组织变革,开拓新的局面,以促进群体或组织系统的动态演化为主,通过引导、影响和激励等方式,为群体或组织系统确立未来目标指引方向,创造长远优势。

(4)领导者行为是人员导向的。领导者更加关注组织中的人力资源,虽然他们能力不同、性格各异,有着不同的目标和价值取向,但是领导者可针对他们的需要、情感、兴趣、人际关系等,与之进行持续的沟通、引导和激励,努力把他们变成自己的追随者,从而实现组织整体目标和个人价值。

表 11-2　领导行为与管理行为的区别

活动	管理	领导
思维过程	发起 集中于事 检视内部 接受现实	创始 集中于人 观察外界 调查现实
指导组织	执行计划 改善现状 即时结算 "只见树木"	建立愿景 创造未来 开拓新市场 "看见森林"

（续表）

活动	管理	领导
与员工的关系	严格控制 隶属关系 教导 指导与协调	授权 结交 学习 相信与发展
执行模式	效能感（做的事情正确） 询问"怎么做""何时做" 处理复杂性 管理变革	有效感（做正确的事） 询问"是什么""为什么" 包容复杂性 创造变革
决策方法	政策,制度与程序 依靠过程与系统 不负所望 为高层管理者服务	价值观与原则 依靠观念与人力 追求卓越 为顾客与客户服务

二、领导与权力

（一）权力

美国经济学家加尔布雷斯曾说过,"很少有什么词汇像权力一样,几乎不需要考虑它的意义而又如此经常地被人们使用",由此可见"权力"的流行程度和使用频率。权力是一个多角度概念,涵盖了社会学、哲学、政治学、法学、管理学、经济学等多个学科,要糅合这个概念,就必须先从不同领域的定义入手。

著名社会学家马科斯·韦伯提出,权力是某社会关系中一个行动将处于不顾反对而贯彻自己意志的地位的概率,不管这种概率所依据的基础是什么。

法学家在长期的对权利的解释过程中形成了诸多认识,把权利当作一种观念、制度,或者是资格、利益、能力或主张等。

科学管理之父泰罗提出要用科学的理性的方法来行使权力,以取代那种凭借企业主管意志办事的做法,这样可以缓解劳资矛盾,提高生产效率。亨利·法约尔在《工业管理与一般管理》中将权力解释为"指挥他人的权以及促使他人服从的力",并将权力划分为职位的和个人的。

（二）领导与权力的区别

1. 领导以组织目标为基础

领导与权力的主要区别在于,领导始终是以组织目标为基础,因而领导需要与被领导者共同对目标达成一致的看法,而权力是可以在没有目标的情况下存在的。

2. 权力只需要有依赖性就存在

权力可以在没有目标的情况下存在,只需要依赖客观性存在即可。B越依赖A,则A对B的控制力就越大,也就是A对B的影响力越大。

如果当事者A是唯一的控制者,不对称的依赖格局就越强烈。于是A就拥有对B的权力。如果当事者B有另外的意愿时,B可以不接受A的控制与影响,从而自由选择或决定自己的行为。如果当事者B认为自己没有多少选择的机会,且受控于别人的选择机会的重视程度很高时,A就拥有对B的权力,导致B的服从性行为。

3. 研究范围不同

领导方面的研究多强调风格、特质、下属对决策的参与等方面。权力范围更广泛,重点在于获得部属顺从的权力战术应用,因而可应用在团体、组织、国家等各类组织与群体中。

三、领导者影响力的组成

(一) 影响力

影响力一般认为指的是用一种别人所乐于接受的方式改变他人的思想和行动的能力。

美国学者芭芭拉认为,影响是人们所做的事情,并不是人们所拥有的事情,是权力的一种形态。如果说权力是我们所拥有的东西,影响力是我们通过行动而得到的东西。

影响力表明了一种试图支配他人与统帅的倾向,从而使一个人去采取各种劝说、说服甚至强迫的行动来影响他人的思想、情感或行为。无论是观点的陈述、障碍的扫除,还是矛盾的化解、风险的承担,影响力都会使人以实际行动的方式达成目的。

(二) 领导者的影响力

领导者的影响力是指在与他人交往的过程中所表现出来的影响和改变他人心理状态和行为的能力,由权力性影响和非权力性影响构成。

1. 权力性影响力

权力性影响力又称强制性影响力。它是外在的、由权力本身附加于个体身上的、带有强迫性、不可抗拒性的影响力。被领导者在心理与行为上,主要表现为被动式的服从。它由传统因素、职位因素和资历因素构成。

(1) 传统因素。传统观念中,领导者不同于普遍人,他们有权力,也有才干,这种观念也会形成社会规范,使人们产生对领导的服从感。

(2) 职位因素。居于领导地位的人,都有来自组织的正式授权。会产生以下几种权力:

① 合法权力。由于工作职位带来的支配下属的职位的权力。因为领导与下属有明确的垂直性隶属关系,员工有义务服从感。

② 奖赏权力。领导能给予下属有价值奖励的权力。包括鼓励、表扬、工资、奖金、报酬、晋级等奖励,下属知道与其关系密切,可能有好处,是一种正强化下属的服从感的方式。

③ 惩罚的权力。领导拥有惩罚的能力,对于不服从要求或命令的人,使他痛苦或不能满足某种需要。下属为避免包括批评、训斥、降级、解雇等而选择服从,是一种负强化的方式。

④ 信息权力。领导拥有和控制对下属而言非常有价值的信息,下属也信赖于领导这些信息的分享。因而信息分享也可成为奖励的工具,因为领导掌握着分享信息的主动权。

(3) 资力因素。领导者的资格与经历,从而使被领导者产生敬畏感或者是光环效应,对下属同样有影响力。

2. 非权力性影响力

非权力影响力又称自然影响力。它不是由权力带来的,而是每个人都具备的影响力。其特点在于:第一,对人所产生的心理和行为影响是自然的,是建立在信服和敬佩的基础上。第二,通过潜移默化的自然过程变为一种内驱力,从而在行为上表现为自愿、主动。构成非权力性影响力的因素主要有才能因素、品格因素、知识因素、政治因素和感情因素。

(1) 才能因素。智能和才干是领导者影响力大小的主要因素。才能是决定能否胜任领导职务的前提,才智出众的领导者不仅为事业成功提供了重要条件,而且能赢得人们的敬佩。

（2）品格因素。是指领导者的人格魅力，主要包括道德品质、精神意志、态度、价值观和行为作风等。它表现在领导者的一言一行中，优良的品格会使人产生敬爱感，能使人欣赏、喜欢、服从，甚至示范和模仿。如果领导者在品格上出了问题，不论其职位多高、权力多大，其影响力都会大大降低。西方国家在总统竞选中，竞选双方都会揪住对手在个人生活上的问题大做文章，以此来降低选民的信任而使对手竞选失败的事例说明了品格因素的重要性。

（3）知识因素。是指领导的知识和经验的丰富程度。领导者要具备较高的科学和文化知识水平。有知识才能理智、正确地做判断和科学地决策。一个知识丰富、文化水平高的领导者，会使下属尊重他，服从他的判断，让下属产生信赖感。

（4）政治因素。即政治思想素质。它要求领导者必须坚持正确的政治方向，具有较高的马列主义、毛泽东思想理论水平。与党中央保持一致，爱党爱国，履行领导职责，团结和带领群众一起推动组织的发展和社会进步。

（5）感情因素。感情是影响人际关系的重要因素，是人对客观事物（包括人）好恶的内在反映。领导人在适当的场合表露的良好感情会更有感染力、打动人心，显得平易近人。由于良好感情关系而产生的亲切感，这显然是一种非职位性的影响力。

非权力性影响力基本是领导者人格和专长方面的自然性的影响。实际上大都是建立在佩服和敬佩的基础上，能有效激发下属们的自觉性，变为内驱力，自愿主动地遵从。虽然看起来没有那么明显的约束力，但它不仅影响广泛，往往能产生权力影响力所不及的作用，是领导影响力的主导部分。

四、领导体制的发展

（一）定义

所谓领导体制（Leadership System），是指独立的或相对独立的组织系统进行决策、指挥、监督等领导活动的具体制度或体系，它用严格的制度保证领导活动的完整性、一致性、稳定性和连贯性。它是领导者与被领导者之间建立关系、发生作用的桥梁与纽带，对于一个集体的发展具有重要意义。

领导体制的核心内容是用制度化的形式规定组织系统内的领导权限、领导机构、领导关系及领导活动方式，任何组织系统内的领导活动都不是个人随意进行、杂乱无章的活动，而是一种遵循明确的管理层次、等级序列、指挥链条、沟通渠道等进行的规范化、制度化或非人格化的活动。没有一定的领导体制，组织系统内的领导活动就不能正常进行。

（二）领导体制的演变

原始氏族部落议事会，实际上是一种通过自然组合和习惯调节的自然式集体领导体制。随着社会分工的发展，逐渐出现了一个职业化的领导管理阶层，正是这种职业化领导管理阶层的出现，才使得社会活动在一种体制化的结构中进行，领导学也就应运而生。

西方的领导体制的演进大致经历了四个过程。即家长制领导、硬专家领导体制、软专家领导体制和专家集团领导体制。当然，还可以分为许多中间类型，在此主要介绍这四种类型的领导。

1. 家长制领导

在工业革命之前，所有者和管理者集于一身，实行的是家长制领导。其特点是凭领导者个人的经验来领导，企业的老板既是所有者也是经营者，企业里的一切问题都由"家长"来决定。

这种领导方式是封建主义家长制的沿袭,在资本主义工业形成的初期是相当普遍的。对应的企业一般是规模较小的家庭作坊,生产的工艺和技术简单。

2. 硬专家领导

硬专家领导又称为经理制。工业革命之后,随着经营规模的扩大和劳动生产率的提高,所有者因不懂领导与管理的法则,而难以维持企业组织的快速发展,更难以适应日益激烈的竞争,从而建立起各级责任制,选拔有管理才能的人担任领导。硬专家领导制代替家长制领导的标志是1841年马萨诸塞到纽约的铁路线上发生的一起火车相撞事故。当时的资本家既是投资者又是经营者,由于他们没有专业技术,不懂火车机电,缺乏铁路运营管理知识,造成管理上的混乱而导致事故,遭到社会舆论的抨击。

后来,资本家开始聘用有专业技能的人来管理企业,逐步就产生了经理制。其特点是由懂该项专业技术的行家担任领导,发挥专业技术在管理中的作用。

经理制领导取代了家长式领导,呈现了巨大的优势。其一,经理制的诞生,将所有权和经营权相分离。投资者拥有企业的所有权,可以不参与企业的经营就能获得他们的投资收益。而职业经理人通过经营管理活动,给企业带来更大利润,自己也可得到经营收益。这种专业化领导又称硬专家领导,在管理学上被称为"经理制"。

3. 职业软专家领导

这一阶段,企业内部生产规模扩大和现代科学技术与生产进一步结合,企业面对的市场环境越来越复杂,经营管理的作用日益增大,使得原来精通某一专业技术的"硬专家"无法胜任领导了,需要有专门管理知识和管理经验的职业"软专家"担任领导者。管理也逐渐成为一门科学,以经营管理为专长的职业"软专家"也就应运而生。

其特点是由懂管理专业的专家代替技术专家。培养职业软专家(经理人)的主要途径是工商管理硕士(MBA)教育。1881年美国宾西法利亚大学首先创立华盛顿财经学院,1921年斯坦福大学成立了工商管理研究院,之后很多学校纷纷举办MBA教育。其中,哈佛大学的MBA教育举世闻名。

4. 专家集团领导

随着现代生产和科学技术的高度分化与高度综合,企业的跨国经营、集团化、多元化发展使得单个的"软专家"已不能胜任纷繁复杂的决策和领导工作了,这时又过渡到"软专家"集团领导的阶段。其特点是软硬专家结合,组成专家集团,实施集体领导,用董事长办公室、总经理委员会等,代替过去董事长和总经理个别领导人决策经营的传统方式,凡企业重大决策都要经过共同讨论后才做决定。

管理心理学家德鲁克认为:"管理者是企业中最基本、最稀有的资源。"对有效领导的研究,其发展阶段形成了三种理论:领导特质理论、领导行为理论、领导情景理论。下面几节将对领导的有效性理论予以阐述。

第二节　领导特质论

领导者特质理论(Trait Theory Leadership)是 20 世纪最流行的领导理论,又称领导素质理论,或领导品质理论。也是起源最早的对领导活动及行为进行系统的尝试研究。研究依据和方法是从优秀的人物身上寻找共同的东西,人们希望了解,为什么是恺撒大帝、拿破仑、丘吉尔、毛泽东这样的人创造了不同国家的历史,对人类重大事件的进程会产生这么重大的影响?这些问题诱发了学者们对领导心理特质的研究,它关注领导者的个人特性,并试图确定伟大的领导者所共有的特性。为什么他们能够成为领导? 什么是领导力的决定因素? 领导者区别于普通人的到底是什么?

领导有效性的品质理论,主要是指有效领导者要有一定数量的品质与特征,借此,才能将有效领导者与无效领导者区别开来。

特质理论的发展经历了两个阶段:传统特质理论、现代品质理论。

一、传统特质理论

1. 鲍莫尔的领导特质

美国普林斯顿大学鲍莫尔教授认为,一个合格的领导者应具备下述 10 项条件:

(1) 合作精神。善于与人合作,愿与他人共事,对人不是压服,而是感动和说服。

(2) 决策才能。具有高瞻远瞩的能力,根据客观事实而非想象进行决策。

(3) 组织能力。能发掘部属的才能,善于组织人力和各种资源。

(4) 精于授权。能大权独揽,小权分散,抓住大事,把握方向。

(5) 善于应变。能随机应变,机动灵活,善于进取,而不抱残守缺、墨守成规。

(6) 勇于负责。对上级、下级和消费者及整个社会抱有高度的责任心。

(7) 敢于求新。对新事物、新环境、新技术和新观念有敏锐的感受力与适应力。

(8) 敢担风险。敢于承担组织发展不景气的风险,有创造新局面的雄心和信心。

(9) 尊重他人。重视采纳别人的意见,不狂妄自大,不盛气凌人。

(10) 品德超人。品德上为社会人士和企业员工所敬仰。

2. 吉伯的领导特质论

美国心理学家吉伯指出,天才的领导者应具备 7 项天生的品质特征:① 善言辞。② 外表英俊潇洒。③ 智力过人。④ 具有自信心。⑤ 心理健康。⑥ 有支配他人的倾向。⑦ 外向而敏感。

3. 斯托格迪尔的领导特质论

斯托格迪尔的领导者十项品质特征:① 才智。② 强烈的责任心和完成任务的内驱力。③ 坚持追求目标的性格。④ 大胆主动的独创精神。⑤ 自信心。⑥ 合作性。⑦ 乐意承担决策和行动的后果。⑧ 能忍受挫折。⑨ 社交能力和影响别人的能力。⑩ 处理事物的能力。

除了一些西方学者提出了多种领导特质理论以外,日本企业界则认为,一个领导者要具备 10 项品德和 10 项能力。10 项品德是使命感、负责感、信赖感、忍耐感、积极性、进取心、忠诚老实、公平、热情、勇敢;10 项能力是思维决策能力、规划能力、判断能力、创造能力、洞察能力、劝说能力、对人理解的能力、解决问题的能力、培养下级的能力、激发积极性的能力。而在中国,两千多年前,孔子就领导者的素质就提出了"将者:智、仁、勇也";孙子在孙子兵法中又将这三种素质扩展为五种,即将者,智、信、仁、勇、严也。这五大素质也是我国现代领导素质论的核心,现代对领导者素质的评价也离不开这五方面的特质。

4. 对传统特质理论的评价

从调查研究和心理测验两方面来概括地描述领导者的许多特征,让我们看到有效领导者与某些品质特征相联系,这是一个重要的进步。在观点上,过分强调领导者的天生特质,这有可能滑入遗传决定论的泥潭。在研究的方法上没有采取多元分析的方法,而只是简单地罗列了各种品质。

二、现代品质理论

现代品质理论从动态的角度深入研究领导者的品质特征。美国心理学家德温·吉色利调查了 306 名 26～42 岁的中级管理人员,进行语义差别测量来确定领导者的品质特征,并采用因子分析法,对结果分析处理,将领导者品质分为三大类、13 个因素:

第一类:智力,包括管理能力、智力、创造力。

第二类:个性品质,包括自律、决策、成熟度、工作班子的亲和力、性别差异等。

第三类:激励,包括职业成就需要、自我实现需要、行使权力需要、高度金钱奖励需要、工作安全需要。

以上所列 13 个因素,其重要性不是等价的,如图 11－2 所示。

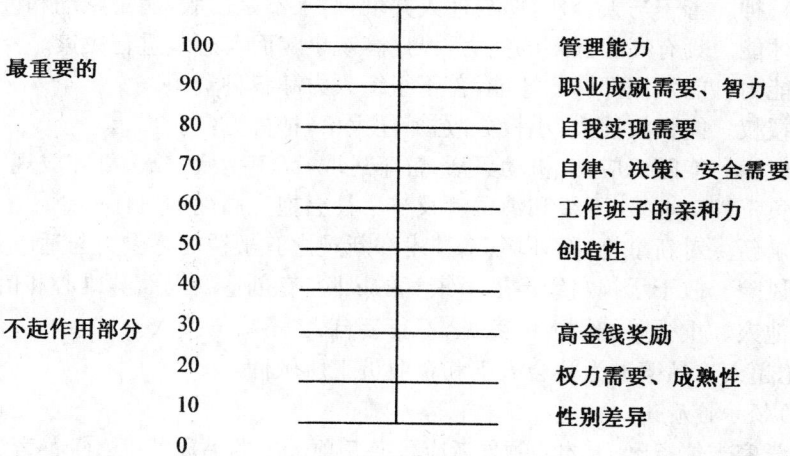

最重要的	100	管理能力
	90	职业成就需要、智力
	80	自我实现需要
	70	自律、决策、安全需要
	60	工作班子的亲和力
	50	创造性
	40	
不起作用部分	30	高金钱奖励
	20	权力需要、成熟性
	10	性别差异
	0	

图 11－2　13 个品质因子的相对重要性

在现实生活中,我们似乎也可以找到领导特质论的一些证据。例如一般领导者在社交性、坚持性、创造性、协调性、处理问题能力等方面都超过了普通人。处于领导地位的领导者,其个性特征也有别于普通人。但美国学者斯托格蒂尔 1948 年提出,领导者与非领导者在特质方面的差异,不同场合并非固定不变。为什么具备同样领导特质的人,在一种场合能够成为领导者,在另外一种场合却不能成为领导者?

领导特质论在以下方面没有给出合理的解释:第一,没有指出各种特质的重要程度,也就不能说明其领导所起到作用的大小,哪些特质是谋取领导地位中所必需的,哪些对维护领导地位是有必要的。第二,忽略了环境因素对领导效果与效能的影响。现实中存在的"时势造英雄"的现象,特质理论解释不了。

当然,领导者在个性和能力上的确应有一定特质要求。实际上一个人要成为领导者,必须表现出自己的个性与能力。科林斯在《从优秀到卓越》一书中也提出,卓越公司在挑选合适人才时,看重的往往是品质的好坏,而不是高学历的背景、实际技能的掌握。不是说这些不重要,只是这些东西都是可以教会的,而性格、职业道德、完成任务的决心等特质方面却或多或少是天生的,不是一朝一夕就可以学成的。可见管理学家们对个人天赋在管理才干中的作用还是有一定认可的。

第三节　领导行为论

从 20 世纪 40 年代起研究方向发生了转变,进入行为理论阶段。即从领导者的行为方式来探索成功的领导模式。在 20 世纪 40—60 年代居于领导理论中的主要地位,领导特质论强调,组织中的人只需要根据不同职位要求来挑选出"正确的人"即可。而领导行为论认为领导行为才是决定因素,领导做了什么、如何做才能有效地影响与被领导者的关系,成就其组织或团队的高效能。

领导行为理论(Behavioral Theories of Leadership)是从领导和被领导者之间的关系出发,其核心在于研究领导者如何运用他们的职权,以自己的不同行为和作风来影响被领导者,以帮助领导者提高工作效率。也可对具体行为进行培训以获得大量的有效领导者。在此,主要介绍勒温的领导作风理论、利克特的领导体制论、领导行为四分图理论和领导方格论 4 种领导行为理论。

一、勒温的领导作风理论

这是美国社会心理学家勒温提出来的。他把领导者在领导过程中表现出来的工作风格分为三种类型,由此形成三种不同的领导方式,即专制型、民主型和放任型。

1. 专制型领导

把一切权力集中在领导者手中,所有政策均由领导者决定,对群体工作和方法分阶段下达,使成员无法了解群体工作的程序和最终目标;群体成员的分工和结伴均由领导者决定,各成员之间不容易协调、合作;领导者和下属沟通较少,除示范外领导者不参与群体的作业,只从工作和技术方面去管理;领导者根据自己的看法对成员的工作进行评价。

2. 民主型领导

重视群体关系,主要依靠调动全体成员的积极性和群策群力来领导组织活动;群体的大政方针由成员或其代表集体讨论决定,群体成员在初始时就了解工作的程序和最终目标;工作分工及结伴由组织成员集体决定,工作起来比较容易协调关系和合作;领导者对成员的工作依据事实进行评价。

3. 放任型领导

群体的大致方针由成员决定,领导者不参与。领导者只是为下属提供信息资料,但不作积极指示;工作进行几乎全依靠组织成员,个人自行负责,完全放任自流。

勒温认为,由于领导方式不同,其效果也不同。但这三种方式并不相互排斥,而是在不同的情况下可以选择不同的领导方式。在实际工作中,三种极端的领导作风并不常见,大多数领导者的领导作风往往是介于两种极端类型之间的混合类型。

二、利克特的领导体制论

美国密执安大学利克特教授等研究人员提出的领导体制论,把领导方式归结为四种类型:

1. 专权独裁型

主管人员非常专制,很少信任下属,采取强制与惩罚的方法,偶尔兼用奖赏来激励人们,采取自上而下的沟通方式;权力距离大;决策权也仅限于最高层。这种方式下,最容易产生与正式组织目标相对立的非正式群体。

2. 温和命令型

此领导方式类似于一种主仆关系的管理,或是像父母对孩子一样,主管对下属怀有充分的信任和信心,主管人员用报酬以及一些有形或无形的惩罚和奖励方式来进行激励和督促。允许一定程度的自下而上的沟通,向下属征求一些想法和意见。但大政方针由最高层决定。在上下级定位中,下级往往对上级怀有恐惧和警戒心理。

3. 民主协商型

主管人员对下属比较信任,一般能听取并采纳下属的意见和建议,但重大决策权仍在领导者手中。领导者与被领导者之间有较为协调的双向沟通。

4. 民主参与型

这种类型的领导者是下放权力,让下属参与管理,共同讨论、制定目标,最后再做决策。不仅有上下级之间的交流,而且有平级间的横向沟通,团体的气氛比较平等友好。

利克特认为,一个企业的领导方式越是专权,该企业越不能达到最佳生产水平,下属对工作也不会有满足感。如果领导方式是参与或民主管理,生产效率就会较高。

三、领导行为四分图理论

1945 年美国俄亥俄州州立大学以斯多基尔为首的一批学者首先开创了这方面的研究,研究目的是希望找出领导行为的各种维度。研究的方法是提出领导行为的基本向度,根据领导行为的向度,研究组收集了 1 790 个问题并进行分析,最后拟定 150 个描述领导行为的项目,编制成领导行为描述问卷。他们用问卷测试方式调查了许多团体,把所测的结果进行因素分析,得出两个基本的领导行为维度,即抓组织(结构维度)和关心人(关怀维度)。通过研究发现,关心人和抓组织是相互独立的两种领导行为维度,但领导功能的这两个维度并不是相互排斥的。一个领导者可能在这两个维度上都达到很高的值,也可能是很低的值,还可能一高一低。因此,领导行为应是这两个维度的组合(见图 11 - 3)。

"关心人"的领导行为(Production-oriented Leader)。是指领导者注重与下属搞好关系,互相信任,鼓励和支持下属的工作,关心下属的生活,这是重视人际关系的领导行为。

"抓组织"的领导行为(Employee-oriented Leader)。是指注重工作的组织和计划,建立明确的组织形态、信息沟通渠道及工作程序方法。这是重视抓工作的领导行为。

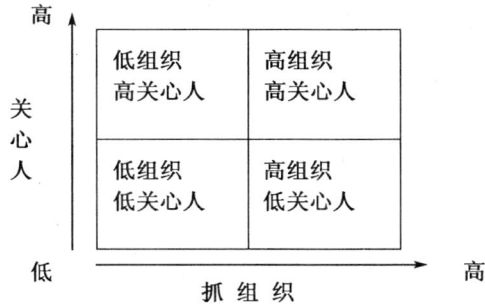

图 11-3　领导行为四分图

广泛的研究表明,高抓组织、高关心人的领导者,既重视抓工作组织,又重视人际关系中的领导行为能使下属做到高效率和高满意度,明显高于低抓组织、低关心人的领导者(既不重视抓工作组织,又不重视人际关系)。

进一步的研究指出,关心人与抓组织行为间存在某种平衡。如果只是关心员工,而不注重工作的组织与计划,下属就会表现出对完成任务的不关心,就只有那些最有责任感和自我激励的人才会去努力工作。如果仅考虑组织任务与计划,员工会认为自己成了领导的工具,那他们只会在严密的监督下工作,且心怀不满。又有些研究结果表明,比较成熟的下属一般需要组织激发较少,而更为团结的群体在双高的领导行为下会更好地工作。以往领导类型的研究只把领导行为放在一个维度内考察,要么关心人,要么抓组织,显得粗糙简单。俄亥俄州大学学者用因素分析的方法,从多种领导行为因素中抽出两个基本因素,发现了领导行为的两个相互独立的维度,从而开辟了领导行为研究的一种新的途径。

四、管理方格理论

美国得克萨斯大学两位心理学家罗伯特·布莱克(Blakenk R. R.)和简·莫顿(Jane S. M.)曾任科学方法有限公司的董事长,该公司是向工业企业提供管理咨询服务的组织。1964年他们提出了管理方格的理论。

管理方格图是一种采用图示和量表来测量管理方式是否高效率的方法与手段。纵坐标表示领导者对职工的关心度,横坐标表示领导者对工作的关心度。两条坐标各分 1~9 个小格作为标尺,使整个方格图形成 81 个方格。每个小格表示对关心人和关心工作的两个基本要素同组合的领导行为的定位点,任何一个管理者的管理方法都会在这一个或两个因素中或多或少地体现出来,找到交叉点。

对生产的关心不仅仅意味着对工厂物质产品的关心,也可以指一些有用的研究成果,一些经过处理的设想,产品的销售量、服务的质量以及高层决策的质量等的关注。对人的关心包括所有的对友谊、对个人在工作中的义务、对人的自尊、对公平的报酬的关心等。

布莱克和莫顿主要阐述了五种最具代表性的类型(见图 11-4)。

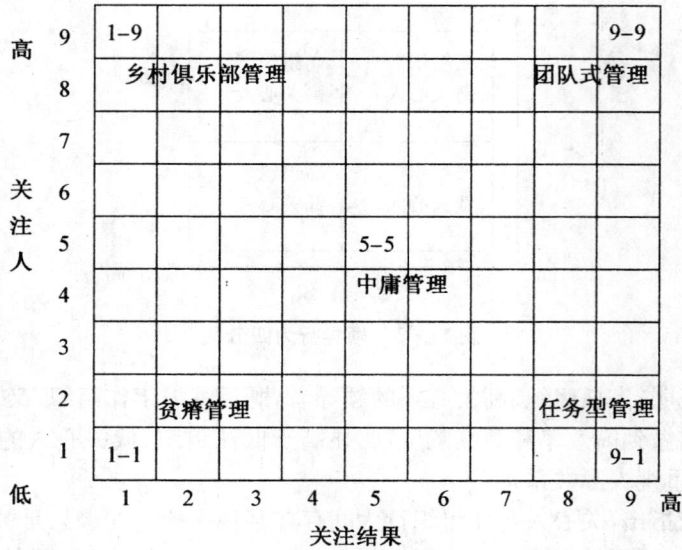

图 11-4　管理方格理论

1. 1-1 贫瘠型管理

躲责任、回避义务。对职工和工作都漠不关心,只以小的努力来完成必须做的工作,只能够维持组织成员关系。

2. 9-1 任务型管理

定向型的管理者,领导者重视完成企业的工作任务,注重对生产和工作效率的要求,但不关心人的因素,很少注意职工的发展和士气。有好的生产率,压制员工意见,长期效果不好。经营效率源自对工作情况的很少人为干预。

3. 1-9 乡村俱乐部型

密切关注人们的需要满足,产生了舒适而友好的组织氛围和工作节奏。这种只注重支持和关心职工的要求,认为只要职工心情舒畅,工作就一定能搞好,但对生产任务、工作效率很少关心。现实中这种领导行为方式并不多见。

4. 5-5 中庸型管理

这种管理方式又称为"中间道路型的管理"。这种类型的管理者既要完成必要的任务,又要保持必要的士气。管理者的目的在于采取一种适中的大棒加胡萝卜的政策,既公平又严厉,并且要相信下级完成任务的能力。对人的关心度和对工作的关心度都不是太高,但能保持平衡。一方面比较重视计划、指挥和控制上的职责,另一方面也比较注重对职工的引导和鼓励,设法使职工的士气保持在满意的水平上,但缺乏创新精神,回避矛盾,只求正常的效率和一般的士气。也可以理解为通过平衡工作、生活,使人们保持一定的满意水平,从而产生良好的组织绩效。

5. 9-9 团队型管理方式

对职工和工作都极为关心,努力使职工个人的需要和组织目标有机地结合起来,建立企业和职工的荣辱与共关系。依靠对工作投入的人来完成任务,人们在相互信任和密切合作中发挥出自己的最大能力,从而更高效地完成组织工作。

管理方格理论认为,最有效的领导者应该是一位既关心工作,同时又关心工作人员的人。(9-9)团队型领导方式是最有效的,领导者应客观地分析自己的领导方式,将自己的领导方式转为(9-9)团队型,以求取得最高效率。同时又认为,一个领导者要同时重视两个方面是不容易的,需要有一套系统的训练,以期达到(9-9)团队型的领导方式。

第四节　领导情境理论

20世纪60年代以后,在"权变理论(contingency theory)"的影响下,领导有效性的研究又转到"情景理论"的阶段,这是西方目前占统治地位的领导理论。这一理论认为,有效的领导不取决于领导者不变的品质和行为,而是取决于领导者、被领导者和环境条件三者的配合关系。如用公式表示,即领导有效性＝f(领导者、被领导者、环境)。情境理论的基本观点是要根据环境的类型选择各种各样的领导方式,这里的情境是指组织中的领导者所直接考虑到的各种内外部因素的总和。以下是几种主要的情境理论。

一、领导行为连续统一体模式

领导连续统一体模式是由坦南鲍姆(R. Tannebaum)和施密特(W. H. Schmidt)在1958年提出的。他们认为,在民主和专制的两种极端之间,存在着七种领导行为方式,如下:

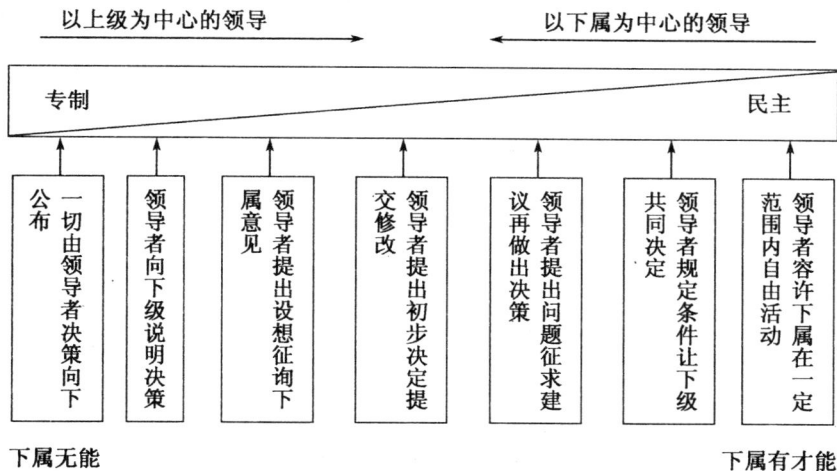

图 11-5　领导的连续带模式

它们构成一个领导的连续带。在这个连续带上,领导者的职权运用范围逐渐减少,而部属享有的自由逐渐增大。这一模式显示出领导行为方式不能一成不变,而是要根据具体情况,比如下属的才能而采取适当的方式。

二、菲德勒的领导权变模型

领导权变理论(Fiedler Contingency Model)强调没有一成不变的和适用于一切的情况的最好的领导风格,其有效性依赖于领导者所处的情境因素或条件。又被称为领导情境理论。

（一）确定领导风格

菲德勒相信，影响领导成功的一个关键因素是个体的基本领导风格，因此他首先试图了解这种基本风格。为此目的，设计了最难共事者问卷（Least Preferred Co-worker Questionnaire, LPC)用以测量个体是任务取向型还是关系取向型。

（二）界定情境

用 LPC 问卷对个体的基本领导风格进行评估之后，还需要将领导者与情境进行匹配。菲德勒认为，有三项维度是确定领导有效性的关键要素，并视之为确定领导是否有效的关键因素，领导者与部属的关系、任务结构、职位权力。由此建立了第一个全面的权变理论模型。

1. 领导者与部属的关系（Leader Member Relations）

是指领导者与部属成员间的个人关系。一般来说，组织或群体的历史要早于某个时期任命的领导者。领导者有工作上的才干，也能满足部属的需求与愿望，就可建立起良好的个人关系，也会有利于领导的任务的完成。

2. 任务结构性的程度（Task Structure）

菲德勒用以下四条标准来衡量任务的结构性的程度：

（1）决策问题的方法可检验的程度大小。例如流水线的操作员工只需要进行流程的质量反溯管理就能检验其是否合格，因而任务的结构性是强的。但是科研人员、教学人员的工作任务相较结构性就弱。

（2）任务目标的明确程度及可传递和理解性的程度。

（3）可供选择的解决问题的方法与多样性。

（4）解决方法的特性。例如解道算术题，只有一个答案，结构性很强。但如果是员工的职业梦想，涉及价值判断、人的视野等众多的因素，自然会有许多不同答案，结构性也就弱。

3. 职位权力（Position Power）

是指领导人所处的地位的固有权力以及取得各方面支持的程度。例如有雇用和解雇的权力，奖励或者晋升的权力等。特别是权力大的时候，这样在最初的阶段是有利的。

（三）领导者与情境匹配

菲德勒将这三个情境变量任意组合成 8 种情况（见表 11-3），并通过对 1 200 个团体进行观察，收集了领导方式与领导情境相关联的数据，得出在各种不同的情况下，有效领导所应当采取的领导方式。

表 11-3　三个情境变量任意组合

情况	领导者与被领导者关系	任务结构	职位权力	有效领导形态
1	良好	有结构	强	任务导向型
2	良好	有结构	弱	任务导向型
3	良好	无结构	强	任务导向型
4	良好	无结构	弱	人群关系型
5	不良	有结构	强	人群关系型
6	不良	有结构	弱	无资料
7	不良	无结构	强	无资料
8	不良	无结构	弱	任务导向型

该模型表明在对领导者最有利的和最不利的情况下采用任务导向方式绩效最高;在对领导者中等有利的情况下,采用关系导向方式绩效最高(见图 11 - 6)。

工作绩效

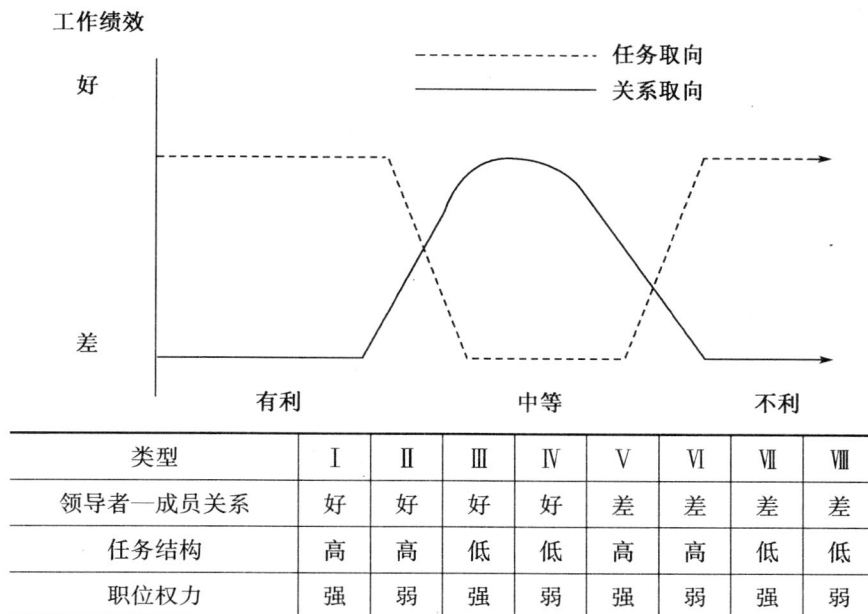

类型	Ⅰ	Ⅱ	Ⅲ	Ⅳ	Ⅴ	Ⅵ	Ⅶ	Ⅷ
领导者—成员关系	好	好	好	好	差	差	差	差
任务结构	高	高	低	低	高	高	低	低
职位权力	强	弱	强	弱	强	弱	强	弱

图 11 - 6 领导风格、环境类型与领导效果的关系

值得注意的是,费德勒认为一个人的领导风格是稳定不变的。因此,如果要提高领导的有效性,实际上只有两种途径,一是通过选择合适的领导者适应情境达到领导风格和情境的匹配。例如,如果在条件适中的环境下,领导者又是任务取向的,可以通过替换成人际关系取向的领导者来提高群体工作绩效。或者,改变情境以适应领导者风格,这可以通过改变情境的三维度来实现,比如重新构建任务结构。

三、通路—目标模型

1968 年加拿大多伦多大学教授伊凡斯(M. G. Evans)提出的构想。后由其同事豪斯(House R. J.)补充和发展起来,1971 年在《行政管理科学季刊》上发表了《领导有效性的"通路—目标"理论》一文,系统地建立了"通路—目标"模型(Path-goal Theory)。他将激发动机的弗鲁姆的期望理论和俄亥俄州州立大学的模式(关心人与工作组织)结合起来。

这一模型的基本思想是领导者必须选择一种最适合于某一特定处境的领导方式(情况节制变量);领导者的责任和作用就在于改善下属的心理状态(中间变量),激励和帮助他们完成工作任务或实现目标,并使下属对自己的工作感到满意(结果变量);领导者可以采用多种方式激励和帮助下属(原因变量),为下属达到目标铺设通路(结果变量)。根据这一特点,豪斯称之为"通路—目标"模型(参看图 11 - 7)。这一模型对于提高管理者的领导艺术和领导工作的成效具有重要的指导意义。

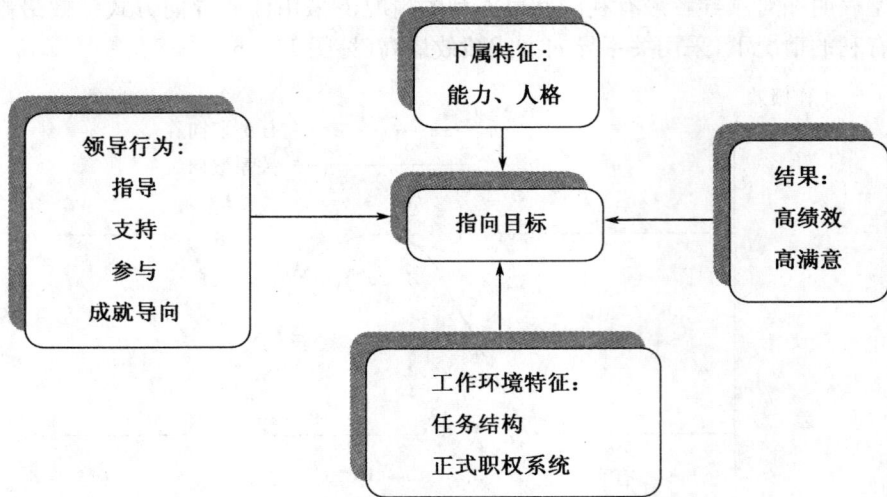

图 11 - 7　通路—目标模型中的因果关系

（一）中间变量——下属的预期和价值

中间变量是指介于原因变量和结果变量因果联系之间的中介因素。"通路—目标"模型的理论基础是组织行为学中的预期理论。豪斯通过下属的预期和价值,来解释一个领导者的行为如何影响下属的工作动机和对工作的满足。

根据预期理论,人们的工作动机表现为,人们决定花费多大的精力去从事工作的合理选择过程。在最大、中等和最小工作努力的选择中,人们主要考虑的是,一个既定的努力程度对实现任务目标的可能性。这种人们感知的可能性和概率,就是人们的"努力—行为"预期(人们对自己工作努力所能产生的工作成效的估计)。另一方面,人们也考虑成功地完成工作任务将会造成的期望的结果(如高薪、提升、被赏识,等等)和未完成工作任务而造成的不期望的结果(降级、停职、训斥、处分,等等)。每种结果的期望性称为价值(Valence),每种结果感知的可能性或概率称"行为—报酬"预期(即人们对自己的工作成效所能产生的报酬的估计)。

根据期望理论,如果人们估计到自己的工作努力对完成任务是至关重要的,对完成任务有较大的把握,并认为完成任务可以使自己获得迫切需要的报酬和实现强烈追求的目标,那么,人们将得到较强的工作刺激,愿意作出更大的工作努力。豪斯认为,中间变量受到原因变量的影响,即人们的预期和价值在程度上受领导者行为的影响(参看图 11 - 7)。

（二）原因变量——领导者行为

解释了对下属的三种态度和期望能产生影响的四种类型的领导行为。

1. 指导的领导行为

这类领导行为主要是让下属知道他们被预期做什么;为下属提供具体的工作指导(包括制定工作标准和工作任务表,制定工作原则并进行调节,让下属遵守计划、程序和制度)等一系列领导行为。

2. 支持的领导行为

这类领导行为,主要包括对下属的地位、福利以及其他各种需要的关心,在工作单位中创造友好的工作气氛和良好的上下级关系等一系列使人们心情舒畅的领导行为。

3．参与的领导行为

这类领导行为，主要是在领导者决策时与下属商议，考虑下属的意见和建议等一系列民主决策的行为。

4．成就指向的领导行为

这类领导行为，主要包括建立刺激性的目标，提高下属的工作动机，强调下属工作中的优点，期望、信任和鼓励下属实现较高的目标等一系列刺激和鼓励的行为。

所谓"通路—目标"，正是通过领导者帮助下属掌握正确工作途径和方法，提高工作的动机，增加对工作的满足和预期，来刺激下属更努力地实现工作目标。

（三）情况节制变量——任务、环境和下属的特征

"通路—目标"模型中有两类主要的情况变量。一类是下属的个人特征或性质；另一类是组织的任务和工作环境的性质。下属的基本特征主要包括下属对成就、交往和自治权的需要，下属工作的能力和下属的个性。

第一个因素是"控制的焦点"，它是指下属对自己工作行为的结果与环境关系的理解。

一般来说，那些相信工作结果是由于自己的工作努力程度造成的人，对参与式的领导方式比较满意，那些认为工作的结果是由于运气或环境造成的人，对指导式的领导方式比较满意。

第二个因素是下属对自己完成任务的能力的理解或估计。

通常，下属对任务的理解程度和具有的完成任务的能力越高，则对领导者的指导和训练行为的接受性程度越小。第二类环境和任务的性质主要包括任务的结构性、完成任务的机械性程度、组织对下属工作要求的正式程度，以及环境压力等。上述每类变量都能影响下属对既定的领导行为的反应和态度。

"通路—目标"这一因果联系的核心，是领导者行为对下属工作动机和工作满足感的影响程度，当然还取决于领导的情况节制变量认知水平。该模型吸收了心理学、社会心理学以及行为科学中的一些科学成分。有效的领导者知道在不同的环境中运用不同的领导方式是十分必要的。作为西方领导权变理论中一个颇有影响的经典，"通路—目标"模型为刺激工作动机的有效的领导行为提供了尝试性的解释，也较菲德勒的理论更为灵活。

"通路—目标"模型与预期理论是密不可分的，必然受到预期理论本身的局限性的限制。预期是人类动机过程的一种过分复杂和非直观的表现过程。预期理论的应用的结果表明：预期和价值不能作为影响下属工作努力和对工作满足程度的唯一因素。因此，"通路—目标"模型的理论基础是不全面的。

从根本上讲，由于社会制度和管理制度造成的领导者与被领导者之间的利益上的基本冲突，是不可能通过适合领导行为加以解决的。领导行为对下属动机的激励效果只是局部的和短期的，只有在合适的社会制度和管理制度条件下，正确的领导行为才能调动广大群众的高度工作热情和积极性。

四、情境领导理论

美国俄亥俄州大学的卡门在分析领导行为模式的基础上，发现在工作行为、关系行为和成熟度之间存在着非线性关系。领导行为的工作与关系维度与下属的成熟度结合起来，提出了领导生命周期理论。在此基础上，1969年保罗·赫塞和塞布兰查德进一步丰富了这一理论内容。

保罗·赫塞在《管理与组织行为》中全面阐述了情境领导模式理论（Situational Leadership Theory）。赫塞认为只有以不同的领导风格，配合部属的不同发展阶段，才能高效达成目标，这种方法称为情境领导。这一理论一经推出，立即受到了西方企业的广泛关注。1975年离开大学后，他建立了领导科学中心（CLS），后来发展成为全球主要的培训机构之一，他对"领导研究"的贡献也得到了管理协会和美国培训发展协会（ASTD）的公认。凭着他在150多个国家里传播知识与智慧的经验，赫塞博士致力于领导、管理、教育、营销、项目开发。40多年来，在全世界已有超过1 000多万的职业经理人接受过情境领导课程培训。该课程更成为GE、爱立信、摩托罗拉、IBM、微软、通用汽车、苹果公司的高级经理人的常年必选课程。

保罗·赫塞等认为领导者要依据下属的成熟度来确定领导风格。成熟度是指个体对自己行为负责的能力和意愿，包括心理成熟度和工作成熟度。心理成熟度是指一个人愿意做事的意愿和动机高低。当个体心理成熟度高时，则表示其不需要很多外在的鼓励和督促，会自发地去做事情。工作成熟度是指一个人的知识和技术水平的高低。当个体具备较高的工作成熟度时，则表示其具有的知识和技术水平能够完成工作任务，不需要外在的很多指导。

将下属的成熟度分为低成熟度（M1）、中低成熟度（M2）、中高成熟度（M3）、高成熟度（M4）四个级别。M1型的个体既没有能力，也没有意愿对工作负责；M2的个体虽然能力不足，缺乏一定的技能，但是有从事必要工作的意愿，需要被进一步激励；M3的个体有能力，但缺乏意愿从事领导安排的任务；M4的个体既有能力又有意愿完成工作任务。针对这四种类型的下属，就会有四种领导方法与之相对应。分别是：

（1）当下属的成熟度低时，适宜采取告知式（高工作—低关系）领导风格，即由领导者界定角色职责，告诉员工要做什么、怎么做、何时做、在哪里做等，强调指导性行为。

（2）当下属的成熟度中低时，适宜采取推销式（高工作—高关系）领导风格，即领导者不仅采取指导式行为，也采取支持性行为。

（3）当下属的成熟度中高时，适宜采取参与式（低工作—高关系）领导风格，即领导者与下属共同做决策，领导者主要帮助决策和促进沟通。一个参与式风格的领导者常常举行团队会议，通过群策群力，集思广益，大家共同做决定。

（4）当下属的成熟度高时，适宜采取授权式（低关系—低工作）领导风格，即领导者不需要给予下属较多的支持和较多的指导。授权式的领导风格和方法将决策权完全交给下属，允许下属去进行变革，明确地告诉下属希望他们自己去发现问题，纠正工作中的错误，让下属在一个更为广阔的平台上进行工作。

第五节　领导理论的新进展

亨特在对半个多世纪的领导研究整理后得出结论：20世纪70、80年代是传统领导研究的黑暗时期和末日，变革型领导、魅力型领导和愿景领导范式的出现使领导研究获得了新生。从20世纪80年代中期开始，在巴斯、沙米尔等人的努力下，变革型领导和愿景型领导的研究逐渐主导了理论界和实践界关于领导的讨论，遵循变革—交易型领导范式的研究开始大量涌现。比克对1990—2003年PsycINFO数据库进行关键词搜索，发现对变革型领导和魅力型领导的研究数量超过了所有其他流行的领导理论（如路径—目标理论、标准化决策理论、领导替代理论）的研究数量总和。

一、魅力型领导

魅力型领导（Charismatic Leadership）被描述为具有绝对的人格魅力，能够对下属产生深远影响的人，他们热情而充满自信，能够影响下属以某种特点的方式活动。魅力型领导者并不是具有完全相同的个人特质的一群人，每个领导者都有自己独特的特点。当然，魅力型领导者还是有一些共同的特点的。总结以往对魅力型领导者个人特质的研究，他们一般具有以下特点：

① 具有一个令人意想不到的、引人入胜的伟大愿景。② 以非常规的方式表达愿景。③ 做出自我牺牲，愿意承担个人风险或花费很大代价去实现所提出的愿景。④ 对所提出的建议表现出自信和热情。⑤ 运用有想象力、说服力的呼吁而不是权力或参与决策过程。⑥ 对环境的限制和下属的需要很敏感。富有魅力的领导者能够敏锐地察觉到环境中的变化，做出相应的反应；而且关注下属的需要，为他们提供帮助和支持，也能促使员工对自己产生信赖。

二、交易型领导与变革型领导理论

伯恩斯在对政治领袖的领导风格进行定性分类时，援引了有关特质、领导风格、领导者—成员交换关系等方面的文献，在自己观察的基础上将政治领袖的领导风格划分为 2 种类型：变革型领导和交易型领导。

（一）交易型领导者

交易型领导者（Transactional Leadership）是出于跟下属交换某些价值，比如绩效奖励、相互支持、坦诚相对，才去建立某种联系的。根据沃里奥和巴斯的区分，交易型领导者常常以"以正确的方式做事"为下属安排任务，要求保持对领导和既定方案的依从。

交易型领导行为包括下列 3 个因素：

（1）权变性的奖励。以明晰角色和任务要求为中心，根据下属对约定责任的完成情况，来给予物质或精神奖励的领导行为。

（2）积极的例外管理。领导积极地监控绩效避免出错的领导方式。

（3）消极的例外管理。违反要求的行为或错误已经发生之后，领导才进行干预的领导方式。

在后 2 种情况下，领导都会惩罚个体的失误，来试图达成期望的绩效水平。

（二）变革型领导者

变革型领导者（Transformational Leadership）是出于构建与下属之间更高水平的激励和道德而去建立某种联系的，不仅仅是出于传统的工具性交换。变革型领导者赋予下属充分的权力，提供一种新的策略和愿景来规划下属解决问题的方式。

变革型领导行为包括下列 4 个因素。

（1）领导魅力。指的是领导者是否感觉很自信、强有力，是否看起来关注高层次的理想和道德要求和以价值观、信念和使命感为中心的富有魅力的行动。

（2）感召力。指的是领导者通过乐观地展望未来、强调雄心勃勃的目标、描绘理想的愿景并与下属沟通，让人相信愿景是可以实现的等方式来鼓舞下属。

（3）智能激发。指的是领导者通过挑战下属的创造性思维能力，让其为难题找到解决方案,来提升下属的逻辑思维能力和分析能力。

(4) 个性化关怀。指的是领导者通过建议、支持和关注下属的个体需要,并允许他们发展和自我实现,从而提高员工的满意度的领导行为。

(三) 变革型领导与交易型领导比较

一般认为交易型领导的特征是强调交换,而变革型领导强调变革。交易型领导根据忠诚原则以满足低级需求为基础,这些领导通过明确工作角色和任务要求来指导和激励下属向既定目标行进。变革型领导热衷于满足下级更高的需求,使他们成为"完备的人",鼓励他们为组织的利益而超载自身的目标,建立一种互相刺激和提高的关系(见表 11-4)。

表 11-4　变革型领导与交易型领导比较

维度	交易型领导	变革型领导
权力的主要来源	回报、合法、专家	魅力、回报
激励追随者的基础	外部/经济的	内部/情感的
追随者的绩效目标	狭隘的、定量的、特定职位的	广阔的、定性的,接受领导者愿景的
情感上对目标的依附	低	高
预期追随者的行为	遵守规章制度	通过规范与团体压力
追随者对领导者愿意的承诺	低到中等	高
管理策略运用	低运用	高运用

三、心理授权与授权氛围理论

组织中的授权行为一直受到学者们的普遍关注。Lee 和 Koh(2001)指出授权实际上包含两个完全不同的方面,一方面是主管给下属授权的"客观行为",称为管理授权;另一方面是下属感知这种授权行为的"主观心理状态",即心理授权。这两种视角的授权并不是相互排除的,而是共存于同一工作环境,有些学者认为心理授权是关系授权的结果。

(一) 管理授权

是指主要关注权力和控制力的共享和转移,它认为授权是真实的,客观的关系干预是各种组织结果的直接原因。

(二) 心理授权

主要关注个体对自我的工作投入感的一种认知和感受,心理授权的内涵与维度研究认为,授权应当是个体体验到的心理状态或认知的综合体增强的内在动机,表现为反映个人对其工作角色的定位的四个方面的认知反映个体的认知倾向。

(1) 工作意义(Meaning),是指在个人自己的标准看来一项工作对个人的价值。

(2) 自我效能(Competence),是个人对自己完成任务的能力的信念。

(3) 工作自主性(Self Determination),是指个人对工作决策的自主性感觉。

(4) 工作影响(Impact),是个人对组织的战略、管理或工作结果的影响程度。

心理授权的这 4 个维度反映了个人对自己工作角色的积极定位而非消极定位,并实证研究证明这 4 个维度构成了心理授权的一个完整的结构概念。

学者们认为授权干预的目标应该是个体员工,相应的研究者应该关注授权干预后的员工的主观感受。最近 10 多年,心理授权研究得到普遍的重视,主要可以分为 2 个层次:一是下属心理授权研究;一是团队授权氛围研究。

四、虚拟领导

虚拟领导(Virtual Leadership)又称在线领导(E-Leadership),是指领导者通过电脑技术,影响与自己处于不同地理位置的员工实现组织目标的过程。

今天的领导者与下属越来越多地通过网络进行联系,那么就有必要提供一些在这种背景下使领导更为有效的指导原则。比如,不同的领导风格在虚拟领导中是否仍然存在差异,以及虚拟领导和传统领导对领导技能的要求是否有所不同等问题,还需要做进一步的研究。此外,在虚拟领导过程中因为缺失了表情、姿态等非语言成分,领导者应该如何通过书面表达和情绪图标等方式与下属进行准确的沟通,以实现组织的目标。

重点提示

1. 领导与管理区别:(1)领导者应具有开放与动态的思维过程;(2)领导者的决策与指导组织的行为是战略导向的;(3)领导者行为的执行模式是未来导向,创造变革;(4)领导者行为是人员导向的。

2. 领导特质理论:领导者特质理论的核心是认为,领导的有效性是领导个人特质的函数,其假定通过对领导者的特质的评价可以预言其工作的效果,阐述的重点是领导者与非领导者的个人品质差异。将注意力集中于放在领导者的个性特质方面,主要观点是指有效领导者与有一定数量的品质与特征相联系。

3. 领导行为理论:领导行为理论(Behavioral Theories of Leadership)是从领导和被领导者之间的关系出发,其核心在于研究领导者如何运用他们的职权,以自己的不同行为和作风来影响被领导者,以帮助领导者提高工作成效。

4. 菲德勒的领导权变模型:领导权变理论强调没有一成不变的和适用于一切的情况的最好的领导风格,其有效性依赖于领导者所处的情境因素或条件。影响领导成功的一个关键因素是个体的基本领导风格,该模型表明在对领导者最有利的和最不利的情况下采用任务导向方式绩效最高;在对领导者中等有利的情况下,采用关系导向方式绩效最高。

5. 路径—目标模型:这一模型的基本思想是领导者必须选择一种最适合于某一特定处境的领导方式(情况节制变量);领导者的责任和作用就在于改善下属的心理状态(中间变量),激励和帮助他们完成工作任务或实现目标,并使下属对自己的工作感到满意(结果变量);领导者可以采用多种方式激励和帮助下属(原因变量),为下属达到目标铺设通路(结果变量)。

6. 新型领导理论:魅力型领导、交易型领导、变革型领导及虚拟领导理论等。

思考与练习

1. 领导特质理论在领导有效性理论中似乎被抛弃了,但是今天还有不少管理学家,还是相信某些管理者、领导者的品质是与生俱来的,你对此如何评价?

2. 阐述几个主要的领导情境理论的主要内容,思考如何应用在实践中。

3. 试述领导有效性理论的新进展,并做出评价。

4. 通路—目标模型情况节制变量是什么?

案例学习

情境领导案例——如此领导

费经理在某大型家电产品公司工作,前几年因为工作特别突出被从基层职员提拔为西区的大区经理。他现在管理着 10 个人。

费经理认为自己是"富有人情味的人",但他的手下工作效率并不高。费经理的手下出现了分化,一部分人有能力而且积极地完成工作,而另一些人则显得对工作漠不关心且难以完成工作。有两个典型:王强和吴力。

王强已经工作四年,是个靠得住的人,平时关心顾客,工作有效率。费经理与王强处得很好,而且他相信王强能在没有监督的情况下完成工作。吴力的情况则完全不同,他在这个岗位上的时间还不到一年。在费经理看来,吴力在与同事的交往上花了太多的时间。每天吴力都是第一个下班的人,他几乎没有完成过规定标准 75% 的工作量。费经理经常找吴力谈话,明确地告诉他应该达到的目标和标准,但没有什么效果。

在一次沟通技巧培训课程结束后,费经理决定对每个人要更加友善和坦诚,尤其是对吴力和其他表现差的人,他要更关心他们的生活、理解他们的感受。因为从前他给了他们太多的压力,要求他们取得更高的绩效并建立有纪律的工作习惯。他希望吴力(还有其他人)会逐渐成长并进入良好的工作状态。

两个星期后,费经理坐在自己的办公室里,心情沮丧。他在自己领导风格方面所做的改变显然是不成功的,不仅吴力的绩效没有提高,而且其他雇员(包括王强在内)的工作业绩与以前相比,都出现了下滑。假日购物黄金季节正处于关键时刻,费经理的老板正不断地向他施加压力,要求他马上进行改进。

请运用领导的情境理论进行分析:

1. 费经理到底哪里出了问题呢?
2. 费经理应该如何做才能提高领导的有效性?

第十二章　组织结构与设计

在日常生活和实际工作中,一方面每个人都从属于一个或多个组织,另一方面多数工作又是由多人合作才能完成。因此,建立一个良好的组织并使之有效地运转,这无论是对个人目标还是组织目标的实现,都至关重要。作为一种结构和进行资源配置以实现管理目的的工具和载体,组织工作在经营管理活动中占据着十分重要的地位。

第一节　组织与组织理论

一、组织及特征

关于组织概念,国内外学者各有不同的解释和说明,大体归纳起来说,组织包括如下两层含义:一是指组织体系或组织结构;二是指组织活动和组织工作。前者是把组织作为名词来说明和使用的,后者则是把组织当作动词来使用和解释的。

组织作为一项管理职能,是根据计划任务要求和按照权力责任关系原则,将所必需的活动进行分解与合成,并把工作人员编排和组合成一个分工协作的管理工作系统或管理机构体系,以便实现人员、工作、物资条件和外部环境的优化组合,圆满达成预定的共同目标。

组织一般具有以下三个特征:① 既定目标,即组织成员一致努力以求达成的共同目标。② 既定分工,即组织成员通过分工而从事某项职能工作。③ 既定秩序,即通过有关的规则设定所形成的成员之间的正式关系。

二、组织理论

关于组织的理论研究,可追溯到 20 世纪初期德国社会学家韦柏的组织研究。纵观组织理论发展的历史,从总体上看,传统的组织理论都把组织看成一个高度结构化的封闭系统。而现代组织理论则倾向于把组织看成是一个开放的社会技术系统,这个系统由若干个相互依存的子系统组成,与外部环境发生着错综复杂的联系,因而应当用系统的、应变的观点去理解组织的全部内容。1960 年以后,组织理论有了急速的发展,在传统组织管理的基础上,加上了心理科学和管理科学的内容。这种理论跨越自然科学、生命科学和社会科学,并以这些理论为基础建立起自己的组织理论体系。

(一) 古典组织理论

古典组织理论是德国社会学家韦柏1910年提出来的。该理论认为组织应是一个层峰结构体(即金字塔的结构),具有集权、职责明确、管理严格等特点。这种组织结构的优点:

(1) 有明确规定的职权等级制度。每个下级都处于一个上级的控制和监督之下,职务和权力是明文规定的,制度不变,人员可以调换。

(2) 专业化强、分工明确。每个人的工作都分成简单的,例行常规的,明确规定的作业。

(3) 规章制度明确。用规章制度来保证和巩固组织内各层次和人们之间的一致性。

(4) 不受个人情感因素的影响。即指理想的组织,必须受正式的程序支配,而对个人的情感与个性的因素不予考虑,只是根据制度实行奖赏与惩罚。

(5) 员工的选择和提升主要根据技术能力。即各级行政人员必须具有特殊的才能方可任职,采用公开竞争和考试等方法来选择员工。

这种组织结构的缺点是:

(1) 组织中的沟通容易被曲解,因而造成单位之间和单位与整个组织目标之间的冲突。

(2) 组织是机械式的,不能适应周围环境的变化。

(3) 容易压制员工的创造性。

(4) 不考虑人的积极性,不考虑员工的心理因素、情感因素。实质上是把人看成是组织中的一个机器零件。

(二) 新古典组织理论

这种理论的主要代表人物是斯科特,他以古典的层峰结构理论为基础,吸收了心理学、社会心理学和行为科学的关于行为规律和非正式群体的知识,对古典组织理论做了一定的修改。它与古典组织理论相比,有如下几点不同:

(1) 在集权和分权的问题上,主张更多的分权。因为分权可以使更多的人参加决策,有利于调动员工的积极性。美国通用汽车公司总裁斯隆提出的"集中政策,分权管理"主张,就是这一思想的体现。

(2) 从组织形态来看,不主张高耸的组织结构,而倾向于扁平的组织结构。根据新古典理论的观点,传统的科级组织模式可以分为尖三角形结构(即高耸的组织结构)和扁三角形结构(即扁平组织结构)。前者为集权制度、控制幅度小,后者较易推行分权、分层负责和专业化。

(3) 提倡部门化。古典组织理论提倡分工和专业化主要是针对个人而言;新古典理论所倡导的部门化,实质是部门专业化。大学和医院等就是以部门化为基础的组织。

(三) 系统与应变的组织理论

1. 霍曼斯组织理论

社会学家霍曼斯提出的组织理论既适用于小群体,也适用于大的组织。他认为,任何一个社会系统都存在于物理环境(工作场所,气候,设施的布局)、文化环境(社会的规范、目标,价值观)和技术环境(系统为完成任务所具备的知识和手段)之中,这些环境决定着社会系统中人们的活动、相互作用以及在此基础上产生的情感。霍曼斯把这些由环境所决定的活动、相互作用和情感称为外部系统。他提出,随着人们交往和相互作用的加强,不仅会有新的情感,还会产生新的行为规范、新的态度。这种新规范、态度、活动方式并不是由外界环境引起的,而是由社会系统中的内部系统(即非正式组织)引起的。同时,内部系统与外部系统是相互依赖的,内、外两个系统与外部环境也是相互依赖的,其中任何一个系统的变化都会引起另一个系统的变化。霍曼斯组织理论用应变的观点看待组织,提出了进行组织研究的分析单元,为更精确的组织研究奠定了基础。

2. 利克特的重叠群体模型

利克特认为组织是由互相关联、发生重叠关系的群体组成的系统。这些互相关联、发生重叠关系的群体是由同处于几个群体重叠处的个人来联结的。这种起联结作用的个人称为“联结针”或“联结针角色”。承担“联结针”的人,既是本单位的领导人,又是上级组织的成员,在组织中起承上启下的作用。同时,整个组织同环境之间也需要依靠在组织与环境之间占有重要地位的关键人物来起“联结针”的作用,使组织与环境较好地互相协调。重叠群体模型打破了过去组织理论中严格分工的一人一职一位观念,在强化管理人员的联络功能方面具有重要意义。

3. 塔维斯特克的社会技术系统

以特里斯特为首的研究人员在一个煤矿进行技术改革的过程中发现,技术系统的改革必然影响到社会心理系统,由此他们提出了社会技术系统的概念。该理论认为任何生产性组织,皆由技术体系与社会体系组合而成,而两种体系是交互影响、互为因果的,只重视其中的一面是片面的。塔维斯特克的研究用系统论观点分析组织的特征,首次提出“社会技术系统”的概念。

4. 卡恩的重叠角色组模型

卡恩认为每一个人在正式组织中都占有一个“职位”,由此就产生了“角色认知”与“角色期望”。假如把一个执行组织角色的人称为“中心人物”,而跟他协同工作的人(如上级、下级、同事或组织之外的人)就组成以此为中心的“角色组”,这样,整个组织就可以看成是由许多重叠相连的“角色组”构成的,因而可以通过角色冲突、角色不明、角色负担过重等维度去研究组织中多种因素的依存关系。

5. 机械和有机的组织模型

机械和有机的组织模型是由伯恩斯和斯托克提出的。他们认为一个机械和有机的组织是一个连续体的两端,其中机械的组织具有高度专业化、形式化和集中化等特征,有机的组织则有很大的灵活性。在组织设计中,应当根据环境的变化和组织成员的习惯和偏爱采用相应的结构形态。如在稳定的环境中,应采用机械性结构;而当环境条件经常变动时,则应采用有机的结构。

（四）圣吉的学习型组织理论

学习型组织理论是由美国麻省理工学院教授彼得·圣吉(Peter M. Senger)为代表的西方学者提出来的。圣吉在麻省理工学院获得博士学位后,留校担任了组织学习中心主任,并创办了波士顿创新顾问公司,又称彼得新领导力训练中心。1990年圣吉出版了《第五项修炼》,该书出版后在管理界受到了很高的评价,并于1992年获得了世界企业学会的最高奖——开拓奖。1994年圣吉又推出了《第五项修炼》的续集,从而形成了理论与实践相结合的较为系统的学习型组织理论。

圣吉在《第五项修炼》中采用了带有东方文化色彩的“修炼”一词。修炼作为宗教用语,含有教规、戒律、修行之意,意即要有修炼的决心和信心,才会有成就。在《第五项修炼》中,圣吉继承了以人为本的管理思想,认为人类的工作观因物质丰足而逐渐改变,工具性的工作观已转

变为精神面的工作观。在新的形势下要想使以人为本的思想得到全面贯彻,管理工作必须做到如下几点:

(1) 组织成员拥有一个共同的愿景。组织的共同愿景,来源于员工个人的愿景而又高于个人的愿景,它是组织中所有员工共同愿望的景象,是他们的共同理想。

(2) 组织由多个创造性个体组成。在学习型组织中,团体是最基本的学习单位,是彼此需要他人配合的一群人,组织的所有目标都是直接或间接地通过团体的努力来达到的。

(3) 善于不断学习。一是"终身学习";二是"全员学习";三是"全过程学习";四是"团体学习"。

(4) "地方为主"的扁平式结构。即从最上面的决策层到最下面的操作层,中间相隔层次极少,它尽最大可能将决策权向组织结构的下层移动,让最下层单位拥有充分的自决权,并对产生的结果负责。

(5) 自主管理。"自主管理"是使组织成员能边工作边学习并使工作和学习紧密结合的方法。

(6) 组织的边界将被重新界定。学习型组织的边界的界定,建立在组织要素与外部环境要素互动关系的基础上,超越了传统的根据职能或部门划分的"法定"边界。

(7) 员工家庭与事业的平衡。学习型组织对员工承诺支持每位员工充分地自我发展,丰富其家庭生活,而员工也以承诺对组织的发展尽心尽力作为回报。

(8) 领导者的新角色。在学习型组织中,领导者是设计师、仆人和教师。

学习型组织既是一种组织管理理论,也是一种全新的现代企业管理模式,它是以共同愿景为基础,以团队学习为特征的扁平化的横向管理网络系统。它强调学习加激励,不但使人勤奋工作,而且尤为注意使人更聪明地工作;它强调更大程度的人文化管理,通过学习提高群体智商,使每个员工活出生命的意义;它强调通过不断创新来实现自我超越,从而实现团体能力及利益的迅速提升。纵观学习型企业的成功实践,不难发现学习型企业与传统企业在管理上有较大差异:

第一,管理模式不同。一百多年来,传统企业管理模式大多一直沿用金字塔型的层叠式组织结构,主要是实行职能分工、条块分割的管理。但自 20 世纪 90 年代以来,这种金字塔式的管理越来越不能适应企业外界信息变化的快速反应要求。而学习型企业则呈现出扁平化、信息化的组织结构,是以任务合同为对象的有关职能人员组合,形成多个创造性团体。这种扁平化的组织模式更加有利于决策权下移,更符合信息化发展要求,使企业能够实现整体的快速反应和信息的快速交流。

第二,学习理念不同。传统企业实施的是一种阶段性、适应性的学习及培训,而学习型企业则是要求全员树立一种终身教育理念。它为每个员工在其一生的任何阶段提供各种可能的学习机会,使他们学会如何表现自己,如何与他人交往,如何探索世界以及自始至终地完善自己。

第三,学习形式不同。传统企业一般采用以培训为主的学习方式,形式比较单一。但学习型企业不但坚持培训经常化,还多利用信息化工程,为员工提供更开放式的、持久性的学习形式。

第四,管理机制不同。传统企业侧重于硬性的任务、指标等管理,而学习型企业更多的是在目标的指引下,以激励机制使员工更聪明地工作,充分发挥其创新能力,以完成各项管理目标。

第二节 组织结构

组织结构是管理中最早并最彻底地予以研究的一个领域。长期以来,随着管理实践的繁荣及管理理论研究的深入,人们创造并规范出许多组织结构形式,典型的有直线制、职能制、直线职能制、事业部制等。其中直线制和职能制是早期人们在企业规模小、生产品种单一、管理简单的情况下采用的组织结构形式,目前企业较少使用。长期以来,企业普遍采用的是直线职能制和事业部制。下面简单介绍几种组织结构形式,以便了解长期以来企业组织管理工作的概貌及其变化。

一、直线职能制组织结构

直线职能制是企业目前采用最多的一种组织形式。这是一种极为古老的组织形式,据介绍,埃及的金字塔工程就是按照职能来组织工作的。但作为一种有意识的、深思熟虑的结构则是亨利·法约尔在 21 世纪初期设计出来的,并在许多国家中得到应用。这种组织结构的最大特点是在各级直线指挥机构之下设置了相应的职能机构或人员从事专业管理。

直线职能组织结构形式最大的优点是具有明确性和高度的稳定性。每个人都有一个"据点",都了解自己的工作,分工很具体,是一种以工作为中心的组织形式。但是,随着环境的变化和企业规模的扩大,这种组织结构的许多问题也逐渐暴露出来。企业中的每个部门或人员只关心自己"分内"的事情,很难理解企业整体的任务并把它同自己的工作联系起来,容易形成"事不关己,高高挂起"的情况;只有在总经理一级才能将生产、研究与发展、销售、财务等工作协调起来;当企业经营不景气时,各部门特别是同级部门为维护自身利益而容易相互推卸责任,相互指责,进而产生摩擦、误会、派系甚至独立王国。更为严重的是,当企业发展到很大规模时,企业的组织层次会变得很多,内部沟通很困难。

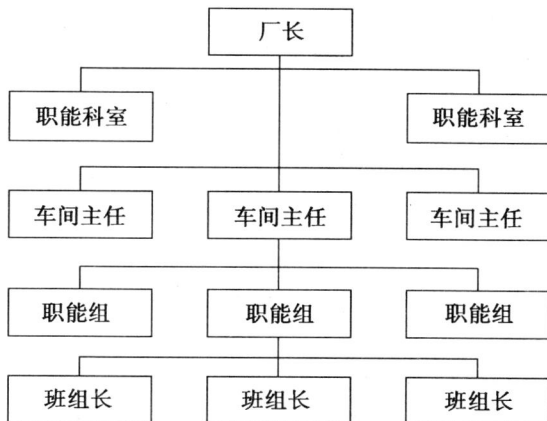

图 12-1 直线职能型组织结构

二、事业部制组织结构

事业部制组织结构是以成果为中心的组织形式。最初是由皮埃尔·杜邦(Perre DuPont)于 1920 年改组杜邦公司时提出的,但当时只是一种很粗略的形式。1921—1922 年,小阿尔弗雷德·斯隆(Alfred P. Sloan,Jr.)作为总裁在通用汽车公司推行了更为完善的"联邦分权制",成为分权制的一种典型。之后,许多企业加以模仿和改进。其中美国通用电气公司于 1950—1952 年进行改组时提出的组织结构形式,成为全世界流行的标准模式,被叫做事业部。据统计,到 1969 年,在美国 500 家大公司中,有 380 家以不同方式采用了"通用"的组织模式,在日本也有大约 1/2 的大公司采用。

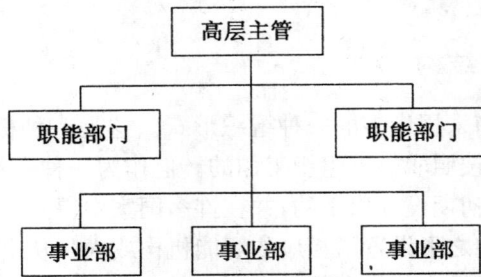

图 12-2 事业部制组织结构

事业部制的优点在于:① 组织最高管理部门可以摆脱繁杂的日常行政管理事务,成为真正强有力的决策机构。② 各事业部自成体系,独立经营、核算,可以发挥其灵活性和主动性,并进而增强企业整体的灵活性和适应能力。③ 可促进各事业部之间的竞争,促进企业发展。④ 通过权力下放,使各事业部接近市场和顾客,按市场需要组织生产经营活动,有助于经济效益的改进和提高。⑤有利于培养和训练管理人才。其不足是组织机构重叠,管理费用大,局部利益和整体利益难以协调。

"通用"的组织模式基本上成为工业化社会企业组织的样板,但在信息社会下面,则需要寻找到新的样板。彼得·德鲁克曾就现实的需求指出了 GM 组织模式所存在的六种不足,分别是:① 以制造企业为对象设计,对今天众多的大型非制造业企业不怎么适用。②以单一产品(即汽车)生产经营企业为对象设计,对今天以多样化经营为主的企业不怎么适用。③ 以只有一个国外子公司的美国公司为对象设计,对今天众多的多国公司不怎么适用。④ 主要针对体力生产者和职员的工作设计,对今天知识工人是主要雇员的企业不怎么适用。⑤主要针对尚无大量信息处理需要的单一产品、单一国家的公司设计,对今天需处理大量信息的多产品、多技术的多国公司不怎么适用。⑥ GM 的组织结构重管理轻创业,对今天创新任务十足的企业不怎么适用。

当然,上述指责并非真正是对 GM 组织模式的批判,而是提醒人们要像斯隆针对 GM 当时的实际情况进行组织变革一样,而针对今天企业的需要积极投身于组织变革。

三、矩阵式组织结构

由纵横两套管理系统交错而成的组织结构。它开始是企业内部为完成某项特定任务而组建的,如图 12-2 所示。这种组织形式打破了"一人一个老板"的命令统一原则,使一个员工同时接受两方面的领导：在执行日常工作任务方面，接受原职能部门的垂直领导；在完成特定任务（即这一矩阵式组织的目标）过程中，要接受项目负责人的横向指挥。任务一旦完成，组织成员仍回原部门工作。此时，这一组织形式可能因任务的完成而消失，也可能继续维持下去，但要重新挑选组织成员，并往往执行另一项特定目标。

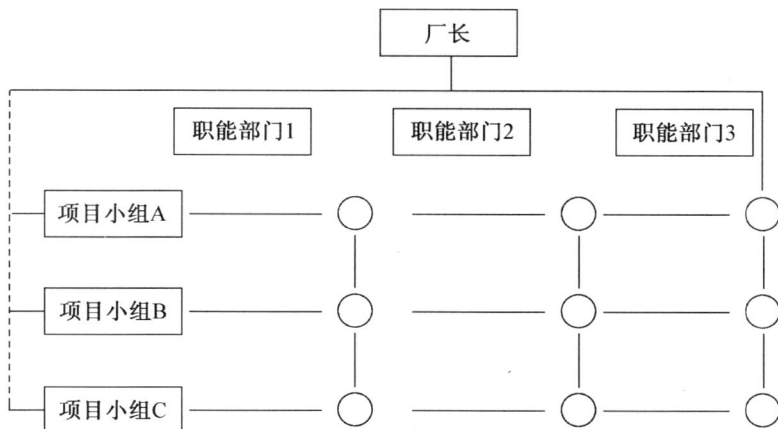

注：○ 代表组织成员

图 12-3　矩阵式组织结构

这种组织形式的优点是，具有较大的灵活性、适应性，能够把横向职能部门的联系、纵向项目小组的协调、集权与分权有机地结合起来，有利于发挥专业人员的潜力，有利于各种人才的培养。其不足在于双重领导容易产生矛盾和扯皮现象，对项目负责人的要求较高，大家都有临时工作的感觉而导致人心不稳。

1967 年，美国道－科宁化学工业公司（Dow Corning）建立了多维立体组织结构形式，这种形式由三方面的管理系统组成：① 按产品（项目或服务）划分的部门（事业部），是产品利润中心。② 按职能如市场研究、生产、技术等划分的专业参谋机构，是职能利润中心。③ 按地区划分的管理机构，是地区利润中心。在这种组织结构形式下，每一系统都不能单独行动，而必须由三方代表通过共同协调才能采取行动，进而突出了整体利益，减少部门间的矛盾。

四、网络组织结构

在工业社会，为了追求规模经济性，许多企业片面追求规模的扩大和功能的齐全，进而形成了一种"企业办社会"的经营思路，结果产生了许多机构庞杂的大企业。随着工业社会向信息社会转变，消费者需求变得越来越多样化，竞争日趋激烈，技术更新的速度越来越快，在这样的情况下，许多大企业染上了"大企业病"。"大企业病"主要指的是由于大企业机体庞大而衍生的大企业内部的新陈代谢紊乱。往往表现出不同的"病症"，如机构膨胀、臃肿；管理部门和管理人员逐渐增多，手续繁杂、办事拖拉、会议过多、相互扯皮等官僚作风严重；一些陈旧的部门虽然没有太大的存在意义，但仍然极力强调自身的重要性，局部利益不可侵犯；制度过多而且僵化，加上官僚主义的作风，进而极大地影响了职工的工作士气；内部沟通、协调机制不畅，造成工作效率低下；富余人员多，同时又过分强调稳定，组织内部缺乏向危机感挑战的精神，风险意识和创新精神淡化，等等。上述病症在一些非赢利性组织中也存在。

"大企业病"的存在使人们认识到,在社会分工日趋细化的时代,"大而全"、"小而全"的企业已经难以在激烈的市场竞争中占据竞争优势,众多的各具优势的企业联合起来,相互支持,互为补充,不仅可以使每个企业获得开展生产经营活动所需的资源,而且在生产经营活动中强化了自身的竞争优势。网络组织结构这种组织模式相应产生了。这种组织结构只有很小的中心组织,依靠其他组织,以合同方式为基础,从事制造、营销等经营活动的结构。作为一种新形式的组织结构,网络组织结构有助于组织自身规模的精简,使组织具有更大的灵活性和应变能力,进而成为当今社会的一种流行模式。

伴随着信息技术的发展而出现的虚拟公司(Virtual Corporation)就是这样的组织形式。在这种组织形态下运作的企业有完整的功能,如生产、营销、设计、财务等,但在企业内部却没有执行这些功能的部门。企业仅保留最关键的功能,然后将其他功能虚拟化,以各种方式借用外力进行整合,进而创造企业本身的竞争优势。虚拟公司采用的是借用"外部资源整合"的策略,而非以往所说的"内部资源选择"的策略。

五、企业集团的组织结构

组建企业集团,加大我国企业参与全球经济竞争的实力,是面向 21 世纪我国企业改革的重大举措。近年来,我国组建的各种类型的企业集团越来越多。顾名思义,企业集团是多个企业的联合体,不同于单一企业。同时,企业集团也不同于建立在合同基础上的网络组织,主要表现在:

(1)企业集团有核心企业,这个核心可以有一个或若干个大中型骨干企业、科研单位或其他有投资能力的企业组成。集团的成员企业以资金、技术、商标等产权关系为纽带,形成严密的组织形式和高度集中的管理指挥中心的经济联合体;网络组织是生产要素的简单联合,有的甚至相互间只有短期的合同约束。

(2)企业集团的联合是多层次的,往往由处于核心层、紧密层、半紧密层、协作层的众多企业所组成,处于不同层次上的企业之间往往因产权关系等因素而具有很强的制约甚至控制关系;网络组织往往只有松散的联合层,成员企业之间没有制约,或制约不强。

产权关系是把众多的企业联合在一起形成企业集团的最重要的纽带。按产权关系可以把集团中的企业划分为全资子公司、控股公司和参股公司,然后结合集团经营战略的需要,确定企业在集团中所处的层次。集团中企业部分甚至全部都是独立的法人。因此,如何构建集团公司与下属企业特别是紧密层企业之间的管理模式,便成为理论和实践领域必须格外关注的问题,也是构建企业集团组织结构的主要依据。按照我国有关企业集团试点的规定,集团公司对其紧密层企业实行"六统一"管理:统一规划;统一对国家承包经营;重大基建项目及技术改造对银行统贷统还;统一进出口;统一对国有资产的保值增值及交易负责;统一任免紧密层的主要领导干部。

第三节 组织设计

组织设计是以企业的组织结构安排为核心的组织系统的整体设计工作,是企业总体设计的重要组成部分,是有效实施管理职能的前提条件。组织设计应以完成组织任务为前提,应遵循一定的程序与原则。组织设计的简单模式见图12－4。

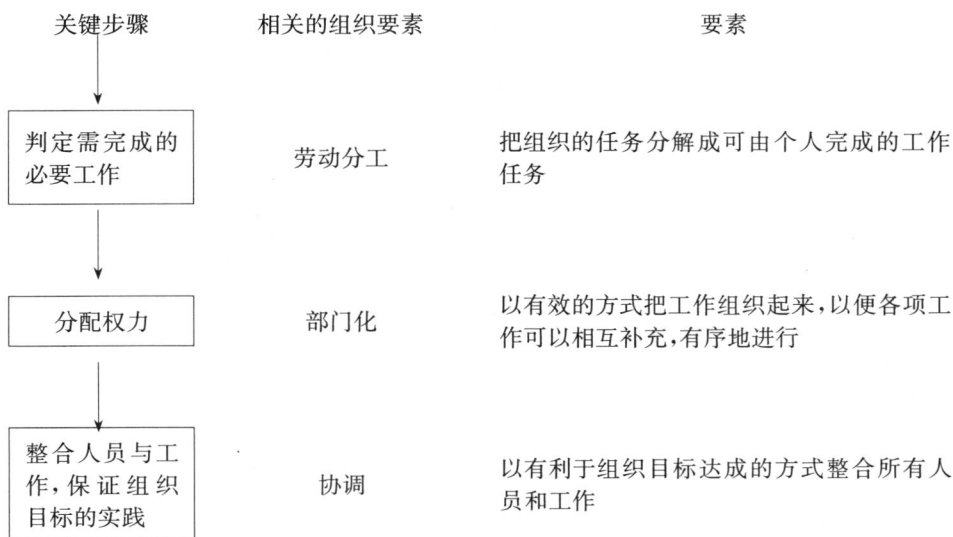

关键步骤	相关的组织要素	要素
判定需完成的必要工作	劳动分工	把组织的任务分解成可由个人完成的工作任务
分配权力	部门化	以有效的方式把工作组织起来,以便各项工作可以相互补充,有序地进行
整合人员与工作,保证组织目标的实践	协调	以有利于组织目标达成的方式整合所有人员和工作

图 12－4　简单的组织设计模式

一、组织结构设计的步骤与原则

(一) 组织结构设计的步骤

组织结构设计的任务是:要求能简单而明确地指出各岗位的工作内容、职责与权力以及与组织中其他部门和岗位的关系,要求明确担任该岗位工作者所必须具备的基本素质、技术知识、工作经验、处理问题的能力等条件。因此,组织结构设计的步骤一般可以分为四步:

1. 岗位的形成

通过对组织目标的分析,明确组织任务,并且通过对任务的分解和综合,形成为完成任务所需的最小的组织单位,即岗位。明确每个岗位的任务范围、岗位承担者的责职权利以及应具备的素质要求等。所以,设计一个全新的组织结构需要从下而上进行。

2. 部门划分

根据各个岗位所从事的工作内容的性质以及岗位之间的相互关系,依照一定的原则,可以将各个岗位组合成被称为"部门"的管理单位。组织活动的特点、环境和条件不同,划分部门所依据的标准也是不一样的。对同一组织来说,在不同时期的背景中,划分部门的标准也可能会不断调整。

3. 机构设计和组织形式

每个组织都需要一个组织结构,它是在岗位形成和部门设计的基础上,根据组织内外能够获取的人力资源,对初步设计的部门和岗位进行调整,并平衡各部门、各岗位的工作量,以使组织机构合理。一个组织的结构可以采用不同的形式清楚地加以表达,这些组织形式可以按模式进行选择。

4. 文件

文件是采用合适的表达方法对机构组织所做的书面表达。主要类型有:组织机构图、岗位责任书、岗位人员分配图和显示岗位和部门在完成总任务方面所占份额的职能图。

（二）组织设计的原则

组织所处的环境、采用的技术、制定的战略、发展的规模不同，所需的职务和部门及其相互关系也不同，但任何组织在进行机构和结构的设计时，都需遵守一些共同的原则。组织设计应该遵循的原则，可归纳为以下四点：

1. 劳动分工

劳动分工是组织设计的前提和关键。管理者在这一阶段的主要任务是决定如何进行分工和分工到何种程度。只有科学的劳动分工，才能提高组织运行的效能，从而有助于组织目标的实现。

在 20 世纪初期甚至更早的时候，劳动分工被认为是增加生产效率的一个不尽的源泉，这个结论在当时专业化还没有得到普遍推广的情况下无疑是正确的，但随着劳动分工的深化，许多问题相继暴露了出来，厌倦、疲劳、压力、低生产效率、劣质品、旷工、高离职率等现象对传统的劳动分工理论提出了挑战，诸如工作扩大化同时承担多种工作，即工作范围的横向扩展、工作丰富化（承担更重要的责任，即工作内容的纵向延伸）等新的管理思想应运而生，特别是近年来席卷全球的再造工程理论更是对传统的分工理论提出了直接的挑战。这些都是围绕着如何分工以及分工程度而展开的。

2. 部门化

随着组织规模的扩大和生产经营活动的复杂化、高级化，组织业务活动种类越来越多，所涉及的专业领域越来越广。因此，为了提高工作效率，管理者就必须在劳动分工的基础上，把各项活动进行归类，使性质相同或相似的工作合并到一起组成单位，这样便形成了一个个专业化的部门。在企业实践中，部门化的形式是多种多样的，典型的有：

（1）功能部门化

按照组织的各项主要业务工作和主要管理职能来划分和设置组织的横向部门。对企业来说，其主要业务和管理职能包括计划、人事、生产、销售和财务等。按功能部门化原则来设置组织的职能机构，这是最常见的一种部门化组织形式。例如在厂部设立职能科室，在车间设立职能组，在生产班组设立职能人员等。在企业管理活动中，职能机构起着重要的作用。

第一，职能机构是各级行政主管人员的得力参谋和助手。它协助主管人员搞好决策、指挥和监督工作，有助于提高行政领导工作的效率。

第二，各职能机构在其专业分工的范围内担负着人、财、物、产、供、销等专业管理工作；通过这些专业管理活动，为生产经营活动的有效进行创造必要条件。

第三，上级职能机构对下一级部门和机构，在业务上发挥着指导和帮助作用。

第四，在处理对外业务关系方面，职能机构起着重要作用。在企业领导层的授权下，职能机构可以对外代表企业，开展正常的业务往来，处理各种对外联系和关系。但是这种组织形式也有一定的不足，如各部门各有专责，各自独立，部门间容易形成隔阂，增加协调的困难；缺乏灵活性和弹性；以及高层领导者负担过重等。这种部门化组织形式，在稳定的技术与环境等条件下比较有效。

（2）过程部门化

将企业的产品生产或制造过程分成几个工艺阶段，按阶段来设置部门和机构，要求每个部门只负责整个过程中某一阶段的工作。按过程部门化原则划分组织的横向部门，也是一种很常见的部门化组织结构形式。它的优点是有利于提高工作效率,缺点是增加了上层协调的困难。

（3）产品部门化

按产品不同来划分和设置企业组织的横向部门。这种部门化组织形式适合于多样化生产经营的大型企业,它属于分权化的组织形式。产品部门化组织形式的优点是以产品部为利润中心,便于对成本、利润和绩效的测定和评价;它是分权化的组织,有利于创新活动,有利于改善产品部门内部的协调工作,为产品部门经理提供一个最佳训练机会。其缺点是产品部可能发展得过于自主,增加了主管部门控制工作上的困难,要求有更多的通才,组织的纵向层次职能部门经常出现重复,造成专业力量分散。产品部门化组织适合于经营环境多变和实行多品种与多系列生产经营的大型企业和联合企业。

部门化组织形式多种多样,除上述三种之外,还有诸如地区部门化组织、顾客部门化组织和销售渠道部门化组织,等等。在现代企业中,采取一种纯粹的部门化形式的组织是罕见的,绝大部分企业的组织结构都采用混合的部门化形式。

3、管理幅度与层次等级

人类很早以前就开始了管理幅度（Span of Control）思想的实践。《圣经》中记载着摩西（约公元前1300年,曾被俘虏到埃及,他汲取埃及的管理经验,成为希伯来人的领导者）率领希伯来人为摆脱埃及人的奴役而出走。开始,每个人都直接向摩西汇报,遇到大事小情,摩西都要亲自处理。不久,摩西便精疲力尽。摩西的岳父杰西罗随队前行,他建议摩西建立"千民之侯,百民之侯,半百民之侯和十民之侯"制度,对一些小的事情,让下面的人自己处理,大的事情由摩西解决。摩西采纳了岳父的建议,顺利地完成了出走的任务。

有效管理幅度是划分组织纵向管理层次的理论,其含义是一个领导者（主管人员）所能直接而有效地管理和指挥其下属工作人员的数量,或者是指一个上级机构所能直接有效管理其下级机构的数目。换句话说,管理幅度指的是有多少人共同向同一上司汇报工作。

任何一个领导者所能管辖的下属人数必定有个限制和限额,因为任何人的知识、经验、能力和精力等都是有限度的。因此居于权力中心的领导人,绝不可能无限制地直接管理和指挥很多人而又使他们的活动配合无间。

在就一个领导者的管理幅度不可能无限制地扩大方面,绝大多数管理学著作都引用了V. A. 格兰丘纳斯（V. A. Graicunas）的论证公式:

$$N＝n(2n-1＋n-1)$$

式中:N表示管理者与其下属之间相互交叉作用的最大可能数;n表示下属人数。

例如,假定一个管理者M,有两个下属A和B。一种直接关系可能发生于M与A之间和M与B之间。但是有这样的时候,M和A谈话而B在场,或者和B说话而A在场,这样可能就会有两种直接群体关系。此外,交叉关系可能存在于A和B之间,表现为A找B和B找A。这三类关系加到一起,就存在了6种可能的相互作用。当下属增加到3个时,这种可能的相互作用总数则增加到18。以此类推,越来越大。当下属人数达到100人时,上面公式中的N便成为一个十分"巨大"的数字!虽然格兰丘纳斯没有说明N以多少为宜,但他给予的警告是清楚的——哪里增加一个下属,他就是一根能压断经理的骆驼脊背的稻草。

事实上,决定管理幅度不可能无限制扩大的因素远不仅仅是上述所说的相互作用关系,管理者的能力、下属人员的集中与分散程度、工作本身的性质、工作的标准化程度、工作的类别、需要解决的问题的出现频率、管理者与下属人员间的关系,等等,都在很大程度上决定着管理者管理幅度的大小。

选择合适的管理幅度是至关重要的。首先,它会对一个部门的工作关系产生影响,较宽的管理幅度意味着管理者异常繁忙,结果组织成员得到较少的指导和控制;与此相反,过窄的管理幅度意味着中基层管理人员权力有限而难以充分发挥工作的能动性。其次,对组织决策活动产生影响。如果组织层次过多,将减缓决策速度,这在环境迅速变化的今天是一个致命的弱点。

组织的纵向管理层次的形成,其实就是组织结构上的横断面的分割,使各个管理职务有所区别,由此形成组织的权力阶层结构。因此,在明确了管理幅度和组织层次之后,下一个任务就是科学地授权。为此,管理者必须识别哪些任务可以授权,其中一个非常有效的方法就是管理者首先对其如何分配时间进行分析,从而进一步确定哪些职能和责任可以授权他人来完成,由哪些下属来完成,然后授予下属完成任务所必需的权力和资源。最后,在明确下属责任的基础上对授权进行监督和控制。

4. 协调

组织过程的最后一个要素就是协调,既包括横向协调,也包括纵向协调。协调的目标在于使得管理者的工作方向保持一致并确保整个组织过程有助于组织目标的最后达成。

所谓协调就是将独立的个体和单位的活动整合到为实现共同的目标而齐心努力的活动中去。组织中的每个员工都被仅仅分配从事一小部分工作,如果没有协调,这些不同的个人努力可能就会产生裂痕,甚至产生分歧和冲突。管理协调活动通过统一组织中不同个人和部门的活动实现群体的效能。协调工作应当遵循以下原则:

(1) 政令统一原则。政令统一是亨利·法约尔总结的管理十四原则之一。在实践中,政令统一的原则并不容易贯彻,因为传统的政令统一原则暗含一个假设,即组织的各种活动可以明显地分解,各个成员能各负其责,只有这样,才能避免命令的冲突、误解,减少资源的滥用。

当组织相对简单,工作可分解度高时,政令统一是很有效的原则。即使今天,对于许多组织来讲,它还是一条有意义的原则,并遵循这一原则来设计活动和工作关系。然而,随着信息极大地发展,社会环境的变迁,许多工作需要不同群体和个人之间自主地相互协调、相互支持,过分强调政令统一有可能导致组织灵活性的降低,从而影响组织绩效。

(2) 命令链原则。这是法约尔的另一条管理原则,又被人称作"梯度原则"(Scalar Chain),是指组织中的权力链从顶端开始,不间断地授给组织的最下端。它为上级和下属之间提供了正式的沟通渠道,也有助于政令统一原则的实现。

(3) "联系针"。政令统一和命令链原则为管理人员协调下级之间的横向工作关系创造了条件。除此之外,不同管理层次的管理者之间的纵向协调也十分重要。在 20 世纪 60 年代,美国行为科学家伦西斯·利克特(Rensis Likert)提出利用集体决策的方法促使组织实施参与型管理,为此,他提出"联系针(Linking Pin)"的概念,通过"联系针"把整个企业联结成为一个整体,见图 12-5。在这样的组织体系中,每个下级组织的领导是上一级组织的成员,他们会同时兼顾到上下级单位的利益,并容易顺利地将企业整体目标贯彻到基层部门。

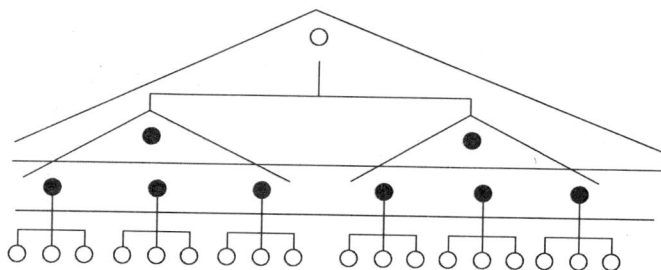

注："●"即"联系针"

图 12-5　组织中的"联系针"

（4）委员会。另一种常见的组织协调方法是建立委员会。通过建立委员会，可以发挥集体决策的特点，提高决策的科学性；可以平衡权力，防止组织中某个人或部门权力过大；集体制订计划和政策来协调各部门间的行动；有助于信息的沟通和交流；等等。

二、影响和制约组织结构的因素

组织结构是组织内部分工协作的基本形式或框架。随着组织规模的扩大，仅靠个人指令或默契远远不能使分工协作达到高效，它需要组织结构提供一个基本框架，事先规定管理对象、工作范围和联络路线等事宜。评价一种组织结构的优劣，不能离开具体的条件，即影响和制约组织结构的六个方面：信息沟通、技术特点、经营战略、管理体制、企业规模和环境变化。

（一）信息沟通

信息沟通贯穿于管理活动的全过程。组织结构功能的大小，在很大程度上取决于它能否获得信息、能够获得足够的信息以及能否及时地利用信息。在组织结构上，有六项具体要求：① 明确工作内容和性质、职权和职责关系。② 沟通渠道要短捷、高效。③ 信息必须按既定路线和层次进行有序传递。④ 要在信息联系中心设置称职的管理人员。⑤ 保持信息联系的连续性。⑥ 重视非正式组织在信息沟通中的作用，它可以沟通正式组织所不能提供的信息。

（二）技术特点

技术特点主要包括技术复杂程度和稳定性两个内容。技术复杂程度决定着组织的分工和作业的专业化程度，进而决定着部门规模的大小及其构成，管理层次的多少、管理幅度的大小、管理人员的比例、技术人员的比例、生产经营活动特点等一系列因素，造成组织结构方面的很大差异。从技术稳定性角度看，对于较少变革、比较稳定的技术，适宜采用机械式组织结构形态，组织内部的关系以垂直的上下级等级关系为主；与此相反，对于多变的、不稳定的技术来说，具有较强适应性的有机式的组织结构形态则是最有效的。

（三）经营战略

经营战略包括确定长期目标以及为实现这一目标所必须实施的计划和资源分配。组织结构必须服从于经营战略，随经营战略的变化而调整。在组织的起步阶段，其战略重点是扩大规模，因此并不需要系统、完整的组织结构；在地区开拓阶段，则需要设立若干职能部门，以解决地区分散而产生的协调、标准化和专业化等问题；进入纵向发展阶段，需要进一步扩大组织功能，提高组织效率；而到了产品多样化阶段，就可能引起组织结构的重大变革，即从集权制结构转向分权制结构。

（四）管理体制

在一定条件下，管理体制的制约力是不可忽视的。以行政手段为主的管理体制，强调企业组织结构与政府行政组织结构的上下对口，这极易带来机构臃肿、部门重叠、人浮于事、效率低下等弊端，管理成本高而市场适应能力差。随着市场经济体制的建立和完善，企业将逐步成为独立的经济组织，并拥有组织结构设置和调整的自主权。其组织结构设计将面向市场，以提高效率为目标。

（五）企业规模

一般来说，企业规模小，管理工作量小，为管理服务的组织结构也相应简单；企业规模大，管理工作量大，需要设置的管理机构多，各机构间的关系也相对复杂。可以说，组织结构的规模和复杂性是随着企业规模的扩大而相应增长的。

（六）环境变化

企业面临的环境特点，对组织结构中职权的划分和组织结构的稳定性有较大的影响。如果企业面临的环境复杂多变，有较大的不确定性，就要求在划分权力时给中下层管理人员较多的经营决策权和随机处理权，以增强企业对环境变动的适应能力。如果企业面临的环境是稳定的、可把握的，对生产经营的影响不太显著，则可以把管理权较多地集中在企业领导手中，设置比较稳定的组织结构，实现程序化、规模化管理。

总之，组织结构设计必须认真研究以上六个方面的制约因素，并与之保持相互衔接和相互协调。

重点提示

1. 组织：组织作为一项管理职能，是根据计划任务要求和按照权力责任关系原则，将所必需的活动进行分解与合成，并把工作人员编排和组合成一个分工协作的管理工作系统或管理机构体系，以便实现人员、工作、物资条件和外部环境的优化组合，圆满达成预定的共同目标。

2. 组织工作的基本要求：第一，目标一致性原则；第二，分工协作原则；第三，责权关系原则；第四，信息畅通原则。

3. 典型的组织结构：直线职能制是企业目前采用最多的一种组织形式，最大特点是在各级直线指挥机构之下设置了相应的职能机构或人员从事专业管理；事业部制组织结构是以成果为中心的组织形式；由纵横两套管理系统交错而成的组织结构，这种组织形式打破了"一人一个老板"的命令统一原则，使一个员工同时接受两方面的领导。网络组织结构只有很小的中心组织，依靠其他组织，以合同方式为基础，从事制造、营销等经营活动的结构，网络组织结构有助于组织自身规模的精简，使组织具有更大的灵活性和应变能力。

思考与练习

1. 简述组织的基本功能和组织工作的基本原则。
2. 组织为什么要设计成为一个纵横交错的系统？
3. 比较不同的部门化形式的优缺点。
4. 管理幅度原理的重要性何在？影响和制约管理幅度的因素有哪些？
5. "组织要服从战略。"这是一项基本的原则。组织工作中如何体现这一原则？
6. 如何处理和协调组织中的权力和责任？

7. 了解比较各种组织结构形式的特点和优缺点。

8. 事业部制组织结构是侧重于分权的组织结构吗?

9. 网络组织出现的根本原因是什么?

案例学习

1. 英国钢铁公司:从职能组织到多分部专业化

英国钢铁公司成立于 1967 年,由 14 个国有化钢铁生产商组成。在此之前的几十年内,公司尝试过多种组织形式,均是按地区或者按产品构造划分,但为了竞争和理清其凌乱的业务,一直在加强中央的控制。到 1983 年,英国钢铁公司拥有了"事业部",但权力仍牢固地保留在总部,贸易、购买和工业关系职能都是集中化的。在事业部缺乏对投入或产出政策控制的情况下,英国钢铁公司实际是以职能模式组织的。1988 年,公司进行了私有化,因而转向一种更注重盈利的组织形式。1990 年该公司收购了英国主要的钢铁批发商 WalkerGroup,随之组成了批发事业部。1992 年英国钢铁公司发动了名为"组织、深度变革、风格"的重组。该计划旨在大幅度地消减总部职能和成本,并将管理责任分散到 12 个业务单位。其中关键的一条是业务领导不再在董事会任职,而是向相对独立的执委会成员报告。

思考:为什么英国钢铁公司从职能组织到多分部专业化的转变,可以大幅度地消减总部职能和成本?

2. 金果子公司的组织结构设计

金果子公司是美国南部一家种植和销售黄橙和桃子两大类水果的家庭式农场企业,由老祖父约翰逊 50 年前开办,拥有一片肥沃的土地和明媚的阳光,特别适合种植这些水果。公司长期以来积累了丰富的水果存储、运输和营销经验,能有效地向海内外市场提供保鲜、质好的水果。经过半个世纪以来的发展,公司已初具规模。老祖父十年前感到自己体衰,将公司的管理大权交给儿子杰克。孙子卡尔前两年从农学院毕业后,回到农场担任了父亲的助手。

金果子公司大体上开展如下三个方面的活动:一是有相当一批工人和管理人员在田间劳动,负责种植和收获橙和桃;另一些人员从事发展研究,他们主要是高薪聘来的农业科学家,负责开发新的品种并设法提高产量水平;还有一些是市场营销活动,由一批经验丰富的销售人员组成,他们负责走访各地的水果批发商和零售商。公司的销售队伍实力强大,而且他们也像公司其他部门的员工一样,非常卖力地工作着。

不过,金果子公司目前规模已经发展得相当大了。杰克和儿子卡尔都感到有必要为公司建立起一种比较正规的组织结构。准备请管理咨询人员来帮助他们公司设计组织结构。

资料来源:豆丁网,http://www.docin.com/p-101679792.html

思考:如何帮助该公司设计组织结构呢?

第十三章　组织变革

变革是当今世界唯一不变的真理,在组织管理中也是如此。组织作为一个系统,具有目标性,它只有通过不断地做出调整,才能适应环境的需要。同时,为了实现组织目标,为了提高组织运作效率,它也需要不断地对自身进行变革。可以这样说:在现代社会中,适应性的变革是生存的需要,而革新性的变革是发展的需要。所以,改革或组织变革是当今组织不变的话题。

第一节　组织变革的动因与内容

一、组织变革的概念、作用和目标

(一) 组织变革的概念

组织变革是指组织管理人员主动对组织的原有状态进行改变,以适应外部环境变化,更好地实现组织目标的活动。从本质上说,组织变革是组织为了适应内外环境及条件的变化而做出的反应,是使组织管理更加符合组织存续与发展要求的努力过程。这种变革的范围包括组织的各个方面,包括组织结构、技术、管理制度、人员以及组织物理环境。

(二) 组织变革的作用

组织变革对组织生存和发展具有重大的影响和作用。通过组织变革,组织的目标更加明确,组织成员的认可程度和满意程度都会得到提高,组织更加符合社会发展的要求;通过组织变革,组织的任务更加明确;通过组织变革,组织完成任务的方法更加明确;通过组织变革,组织机构的管理效率提高;通过组织变革,组织做出的决策更加合理、更加准确;通过组织变革,组织更具有稳定性和适应性;通过组织变革,组织的信息沟通渠道畅通无阻,信息传递更加准确;通过组织变革,组织的自我更新能力增强。

(三) 组织变革的目标

组织变革的目的是促进组织的发展,因此,组织变革的目标应与组织发展的目标协调一致。组织变革应努力实现以下目标:

1. 提高组织适应环境的能力

适应环境是组织生存的前提。当组织的外部环境或内部环境发生了变化,组织也必须随之而变。组织适应性和应变能力主要表现为三个方面:

① 信息传递渠道畅通,能有效地传递信息并及时反馈。② 迅速应变,做出决策,并最大限度地保证决策的准确性、优化性和可行性。③ 指挥系统灵活,控制系统有效,使整个组织活动保持在组织目标的方向。

2. 提高组织的工作绩效

通过组织变革提高组织的适应能力,仅仅是组织变革的基础目标。在提高适应能力的基础上,促进组织的自我创新能力,提高组织运作效率和效益,使组织不断发展壮大,这才是组织的最终目标。具体要具备以下三方面的功能:① 决策功能。组织能确立适合于自身的发展目标和方向,能分辨错综复杂的主客观因素,审时度势,决策迅速并准确,具有强有力的领导集体和畅通的沟通渠道。② 管理功能。在达成目标的过程中,良好的管理功能表现为计划和组织的有序性,协调和控制的有效性,投入和产出的效益性。③ 技术功能。技术功能是指完成目标的操作能力。组织要有效地管理人力资源,把握和应用新技术,并有改革创新能力,才能保证组织的高效和竞争力。

3. 承担更多的社会责任

在现代社会中,单个组织的生存和发展从根本上来说取决于它同社会的关系。任何组织都不能只追求自身利益,而不顾社会责任。因此,每个组织所承担的社会责任,它所树立的社会形象,都成为组织运作的必要前提。① 提供符合社会和消费者需要的合格产品或服务。② 遵纪守法,安全生产,保护自然生态环境,按章纳税。组织的社会责任要求组织要不断地进行调整与变革,这也是组织变革的最高目标。

二、组织变革的动因

哈默和钱皮曾在《公司再造》一书中把三"C"力量,即顾客(customers)、竞争(competition)、变革(change)看成是影响市场竞争最重要的三种力量,并认为三种力量中尤以变革最为重要,"变革不仅无所不在,而且还持续不断,这已成了常态"。

组织变革就是组织根据内外环境的变化,及时对组织中的要素进行结构性变革,以适应未来组织发展的要求。因此,推动组织变革的因素可以分为外部环境因素和内部环境因素两个部分。

1. 组织内部因素

(1) 组织结构的缺陷。随着内外环境的变化,组织经营效率会明显降低,组织结构的缺陷就是经营绩效下降的原因之一。这方面的问题主要包括:机构臃肿、人浮于事;部门之间相互关系不顺、冲突矛盾迭起;组织无法对环境的变化做出灵活的反应。

(2) 组织规模的扩张。随着组织规模的扩大,管理层次增多,工作分工细化,部门数量增加,职能和技能日益专业化,这说明大型企业趋向复杂化。具体地说,当报表、文件和书面沟通增多,程序化规则成为协调沟通的主要手段,这表明大型企业趋于正规化;企业规模扩大,中层管理人员拥有强大的权力使企业的集权程度降低。这些特征都反映了企业随着规模的扩大,组织设计需要在许多方面做出相应的变革调整。

(3) 组织战略改变。组织在战略发展的每个阶段都需要相应的组织结构与之匹配。例如,在数量扩大战略阶段,企业的组织结构较单一,仅拥有一个办公室执行生产或其他职能;在纵向一体化战略阶段,企业中出现了中心办公机构及众多分支部门,为保持各部门间的密切联系,需要转变成集权的职能型结构;而在多样化战略阶段,企业则需要多地域分权。因此,组织结构在组织战略的不同阶段应做适应性调整。

（4）人力资源变化。随着员工素质和能力的不断提高，员工工作态度和需要也表现出了多元化特点。表现为个体对特定组织的忠诚度减弱，而且人生目标和价值观也有很大变化。为适应人力资源开发的需要，组织设计和运行就必须给人的能动性和创造性的发挥创造有利条件，并提高组织对内外环境的应变能力。

以上这些因素都会影响到组织目标、组织结构及组织权力系统等的调整和修整，从而引起组织的变革，这种变革往往是全面而深刻的。

2. 组织外部力因素

组织是从属于社会大环境系统的一个子系统，它必须适应外部环境。组织环境是动态的、不断变化的，具有很大的不确定性。组织外部环境可以分为一般环境和特殊环境两种。

（1）一般环境。是指对任何组织都有同样或类似影响的环境，如经济、政治和法律科学与技术、生态与文化、人口及市场和竞争等因素。政治因素包括一个国家的政治体制的变动、政治局势的发展、民主与法治的建设、社会风气的转变、国际政治环境的变化等；经济因素包括生产力水平的提高和生产方式的改变、经济结构和经济体制的变化、国际国内经济形势的变化、国家宏观调控、产业政策的调整、市场需求变化和竞争加剧等；科学因素包括计算机、网络信息技术的普及、大数据云计算的运用、新材料和新工艺的出现、设备和流程的更新等。

（2）特殊环境。是指与某一行业或某一系统的组织职能直接相关的特殊因素。例如，对工业企业来说，与生产经营内容直接相关的原材料、价格、工资和奖金、同类产品的市场占有率等，任何一项变动都可能关系到组织的生存，因而给组织造成压力，迫使组织及时做出反应。对行政组织来说，国家出台的政策法规、亟待解决的社会问题、需要管理的新的事务等因素都会引起行政组织的变革。

以上任何一种因素都既可能成为推动组织变革的强大力量，也可能成为阻碍组织变革的强大阻力，对组织发展都有可能产生深远的影响。

三、组织变革的内容

组织变革是一个多变量的系统，在该系统中包含四个显著的变量，即任务、结构、技术与人员。

（一）任务

组织的任务就是组织运行的目标和方向。组织作为一个系统而存在于广阔的环境之中，其目标必须接受社会环境的制约。例如，资源的供给问题、服务对象的要求等都会引起组织任务的调整。当组织运行的目标与方向进行调整时，相应的结构、技术与人员都要随之进行变革。

（二）结构

为了提高现有组织结构的效益和效率，组织设计出不同的划分工作任务的方法和新的协调手段。例如，通过精简纵向层次、拓宽控制幅度，从而使组织结构更为扁平；通过实施更多的规则和程序，提高组织工作标准化的程度；通过鼓励参与提高分权程度，提高决策的质量和速度等。

（三）技术

组织内技术因素的变革有两层含义：一是直接工作技术的改变，二是管理技术的变革。变革技术有助于推进其他组织因素合理化,它对组织任务、组织结构都有着深刻的影响。

（四）人员

人员是组织的核心,改变人的心理与行为,使组织中的个人和群体更为有效地工作,是组织变革的重要内容。组织内人员因素的变化是组织变革中最复杂也是最深刻的,涉及组织成员的态度、动机、行为、文化素养、职业道德标准、人际关系、个人价值取向等多方面内容的变革。

第二节　组织变革的过程

一、组织变革的理论

组织变革是一个复杂、动态的过程,必须对其进行科学的规划与设计,形成合理的变革程序和科学的变革过程,需要有系统的理论指导。管理心理学对此提出了行之有效的理论模型,适合于不同类型的变革任务。其中影响最大的有:Lewin 变革模型、系统变革模型和 Kotter 变革模型等。

1. 勒温变革模型

组织变革模型中最具影响的也许是勒温变革模型。勒温提出一个包含解冻、变革、再冻结等三个步骤的有计划组织变革模型,用以解释和指导如何发动、管理和稳定变革过程。

（1）解冻。心理学家勒温形容旧体制和旧观念就像一块冻结着的冰块,要改变其性质。这一步骤的焦点在于创设变革的动机。鼓励员工改变原有的行为模式和工作态度,采取新的适应组织战略发展的行为与态度。为了做到这一点,一方面,需要对旧的行为与态度加以否定;另一方面,要使干部员工认识到变革的紧迫性。可以采用比较评估的办法,把本单位的总体情况、经营指标和业绩水平与其他优秀单位或竞争对手加以一一比较,找出差距和解冻的依据,帮助干部员工"解冻"现有态度和行为,迫切要求变革,愿意接受新的工作模式。此外,应注意创造一种开放的氛围和心理上的安全感,减少变革的心理障碍,提高变革成功的信心。

（2）变革。变革是一个学习过程,需要给干部员工提供新信息、新行为模式和新的视角,指明变革方向,实施变革,进而形成新的行为和态度。这一步骤中,应该注意为新的工作态度和行为树立榜样,采用角色模范、导师指导、专家演讲、群体培训等多种途径。勒温认为,变革是个认知的过程,它使获得新的概念和信息得以完成。

（3）再冻结。在再冻结阶段,利用必要的强化手段使新的态度与行为固定下来,使组织变革处于稳定状态。为了确保组织变革的稳定性,需要注意使干部员工有机会尝试和检验新的态度与行为,并及时给予正面的强化;同时,保持一个相对稳定时期,以便观察变革的成效,发现新问题,也就是让组织重新进入冻结状态。如果不采取这个步骤,变革可能就是短命的,可能会回复到以前的状态。

2. 科特组织变革模型

领导研究与变革管理专家科特认为,组织变革失败往往是由于高层管理部门犯了以下错误:没有能建立变革需求的急迫感;没有创设负责变革过程管理的有力指导小组;没有确立指导变革过程的愿景,并开展有效的沟通;没能系统计划,获取短期利益;没有能对组织文化变革加以明确定位等。科特为此提出了指导组织变革规范发展的八个步骤:建立急迫感、创设指导联盟、开发愿景与战略、沟通变革愿景、实施授权行动、巩固短期得益、推动组织变革、定位文化途径等。科特的研究表明,成功的组织变革有 70%～90% 是由于变革领导的成效,还有 10%～30% 是由于管理部门的努力。

3. 卡斯特的系统变革模型

系统理论学派的代表人卡斯特认为,稳定性和适应性对于组织的生存和发展同样都是必不可少的。企业管理当局有责任通过对情况的诊断分析和当前条件的调整来使组织获得动态平衡。他在系统理论学派的"开放系统模型"的基础上,加入组织变革因素分析,形成了"系统变革模型"。

所谓"开放的系统模型",主要强调组织既是一个人造的开放系统,同时也是由各个子系统有机联系而组成的一个整体。该模型包括输入、变革元素和输出等三个部分,如图 13-1。

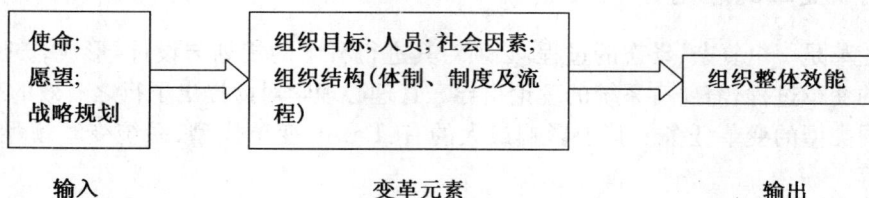

```
┌──────────┐        ┌────────────────────┐        ┌──────────────┐
│ 使命;     │        │ 组织目标; 人员; 社会因素; │        │ 组织整体效能  │
│ 愿望;     │ ─────▶ │ 组织结构(体制、制度及流 │ ─────▶ │              │
│ 战略规划  │        │ 程)                 │        │              │
└──────────┘        └────────────────────┘        └──────────────┘
    输入                   变革元素                      输出
```

图 13-1 系统变革模型

针对这个模型,卡斯特提出了组织变革过程的六个步骤:

① 审视状态。对组织内外环境现状进行回顾、反省、评价、研究。② 觉察问题。识别组织中存在的问题,确定组织变革需要。③ 辨明差距。找出现状与所希望状态之间的差距,分析所存在的问题。④ 设计方法。提出和评定多种备择方法,经过讨论和绩效测量,做出选择。⑤ 实行变革。根据所选方法及行动方案,实施变革行动。⑥ 反馈效果。评价效果,实行反馈。若有问题,再次循环此过程。

4. 施恩的适应循环模型

施恩认为组织变革是一个适应循环的过程,一般分为六个步骤:

① 洞察内部环境及外部环境中产生的变化。② 向组织中有关部门提供有关变革的确切信息。③ 根据输入的情报资料改变组织内部的生产过程。④ 减少或控制因变革而产生的负面作用。⑤ 输出变革形成的新产品及新成果等。⑥ 经过反馈,进一步观察外部环境状态与内部环境的一致程度,评定变革的结果。

上述步骤与方法和卡斯特主张的步骤和方法比较相似,所不同的是,施恩比较重视管理信息的传递过程,并指出解决每个过程出现困难的方法。

二、组织变革的过程

总结上述的观点可以看出,虽然各种理论观点之间存在着一定的差异,但在主要内容上都是一致的。也就是说,尽管事实上组织变革的过程并没有什么硬性的规定,但大致上可以分为以下几个步骤。

(1)分析研究组织的内外环境因素,找出需要变革的问题。在这一过程中,主要是完成对组织现有状况的评价,对组织是否适应环境变化、组织现有情况与期望间的差距是什么、组织成员满意度等信息加以整理,找出对组织而言必须予以改变的重要问题。

（2）使组织成员认识到变革的必要性与可能性。应使成员明确这些问题:需变革的问题是什么;这一问题对组织有什么威胁;这一变化能给组织带来的改变是什么;在变化中可能出现的问题是什么,该如何解决等。只有在明确解释这些问题的基础上,组织变革才有可能获得成员行动上的支持。

（3）进一步诊断,明确问题的性质。在这一过程中,需要将问题的关键所在分析透彻。问题的起因是个人、职能部门还是高层管理者;问题的类型是技术滞后、目标不清晰还是人际矛盾;改进问题的目标是提高效率还是适应环境。对问题性质清晰的理解是采取具体行动的基础。

（4）提出可供选择的解决方案,并从中选出最优的方案。在这一过程中须注意两方面的问题。一是将备选方案在一个最具代表性的部门进行实验后,对实验结果进行评估,借以分析这一方案可能带来的结果及可行性程度;二是解决方案的制定与最终择选必须是在成员普遍参与的基础之上,保证方案的科学性和合理性。

（5）根据选定方案实施变革,并及时调整。在组织变革的全面行动阶段,需要坚定不移地贯彻解决方案,同时就产生的偏差进行及时修正及调整。

（6）评定组织变革的效果。问题是否解决,目标是否达成,结果是否令人满意,都是组织变革的效果。如果是正反馈,证明组织变革是成功的,组织要通过各种措施巩固变革成果,形成一种新的稳定状态。如果是负反馈,证明组织变革是失败的,这时组织需要回到变革的原点,重新进行这样的循环。

第三节　组织变革的阻力及排除对策

一、组织变革的阻力

组织变革意味着打破原有状态,建立新的组织状态。面对变革,组织中的一些人必须放弃自己原有的观念和行为方式,以适应新的方式。因此,组织变革不可能一帆风顺,势必遇到来自各个方面的阻力。充分认识这些阻力,并设法排除阻力,是保证组织变革取得成功的基本条件。变革的阻力表现在以下两个方面。

1. 来自个人的阻力

变革中的个人阻力来自于一些基本的人格特征,如个体的知觉、个性、需要等密切相关的习惯、利益、恐惧、成见等。

（1）习惯。组织变革的阻力有很大一部分是来源于人类本性中的惰性和心理惯性。人们总习惯处于"惯例"和"他们自己的方式"之中,总有安于现状的习性,对于变革有一种天然的抵触情绪。人们在组织中形成了包括思想观念、需要动机等方面的心理定势,已经习惯了原有的一切管理制度、作业方式和行为规范,任何变革都会使他们感到不习惯、不自然,带来心理上的焦虑和不安。因此,人们出于墨守成规而抵制变革。

（2）利益。人们在组织中的既得利益包括权利、地位、荣誉、威信、工作岗位、技术优势和经济收入等。当组织变革可能损害到人们的既得利益时,他们就会极力反对变革,以维护自己的利益。特别是领导者,他们因为不愿意失去自己的地位而抵制变革。

(3)恐惧心理。组织变革是一种创新,是在探索中前进,变革本身具有一定的风险和不确定性,其结果可能成功也可能失败。而组织成员通常都有这种恐惧心理,不敢面对变革的风险,因而对变革采取消极的拖延、躲避甚至抵制的态度。管理者在面对这种不确定性时,可能会掩饰变革所带来的不良后果,或对变革的程序和执行方式采取非公开的方式,反而引起人们的猜测、怀疑和恐惧,出现管理者极力想避免的对抗行为。

(4)其他心理障碍。人们在心理上的一些障碍,也会构成改革的阻力。其主要表现是:求全责备心理,用机械主义的观点,对改革百般挑剔;中庸思想,害怕艰苦,不愿花力气,以反冒进的名义来反对变革;消极等待的心理,想等着上级或其他人搞出一套成熟的经验后再行动。

2. 来自组织的阻力

来自组织本身的阻力一般有以下几个方面:

(1)组织的惯性。随着组织年龄的增长,组织往往有保持其稳定性的倾向,这将促使其反对变革,使组织产生一种惯性。组织中的绝大多数人都是在昨天的组织中成长起来的,他们的期望和价值观都是在早期形成的。他们一般倾向于把昨天的经验强加于现在,把组织以前所发生的事看作常规,对任何一种不合"常规"的事都会持强烈的拒绝态度。这种变革阻力严重制约着组织变革。

(2)组织的保守倾向。国外学者对组织寿命周期研究表明:所有组织,除非它处于快速增长或内部动荡的时期,否则其年龄越长或越成熟,它就变得越保守。其原因,一是随着组织年龄的增长,组织内部建立起来的制度化的规则就越多。这些规则约束了组织对环境的反应,限制了组织变革;二是组织等级层次障碍,组织的等级层次和部门的划分,使组织结构越来越机械,自上而下的组织沟通渠道实际上起到了封锁消息、抵制变革的作用;三是,随着组织年龄的增长,组织中具有创新精神的管理者将会被具有保守倾向的管理人员所取代,使组织失去了创新型人才。

(3)组织变革的有限性。组织是由一系列相互依赖的子系统组成的。组织内部需要变革的成分可能是多方面的,也可能某方面的弊端尤为突出,当变革指向某一方面推进时,往往造成部分与部分之间或部分与整体之间的冲突,从而构成对组织变革的阻力。例如,组织引进先进技术,实行技术变革时,却没有与之配套的管理方式,就会使这种技术变革不大可能顺利进行。

(4)组织外部环境的滞后。由于组织不是孤立存在的,它是社会大系统里的子系统,所以,当外部环境尚未发展成熟甚至是严重滞后时,就会对组织变革构成阻力。

(5)资源投入的问题。任何组织变革都要投入一定的人力、物力和财力资源,而如果没有充分的可供利用的资源,改革就会受阻。例如,吸收优秀人才、改造旧设备、引进新工艺和研发新产品等变革都是以一定的资源投入为基础的。

二、组织变革的阻力的克服

组织变革是必然的,改革的阻力是客观存在的,为了保证组织变革的顺利进行,必须研究克服或减小组织变革阻力的方法,美国管理学家斯蒂芬·罗宾斯总结了各位学者的观点,概括出六种应对变革阻力的管理策略,每种策略对应不同的措施。如图13-2所示。

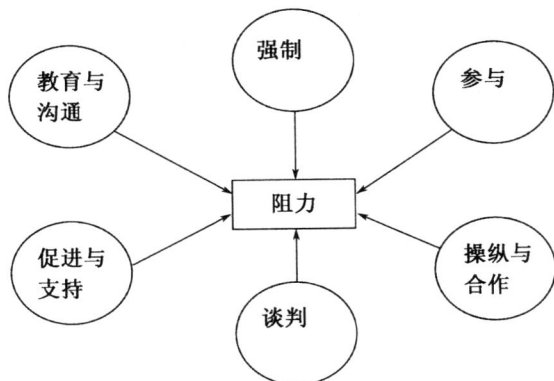

图 13 - 2　阻力的六种管理策略图

1. 教育与沟通

① 与员工们沟通,帮助他们了解变革的缘由。② 通过个别会谈、备忘录、小组讨论或报告会等教育员工。③ 这种策略适合在变革阻力来源于不良沟通或误解时使用。④ 要求劳资双方相互信任和相互信赖。

2. 参与

① 吸收持反对意见者参与决策。② 假定参与者能以其专长为决策作出有益的贡献。③ 参与能降低阻力、取得支持,同时提高变革决策的质量。

3. 促进与支持

① 提供一系列支持性措施,如员工心理咨询和治疗、新技能。② 培训以及短期的付薪休假等。③ 需要时间,花费也较大。

4. 谈判

① 以某种有价值的东西来换取阻力的减少。② 在阻力来自少数有影响力的人物时是必要的措施。③ 潜在的高成本,并可能面临其他变革反对者的勒索。

5. 操纵与合作

① 操纵是将努力转换到施加影响上,如有意扭曲某些事实,隐瞒。② 具有破坏性的消息,制造不真实的谣言。③ 合作是介于操纵和参与之间的一种形式。④ 使用成本降低,也便于争取反对派的支持。⑤ 要是欺骗或利用的意图被察觉,易适得其反。

6. 强制

① 直接使用威胁或强制手段。② 取得支持的花费低,也较易。③ 可能是不合法的,即便合法的强制也容易被看成是一种暴力。

重点提示

1. 组织变革是指组织管理人员主动对组织的原有状态进行改变,以适应外部环境变化,更好地实现组织目标的活动。从本质上说,组织变革是组织为了适应内外环境及条件的变化而做出的反应。这种变革的范围包括组织结构、技术、管理制度、人员以及组织物理环境等各方面。

2. 组织变革的动因来自于组织内外两方面的力量。组织内部力量包括管理技术条件的改变;管理人员的调整与管理水平的提高;组织运行政策与目标的改变;组织规模的扩张与业务的迅速发展;组织内部运行机制的优化;组织成员对工作的期望与个人价值观念的变化。组织外部力量包括科学技术的进步;国家有关法律、法规的颁布与修订;国家宏观经济调控手段的改变;国家产业政策的调整与产业结构的优化;国内外经济形势的变化;国内政治形势及政治制度的变化;国际外交形势及本国外交政策的变化;国内外市场需求的变化与市场竞争激烈程度的加剧。

3. 组织变革的目的是促进组织的发展,因此,组织变革的目标应与组织发展的目标协调一致。组织变革应努力实现以下三大方面的目标:① 提高组织适应环境的能力。② 提高组织的工作绩效。③ 承担更多的社会责任。

4. 组织变革是一个复杂、动态的过程,必须对其进行科学的规划与设计,形成合理的变革程序和科学的变革过程,需要有系统的理论指导。其中影响最大的有:Lewin 变革模型、系统变革模型和 Kotter 变革模型等。

5. 克服组织变革阻力的方法:美国管理学家斯蒂芬·罗宾斯总结了各位学者的观点,概括出六种应对变革阻力的管理策略,每种策略对应不同的措施。6 种对策是:教育与沟通、参与决策、促进与支持、谈判、操纵与合作、强制。

思考与练习

1. 什么是组织变革?它对组织有什么作用?组织变革的目标是什么?

2. 什么是组织发展?未来组织具有哪些特征?

3. 组织变革的动力来自哪些方面?它们将对组织变革产生怎样的影响?

4. 组织变革的阻力有哪些?你认为应如何减少这些阻力?这些阻力能完全排除吗?

5. 组织变革包括哪些内容?你认为应怎样进行组织变革?

6. 你认为低层员工能成为变革推动者吗?说明你的理由。

7. 针对你所了解的一个需要变革的组织,假设你是该组织的管理者,谈谈你的变革思路。

案例学习

案例 1　　　　　　北大清华校长访谈:高校人事制度改革执行难

北京大学和清华大学作为我国最负盛名的两所综合性大学,一直在各类中国大学排行榜中稳居前两位。去年北大校长许智宏的一份人事改革方案引起了全国的关注,而实际上清华大学也同时在进行着自己的改革。

在"第二届中外大学校长论坛"上,记者和清华大学校长顾秉林、北京大学校长许智宏进行了面对面的对话,两位校长不约而同地谈到了高校改革的敏感话题,真诚坦率地表达了自己对于高校改革的真知灼见。

北京大学校长许智宏:大学人事制度改革每一步都有困难。事实上还是终身制格局,未来的方向应该是"非升则走"。

清华大学校长顾秉林:实际上从 1993 年开始,清华就逐渐开始实行人事制度改革,当时就提出了"非升即走"的方案,但是执行难度太大。一流大学是一个外界的客观评价,世界上不同学校都有自己的不同定位,没有必要用指标强求一致。高校建设最忌盲目跟着走,一定要自己把握住自己。

人事制度改革每一步都有困难

记者:您去年提出的北大人事制度改革方案,现在到了一个什么阶段?

许智宏:我去年就说过,那个改革方案只是一个征求意见稿,还需要进一步完善。大学人事制度改革每一步都有困难,你说现在采取聘任制,但是没能聘上的,你就能赶他走?事实上还是终身制格局,未来的方向应该是"非升则走"。

举个例子来说,在哈佛大学的副教授中有很多评不上正教授,但是如果他们离开了哈佛,凭借自身能力在其他地方差不多都能当上教授。这说明了什么问题?如果我们也有一个好的高校人才流动机制,重点大学不断为新的人才腾出位置,那就是一个良性循环。只可惜现在的外部条件还不成熟。

记者:作为北大校长,您一定感到压力很重。

许智宏:我说自己像大学校长在幼儿园,什么事情都要管,在和外国校长交流的过程中,我们都有同感——在中国当校长复杂性更大,大学无小事啊。人才教育、科研、筹资和其他社会性事务我都要管,还有教职员工的住房、子女等问题也都要我管,很难集中精力。根据建设世界一流大学的规划,2015年北大要成为世界一流大学,我觉得能不能得到社会各界稳定的支持是一个必要条件,为了这个奋斗目标,还有许多工作要做。

顾秉林:高校建设最忌盲目跟着走。

人事制度改革执行难度太大。

记者:顾校长,北大校长许智宏去年提出过一个人事改革方案,引起了全国各界的强烈反响,清华目前有没有类似的借鉴国外大学管理经验的改革方案?

顾秉林:实际上从1993年开始,清华就逐渐开始实行人事制度改革,当时我们就提出了"非升即走"的方案,但是正如许校长所说的,执行难度太大。所以迄今为止,清华的改革措施还是相对平稳的。按照规定,经过2个周期也就是6年,如果你还没有升职,那就应该离开,但是实际上还做不到这一点。

创建一流大学不能唯指标论。

记者:社会上都很关注,清华什么时候能够成为世界一流大学,您认为,清华建设世界一流大学的难点何在?

顾秉林:我觉得有四点,一是管理体制和管理人员存在问题,二是缺少世界知名学者,三是没有充足经费支持,四是学科结构有待改善。其中我着重要说经费不足,外界也许觉得奇怪,清华都会经费不足?我可以举一组数字说明,清华大学每年的运营费用是30亿元,而每年从国家财政部、教育部等方方面面获得的拨款不到10亿,通过清华科研人员的努力,能再争取到10亿元的各类科研经费,还有10亿的空缺我们只能从校办企业、出版社等方面筹措。而根据测算,要真正达到世界一流大学水准,年运营费用要在40亿~50亿元。

不过我们也不是没有优势——我们拥有最好的生源。外国校长问我,你们的生源当中有多少是属于前5%的,我一算才知道,在全国的考生中,能进清华、北大的基本上都是前1‰的。我们学生的优秀是毋庸置疑的,清华就要想办法让"高分"变成"高能"。现在的学生独立意识强,以自我为中心,只愿做红花,不愿做绿叶,如何为人的这一课清华也要帮他补上。

记者:创建世界一流大学有很多硬指标,如发表的论文数量、要有诺贝尔奖得主,等等,您怎么看这些指标?

顾秉林:我认为,唯指标论只能适得其反。现在有些青年教师每年出好多篇论文,清华在

SCI 检索的论文数量也越来越多了,但是质量却未必很高。这就是一个评价体系的问题,你只提指标,就会造成"唯指标论"。那么即使达到了指标,也未必就是世界一流大学。一流大学是一个外界的客观评价,而且世界上不同的学校都有自己不同的定位,没有必要用指标强求一致。高校建设最忌盲目跟着走,一定要自己把握住自己。

记者:前面许校长谈到做大学校长的难处,你有同感吗?

顾秉林:说起来很简单,校长就管两样——人和钱,但是做起来却很难。要建立合理的教师评价体系,要改善运行机制,更新管理者理念,还要争取为大学筹集资金。总结起来就是一句话,外国校长应该做的,中国校长要做,外国校长不该做的,中国校长也还是要做。

资料来源:http://edu.sina.com.cn/l/2004-08-09/78724.html

思考:

(1) 你认为高校人事制度改革遇到的最大阻力是什么?

(2) 你认为在清华大学和北京大学的改革中,应采取哪些方法来减小变革的阻力?

案例 2   联想集团的组织成长

联想集团初创于 1984 年 11 月,经过 11 年的艰苦奋斗,到 1995 年年底已发展成为拥有 12 亿元资产,3 000 多名员工,包括北京联想集团公司和二十余家国内分公司、27 个海外分支机构及 600 多个经销服务网点的大型产业集体,主要从事计算机研究、开发和生产经营。1995 年集体销售收入达 67 亿元,联想集体在中国 500 家最大工业企业中排名第 56 位,在中国电子百家企业中排名第 4 位,是中国最大的计算机企业。

联想集团是一家国有民营企业,实行董事会领导下的总裁负责制,总裁室下设 14 个事业部和 12 个职能管理部门。公司总部主要对公司的发展方向、发展战略、重大投资项目、投资效益等进行直接控制,其他企业的经营和管理权下放给各事业部,事业部独立经营、自负盈亏。

回顾联想的发展历程,其间充满艰辛、坎坷。然而,让联想人最难以忘怀的,则是由两次组织结构的调整所带来的飞速成长。

借船出海

1988 年,由于联想汉卡在市场推广方面获得初步的成功,联想继续发展的条件有了很大的改善。这主要表现在这样几个方面:一是企业实力增强,由 20 万元的投入发展到拥有上千万元的自有资本;二是由于西文汉化问题的解决,扫除了电脑在中国推广的一大障碍,联想在中国也有了一定的知名度;三是当时有许多外国知名电脑厂商为占领中国市场寻求与联想合作,从而为联想通过合作发展自己提供了条件;四是联想已经有了一个可以向汉卡以外的其他计算机产品进军的队伍。再从市场形势看,由于中国开放不断扩大,人们对电脑的认识日渐提高,这将导致中国电脑市场迅速增长。而世界知名电脑厂商向中国进行简单商品输出已有四五年的历史,但这时中国市场上尚缺乏先进的主导型电脑。这使得联想与外国公司合作推广某种合适电脑会比较有利。从电脑技术方面看,美国和日本在当时具有垄断性优势,而一般性辅助技术则集中于亚洲"四小龙"等发展中国家和地区。对于初获成功的联想来说,如果马上在核心技术和关键领先技术方面与发达国家的实力雄厚的电脑厂商展开竞争,则无异于以卵击石。联想经营者经过大量的调研和分析,决定将市场定位于电脑板卡的开发和制造方面,同时争取做某些世界著名电脑厂家的中国总代理,创造中国市场的主导型电脑,以积累资金和销售经验,并学习电脑整机开发技术。

在着手板卡开发和制造项目时遇到了很大的政策性困难。当时,全国有不少国家计划内计算机制造项目正在多家国营厂实施,对于联想这一计划外计算机厂家提出的计划项目一时难以得到批准。联想拿不到批文,就决定采取"打出去"的办法,到海外去拓展生存和发展空间。但由于联想对国际市场知之不多,而且自身经济实力也不强,因此,就采取"瞎子背瘸子"的优势互补经营策略。1988年投入30万元港币与一家香港电脑经销商合资成立香港联想电脑公司(联想占54%的股份)。将自身科技开发优势与港商对世界电脑市场熟悉的优势结合起来。联想这一强壮的"瞎子"与港商这一眼亮的"瘸子"联合起来共闯电脑市场。

香港联想以贸易积累一定资金后马上投入电脑板卡的开发。他们依托一批来自大陆的一流科技专家,在1989年就拿出了深受客户欢迎的286板卡产品,然后,香港联想又把板卡的生产基地建在深圳,利用当地劳动力低廉且素质较高的优势,使生产成本迅速下降。这样联想的板卡产品就以良好的性能价格比赢得了较好的市场地位。

在国内市场,联想继续大力开发联想汉卡的市场,占领了全国汉卡市场的50%以上。同时,联想选定美国AST公司作为合作伙伴,成为AST公司在中国大陆的唯一代理商,经过双方共同努力,使得AST电脑成为中国微机市场上的主导机型,以后连续数年都成为在中国销量最大的微机。

由于在这一阶段成功的组织拓展策略,使得联想集团有了进一步的发展。一是企业实力进一步提高,联想集团成功地挤入了国际市场,同时在国内市场的实力也稳步增长。二是建立了良好的市场资源,培育了企业发展新的生长点。在这一阶段,联想相继在美国、新加坡、德国等地设立了分公司,在国内建立了十几家子公司,从而把自身的经营触角向发达国家和国内各城市延伸,奠定了向产业化发展的基础。三是培育了一支可参与国际市场竞争的队伍,同时也树立了良好的企业形象。

组织转型

随着联想集团规模的扩大,管理变得越来越复杂,企业有了一些规范的规章制度,确定了建立具有国际影响的高技术产业跨国集团的长远目标。公司强调和规范各部门、员工的专业化分工以及职责、权力、义务,强调部门、员工的全局意识和公司的统一管理,联想人把这种组织结构称之为"大船结构型"。它在经营方面的突出表现是统一指挥,集中作战,资源向重点项目集中,形成突破。

到1994年下半年,联想集团步入了一个新的发展阶段,开始逐步成为一个成熟的企业。企业的自有资本已逾10亿元,海内外互补性经营格局基本形成。联想集团已经成为拥有在国内包括北京联想集团公司和二十几家分公司、子公司及分布在全国各地的600多个经销网点,在境外包括香港联想控股有限公司及设在美国、德国、新加坡等国的27个海外公司的具有一定规模和实力的跨国企业。1994年初,香港联想公司成为香港上市公司,更为企业发展带来了新的发展机会,企业资本在短期内迅速增加到数十亿港元。由于联想集团的现实规模和强劲发展势头,联想板卡产品在世界市场的重要地位和联想电脑在中国市场的重要地位,许多国际大公司已把联想当作重要竞争对手。这样一来,联想实力增强即使自己获得更强的抵抗风险、持续发展的能力,同时也因为自身更引人注目而面临着更加激烈的竞争。

在这种形势下,联想集团的决策者们开始认真研究继续发展的问题。根据联想的现有实力、出于规避风险、寻找新的增长机会,提高企业经营效率的考虑和对企业经营管理国际化经验的借鉴,联想决定要在坚持公司电脑产业主导地位,向国际化发展的同时,开拓新的经营领域,向多样化发展。为了适应新的多样化、国际化经营的要求,也为了解决联想由于规模和业务范围扩大、人员增多、经营区域广阔、市场变化迅速的问题,原来的"大船结构型"或职能式结构管理已难以适应新的情况,公司的统一管理也难以对世界各地广大地区的各种业务领域包括汉卡、板卡、微机、终端、打印设备等出现的新情况做出迅速正确的反应。因此,公司提出改革组织体制,调整集权与分权的关系,形成"多中心"公司,把"大船结构型"组织模式变为"舰队结构型"组织模式,实行事业部制。公司把地区业务和产品领域适当结合起来,把现有业务与今后的发展结合起来划分事业部的经营领域,成立了 14 个事业部。集团总部主要对公司的发展方向、发展战略、投资收益、重大投资项目、主要经理人员和财务负责人、科技开发负责人等进行直接控制,其他的经营管理权都下放给事业部。形成由集团总部这艘旗舰统帅下的由各个事业部即各种战舰组成的联合舰队,在世界市场的汪洋大海里搏击风浪,各事业部在总部指挥下独立完成经营任务。

成立事业部后,各个事业部的经营机制灵活,能够更有效、更灵活地对市场做出反应,均取得了很好的经营业绩。如微机事业部,仅 1995 年一年就销售了 10 万台联想台式微机,1996 年更是达到 20 万台,成为中国内地销量最大的台式机品牌,第一次把外国品牌台式机抛在了后面。以此为契机,联想集团又再次迈进了一个新的发展阶段,各项销售指标节节攀升,规模不断扩大,经营业绩也呈现出逐年上升的态势,联想人的梦想正在逐渐成为现实。

资料来源:张小平.再联想.机械工业出版社,2012.

思考:
(1) 在联想集团的成长过程中采用了哪几种组织结构?
(2) 联想集团进行了哪几次组织变革?为什么要进行这样的组织变革?

参考文献

[1] 安应民. 管理心理学新编. 中共中央党校出版社,2002.

[2] 彼得·德鲁克. 管理:任务、责任、实践. 孙耀君等译. 中国社会科学出版社,1987.

[3] 毕然. 组织管理心理学. 吉林人民出版社,1986.

[4] 陈春花,杨忠,曹洲涛. 组织行为学(第三版). 机械工业出版社,2016.

[5] 陈晓萍,徐淑英,樊景立. 组织与管理研究的实证方法. 北京大学出版社,2008.

[6] 程正方. 现代管理心理学. 北京师范大学出版社,2003.

[7] 董克用,李超平. 人力资源管理概论(第三版). 中国人民大学出版社,2013.

[8] 德博拉·安科纳,托马斯 A. 科奇安,莫琳·斯库利. 组织行为学——面向未来的管理(第三版). 王迎军,汪建新,周博文译. 机械工业出版社,2005.

[9] 冯德连. "大企业病"之症状. 管理现代化,1996(5).

[10] 弗雷森·鲁森斯. 组织行为学. 王磊,等译. 人民邮电出版社,2003.

[11] 赫伯特 A. 西蒙. 管理行为. 机械工业出版社,2004.

[12] 黄津孚. 企业集团的组织与管理,中国工业经济,1997(7).

[13] 亨利·西斯克. 工业管理与组织,段文燕等译,中国社会科学出版社,1985.

[14] 黄维德,董临萍. 人力资源管理(第四版). 高等教育出版社,2014.

[15] 胡君辰. 管理心理学. 东方出版中心. 2000.

[16] 胡君辰,郑绍濂. 人力资源开发与管理(第三版). 复旦大学出版社,2006.

[17] 冀鸿,李泓欣. 组织行为学实用教程. 北京大学出版社,2012.

[18] 杰拉尔德·格林伯格. 组织行为学(第五版). 王蔷译. 上海人民出版社,2011.

[19] 况志华,徐沛林. 管理心理学. 南京师范大学出版社,2003.

[20] 蕾·安德烈. 组织行为学. 史烽,周劲波,蔡翔译. 机械工业出版社,2012.

[21] 李爱梅,凌文辁. 组织行为学. 机械工业出版社,2011.

[22] 乐国安. 社会心理学. 南开大学出版社,1995.

[23] 李海峰,张莹. 管理学——原理与实务. 人民邮电出版社,2014.

[24] 李靖. 管理心理学. 科学出版社,2011.

[25] 兰杰·古拉蒂,安东尼 J. 梅奥,尼汀·诺里亚. 管理学. 杨斌等译. 机械工业大学出版社,2014.

[26] 刘巨钦. 企业组织设计原理与实务. 企业管理出版社,1996.

[27] 劳伦斯 S. 克雷曼. 人力资源管理——获取竞争优势的工具(第四版). 吴培冠译. 机械工业出版社,2009.

[28] 雷蒙德·A·诺伊. 雇员培训与开发. 徐芳译. 中国人民大学出版社,2001.

[29] 刘平青. 员工关系管理——中国职场的人际技能与自我成长. 机械工业出版社,2012.

[30] 卢盛忠. 管理心理学案例集萃. 浙江教育出版社,2003.

[31] 凌文轻,方俐洛. 心理与行为测量. 机械工业出版社,2003.

[32] 李原,郭德俊. 组织中的心理契约,心理学动态. 2002(1).

[33] 刘玉玲. 新编管理心理学,中国经济出版社,2001.

[34] 彭剑锋. 人力资源管理概论. 上海:复旦大学出版社,2009.

[35] 内奥米·斯隆克. 人格测评. 北京:华夏出版社,2003.

[36] 斯蒂芬·P·罗宾斯,蒂莫西·A. 贾奇. 组织行为学(第十二版). 清华大学出版社,2008.

[37] 史蒂文 L. 麦克沙恩,[美]玛丽·安·冯·格里诺. 组织行为学(第五版). 吴培冠,张璐斐译. 机械工业出版社,2012.

[38] 斯蒂芬 P. 罗宾斯,戴维 A. 德森佐,玛丽·库尔特. 管理学原理与实践(第七版). 毛蕴诗译. 机械工业出版社,2010.

[39] 苏东水. 管理心理学(第四版). 复旦大学出版社,2002.

[40] 史蒂文·C·惠尔赖特. 组织行为学. 朱春玲译. 中国人民大学出版社,2007.

[41] 孙耀君. 西方管理思想史,山西经济出版社,1990.

[42] 托马斯·G·格特里奇,赞迪·B·莱博维茨,简·E·肖尔. 有组织的职业生涯开发. 李元明,吕峰译. 南开大学出版社,2001.

[43] 韦恩·卡西欧,赫尔曼·阿基尼斯. 人力资源管理中的应用心理学(第 6 版). 吕厚超等译. 北京大学出版社,2006.

[44] 魏江,严进. 管理沟通. 机械工业出版社,2006.

[45] 吴如漪,袁祥华. 现代管理心理学. 南京大学出版社,1993.

[46] 吴维库. 领导学. 高等教育出版社,2005.

[47] 武欣,吴志明,张德. 组织公民行为研究的新视角. 心理科学进展,2005(3).

[48] 王雪莉,张力军. 企业组织革命. 中国发展出版社,2005.

[49] 徐联仓. 组织管理心理学. 科学出版社,1991.

[50] 谢默霍恩,[美]亨特,[美]奥斯本. 组织行为学(第八版). 刘丽娟等译. 清华大学出版社,2005.

[51] 肖余春. 组织行为学. 北京:机械工业出版社,2009.

[52] 约翰 W. 内斯特罗姆,基思·戴维斯. 组织行为学(第 10 版). 机械工业出版社,1998.

[53] 约翰·科特. 权利与影响. 孙琳,朱天昌译. 华夏出版社,1997.

[54] 俞文钊. 管理心理学(第四版). 东北财经大学出版社,2012.

[55] 杨忠. 组织行为学:中国文化视角(第二版). 南京大学出版社,2010.

[56] 张德. 现代管理学. 清华大学出版社,2007.

[57] 张德. 组织行为学:第四版. 高等教育出版社,2011.

[58] 朱永新. 管理心理学. 高等教育出版社,2002.

[59] 赵曙明. 组织行为学——行为、结果及过程. 南京大学出版社,2009.

[60] 赵曙明. 中国企业的人力资源管理. 北京师范大学出版社,2011.

[61] 赵曙明,刘洪,李乾文. CEO 人力资源管理与开发. 北京大学出版社,2011.

[62] Andrezj Huczynsi，David Buchanan. *Organizational Behavior an Introductory Text*. 4th edition. 2001.

[63] Andrezj Huczynsi，David Buchanan. *Organizational Behavior an Introductory Text*. 6th edition. 2007.

[64] Chan，D. Functional Relations Among Constructs in the Same Content Domain at Different Levels of Analysis：A Typology of Composition Models. *Journal of Applied Psychology*，1998(83)：234－246.

[65] Charles R. Greer. *Strategic Human Resource Management ：A General Managerial Approach-Exlibrary*. Chen X. P.，Chen C. C. On the Intricacies of the Chinese Guangxi：A Process Model of Guangxi Development. *Asia Pacific Journal of Management*，2004，21：305－324.

[66] Daniel Levi. Group Dynamics for Team. 2001.

[67] David S. Cohen. The Talent Edge. John Wiley & Sons，2001.

[68] Forte，Monique，Hoffman James J. Organizational Form and Environment：An Analysis of Between-form and Within-form Responses to Environmental Change. *Strategic Management Journal*，2000，21(7)：753.

[69] Gary Dressler. *Human Resource Management*. 9th edition. Prentice Hall，2003.

[70] Jennifer M. George，Gareth R. Jones. *Understanding and Managing Organizational Behavior*. 3rd edition. New Jersey：Prentice-Hall，International Inc.，2002.

[71] Joyce S. Osland，David A. Kolb，Irwin M. Rubin，Marlene E. Turner. *Organizational Behavior：An Experiential Approach*. 8th edition. Pearson International Edition，2007.

[72] Kaft，Richard L. *Organizational Behavior*. 2006.

[73] Laurie J. Mullins. *Management and Organizational Behavior*. 6th edition. Pearson Education，Inc.，2002.

[74] *Managerial Approach*. 2nd edition. Prentice Hall，2001.

[75] Militza Callinan，Carolyn Forshaw and Peter Sawchuk. *Work and Organizational Behavior*. John Bratton，2007.

[76] Management Challenges in the 21st Century. 3rd edition. 2001.

[77] Michael D. Covert Lori Foster Thompson. *Computer Supported Cooperative Work，Issues and Implications For Workers，Organizations，and Human Resource Management*. Sage Publications，Inc.，2001.

[78] Mckenna E. F. *Business Psychology and Organizational Behavior：A Student's Handbook*. 3rd Edition. Philadelphia：Psychology Press，2000.

[79] Morrison E W，Milliken F J. Organizational Silence：A Barrier to Change and Development in a Pluralistic World. *Academy of Management Review*，2000，25(4)：706－731.

[80] Meyer J. P.，Allen N. J.，Smith C. A. Commitment to Organizations and Occupations：Extension and Test of a Three-component Conceptualization. *Journal of*

Organizational Behavior，2002：257 - 266.

[81] Robert Kreitner，Angelo Kinicki，Marc Buelens. *Organizational Behavior*. 2nd edition. 2002.

[82] Riccardo Leoni，Giuseppe Usai. *Organizations Today*. 2005.

[83] R. Meredith Belbin. MA PhD CCIPD FRSA. With a Foreword by Antony Jay，Management Teams. *Why They Succeed or Fail*. 2nd edition，2004.

[84] Robbins，Stephen P. Organizational Behavior ［Electronic resource］. 12th edition. 2007.

[85] Su C. T. ，Littlefield J. E. Entering Guanxi：A Business Ethical Dilemma in Mainland China?. *Journal of Business Ethics*，2001，33：199 - 210.

[86] Susan E. J. ，Aparna J. ，Niclas L. E. Recent Research on Team and Organizational Diversity：SWOT Analysis and Implications. *Journal of management*，2003，29（6）：801 - 830.

[87] William P. Anthony，K. Michele Kacmar，Pamela L. Perrewe. *Human Resource Management：A Strategic Approach* 4th edition. Harcourt College Publishers，2002.

《商学院文库》已出版书目

书　　名	作　　者	开本	定价
现代西方经济学原理(第六版)	刘厚俊　编著	小 16 开	48.00
西方经济学说史(第二版)	葛　扬　李晓蓉　编著	16 开	46.00
现代产业经济分析(第三版)	刘志彪　安同良　编著	小 16 开	42.00
公共财政学(第三版)	洪银兴　尚长风　编著	16 开	49.80
国际金融学(第四版)	裴　平等　编著	16 开	39.80
国际贸易学(第五版)	张二震　马野青　著	16 开	39.00
货币银行学(第四版)	范从来　姜　宁 王宇伟　主编	16 开	49.80
宏观经济学教程(第三版)	沈坤荣　耿　强 韩　剑　主编	小 16 开	50.00
宏观经济学教程习题解析(第二版)	耿　强　沈坤荣　主编	小 16 开	29.00
新制度经济学(第二版)	杨德才　编著	16 开	50.00
宏观经济学学习指导(第二版)	梁东黎　编著	大 32 开	17.00
微观经济学(第三版)	刘　东　梁东黎　编著	小 16 开	28.00
微观经济学学习指导(第二版)	刘　东等　编著	大 32 开	16.00
投资银行学(第二版)	王长江　编著	16 开	39.80
国际企业:人力资源管理(第五版)	赵曙明　著	小 16 开	55.00
现代房地产金融学	高波　编著	16 开	30.00

书　　名	作　　者	开本	定价
供应链物流管理	郑称德　编著	16 开	46.00
财务管理学导论	陈志斌　编著	小 16 开	38.60
财务管理学导论精要、案例与测试	陈志斌　编著	大 32 开	25.00
投资项目评估(第二版)	李晓蓉　编著	小 16 开	29.00
期货投资和期权(第二版)	赵曙东　著	16 开	42.00
管理学原理(第二版)	周三多　陈传明　等 编著	小 16 开	29.00
管理心理学	吕　柳　编著	16 开	37.00
统计学原理(修订本)	吴可杰　原著 邢西治　修订	大 32 开	16.00
统计学原理学习指导与习题解析	邢西治　编	大 32 开	14.00
市场营销	吴作民　编著	小 16 开	48.00
经济法律概论(第三版)	吴建斌　编著	小 16 开	46.00
国际商法新论(第四版)	吴建斌　著	小 16 开	39.80
国际商法学习指导(第二版)	吴建斌　吴兰德　编著	大 32 开	20.00
会计学概论(第二版修订)	杨雄胜　主编	小 16 开	38.50
高级财务会计	王跃堂　编著	16 开	36.00
高级管理会计(第二版)	冯巧根　著	16 开	48.00
财务会计(第二版)	陈丽花　主编	16 开	50.00

南京大学出版社地址:南京市汉口路 22 号　邮编:210093
订购热线:(025)83594756　83686452